CYBELA–Bildhandbuch
Architektur und Kunst
Band 1: Zittau

Zittau
ARCHITEKTUR UND KUNST

Text von Thorsten Pietschmann
Photographien von René Egmont Pech
und Anderen

Cybela Verlag GmbH
Oybin-Lückendorf 2015

INHALT

ZITTAU: GESCHICHTE, ARCHITEKTUR UND KUNST 7
Zittau im 13. Jahrhundert – eine Stadtgründung des böhmischen Königs Ottokar II. Přemysl 9 • Die Zeit der Luxemburger (1310–1437) 16 • Zittau unter der Herrschaft verschiedener Königshäuser (1438–1526) 22 • Die Zeit der Habsburger und die Renaissance (1526–1635) 26 • Zittau unter der Herrschaft der Albertiner (1635–1918) 36 • *Spätrenaissance und Manierismus 36* • *Barock 38* • *Rokoko 46* • *Klassizismus 52* • *Historismus 56* • *Jugendstil und Reformbaukunst 66* • Weimarer Republik und Drittes Reich (1919–1945) 68 • Zittau 1945–1990 74 • Zittau nach 1990 76

SAKRALBAUTEN 83
St. Johannis 84 • Frauenkirche 90 • Franziskanerkloster 98 • Hospitalkirche St. Jakob 122 • Kirche zum Heiligen Kreuz (Museum) 126 • Dreifaltigkeitskirche 138 • Katholische Kirche Mariae Heimsuchung 142

PROFANBAUTEN 147
Stadtbefestigung 148 • Rathaus 150 • Marstall 154 • Altes Gymnasium 156 • Königlich Sächsische Baugewerkenschule 160 • Alten- und Pflegeheim St. Jakob 160 • Pestalozzischule (1. Bürgerschule) 162 • Mandaukaserne 162 • Christian-Weise-Gymnasium (Johanneum) 164 • Stadtbad 168 • Kaiserliches Postamt 170 • Parkschule (2. Bürgerschule) 170 • Neues Amtsgericht 172 • Weinauschule (Humanistisches Gymnasium) 172 • Handwerkerschule 174 • Gerhart-Hauptmann-Theater 176 • Verwaltungsgebäude der Hochschule Zittau-Görlitz 176

VILLEN UND HÄUSER 179
Sächsischer Hof 180 • Dornspachhaus 184 • Stolle'sches Haus 186 • Hartig'sches Haus 188 • Noack'sches Haus 190 • Haus Goldene Sonne 192 • Grätz'sches Haus 194 • Besser'sches Haus 196 • Haus Theaterring 14 196 • Fürstenherberge 198 • Prieber'sches Haus 200 • Exner'sches Haus (Museum) 200 • Haus Karl-Liebknecht-Ring 6 202 • Wäntighaus 202 • Villa Dannenberg 204 • Villa Schneider 204 • Haus Bautzner Straße 20 206 • Villa Johanna 206 • Villa Hiller 208 • Hotel Reichshof 208 • Haus Äußere Weberstraße 10 210 • Haus Gabelsberger Straße 7/9 210

BRUNNEN UND DENKMÄLER 213
Marsbrunnen 214 • Samariterinbrunnen 216 • Grüner Brunnen 216 • Herkulesbrunnen 218 • Schwanenbrunnen 220 • Schleifermännchenbrunnen 220 • Gedenkinschrift Johannisstraße 6–8 220 • Konstitutionsdenkmal 222 • Hygieabrunnen 222 • Haberkorndenkmal 224 • Marktfrauenbrunnen 224

ANHANG 227
Grundrisse 228 • Innenstadtplan 230 • Fotonachweis 232 • Verzeichnis der Abkürzungen 232 • Schrifttum in Auswahl 234 • Personenregister 239 • Geographisches Register 244 • Zittau Register 245

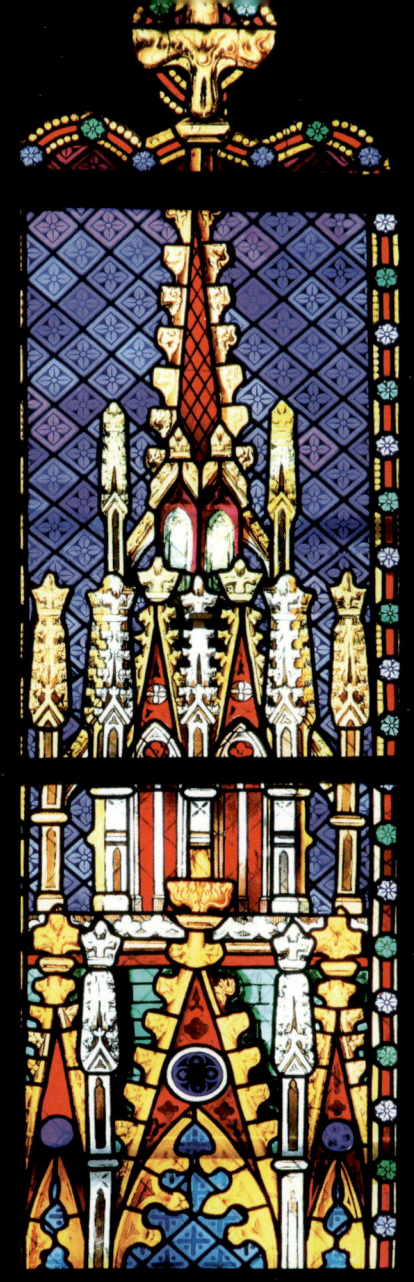

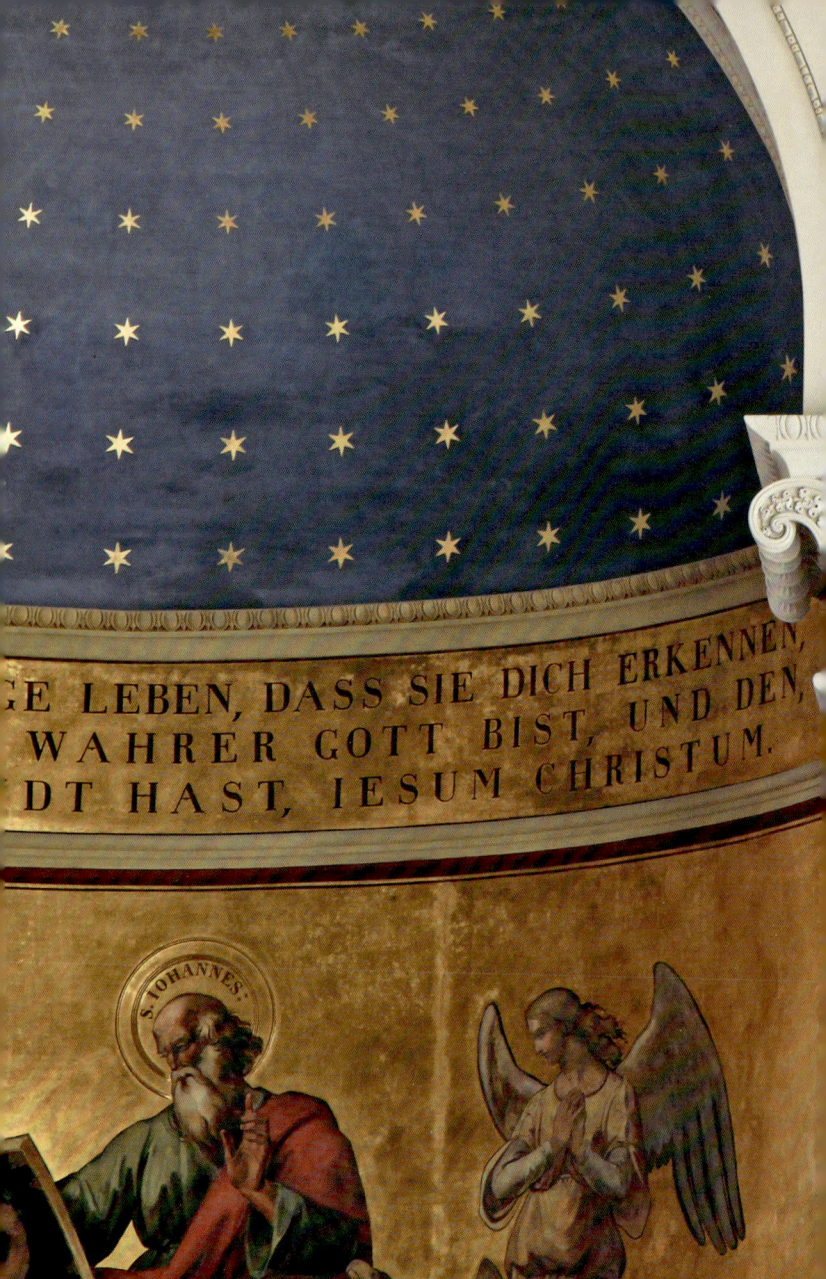

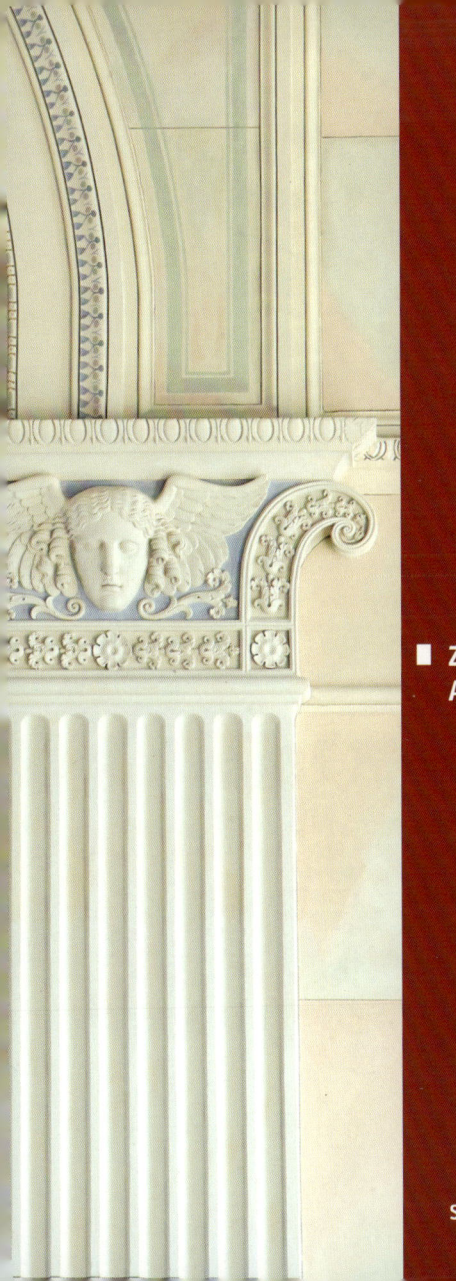

■ ZITTAU: GESCHICHTE, ARCHITEKTUR UND KUNST

St. Johannis.

ZITTAU IM 13. JAHRHUNDERT – EINE STADTGRÜNDUNG DES BÖHMISCHEN KÖNIGS OTTOKAR II. PŘEMYSL

Die Stadt Zittau entstand im nördlich des Lausitzer Gebirges gelegenen Zittauer Becken auf einer Anhöhe in unmittelbarer Nähe des Zusammenflusses von Lausitzer Neiße und Mandau. Die Mandau wurde in diesem Bereich von einer nord-südlich verlaufenden großen Handelsstraße zwischen Ostsee und Adria gequert. Den frühen Gebrauch dieses Weges über die niedrigen Pässe des Lausitzer Gebirges und damit die Bedeutung des Gebietes für den Verkehr in der Bronzezeit (1800–700 v. Chr.) belegen ein in Lückendorf gefundenes steinernes Beil, die Überreste einer befestigten Siedlung auf dem Berg Oybin und ein Gräberfeld in Zittau. Diese Funde können der Lausitzer Kultur zugeordnet werden. Aus der Zeit danach fehlen Spuren einer weiteren Besiedlung, doch wurde der Handelsweg noch genutzt, wie eine in Petersdorf gefundene römische Münze aus dem Jahr 258, der Zeit des Kaisers Gallienus (253–268 n. Chr.), zeigt. Entlang der Neiße, zwischen dem Rand des Lausitzer Gebirges und der Ostritzer Gegend, finden sich archäologische Zeugnisse slawischer Besiedlung ab dem 9. Jahrhundert.

Die Gebiete ostwärts von der unteren Elbe bis zur Oder, zwischen Saale und oberer Elbe eroberte 928/929 der deutsche König Heinrich I. (916–936). Im Land der Daleminzier gründete er die Burg Meißen als Herrschaftsmittelpunkt. Kaiser Otto I. (936–973) richtete Grenzmarken ein, ein Markgraf von Meißen wird 968 genannt. In dieses Jahr fällt die Errichtung des Bistums Meißen, das zum Erzbistum Magdeburg gehörte. Das Gebiet der Milzener östlich der Elbe wurde ab 932 unterworfen und zunächst Meißen zugeordnet. Bald expandierten auch die böhmischen Herrscher in diesen Raum und traten beim Landesausbau mit den Bischöfen und den Markgrafen von Meißen in Konkurrenz. Ein slawischer Gau Zagost, in welchem das Zittauer Gebiet lag, wird 1144 in einer Urkunde König Konrads III. (1128–1135/1138–1152) erstmals genannt. 1158 erhöhte Kaiser Friedrich I. Barbarossa (1152–1190) den böhmischen Herzog Vladislav (1140–1172) zum König und belehnte ihn mit der *terra Budissin*, in der die Přemysliden fortan ein Jahrhundert herrschten.

Ende des 12., Anfang des 13. Jahrhunderts begann der planmäßige Landesausbau mithilfe von zugewanderten Bauern aus Flandern, Franken, Thüringen und Sachsen sowie der ansässigen Slawen. Durch Assimilation entwickelte sich der Neustamm der Lausitzer. Es entstanden zahlreiche Dörfer und an wichtigen Fernhandelspunkten Städte. Am Mandauübergang der aus Böhmen kommenden Handelsstraße, die in Görlitz Anschluss an die Via Regia hatte, entstanden um 1200 zunächst zwei nicht agrarische Siedlungen im Bereich des Zittauer Burgberges sowie der Zittauer Frauenkirche und zwischen diesen

Rathaus: Stadtwappen. 1896.

Orten vermutlich wenig später ein Waldhufendorf. Aus diesen Siedlungskernen hat sich offenbar rasch eine Stadt entwickelt. Die Stadtwerdung wird um 1200 angesetzt, erstmals erwähnt wird Zittau 1238. Die in diesem Zusammenhang genannten Herren von Zittau, später von Leipa, betrieben neben anderen Adelsgeschlechtern nicht nur den Landesausbau im Zittauer Gebiet für den König, sondern bekleideten in der Folgezeit auch höchste Ämter an dessen Hof. Die bereits 1244 bezeugte Anwesenheit von Franziskanern ist ein wichtiges Indiz dafür, dass der Ort bereits vor der Jahrhundertmitte von größerer Bedeutung war.

Cornelius Gurlitt hat versucht, die vor 1255 entstandene Stadtgestalt Zittaus im Grundriss zu rekonstruieren (Gurlitt 1907, 190 ff.). Um den ursprünglich größeren Markt (Ring) verlief offenbar nur eine Häuserzeile. Die ungefähren Grenzen dieser Stadt bildeten im Norden die heutige Linden- und Kirchstraße, im Westen die Feuergasse. Im Süden wurde die Amalienstraße noch nicht erreicht, im Osten bildete wahrscheinlich die Brüderstraße bzw. die Reichenberger Straße die Begrenzung.

Das nördlich von Zittau gelegene, vor 1234 entstandene Zisterzienserinnenkloster Marienthal unterstand zunächst noch dem Bischof von Meißen. Kurze Zeit später gehörten das Kloster und Zittau zur Diözese Prag, wie die Oberlausitzer Grenzurkunde von 1241 belegt. Der Meißner Bischof und der Erzbischof von Magdeburg wollten sich damit nicht abfinden, mussten sich aber dem Willen des Papstes Innozenz IV. (1243–1254) beugen. Der böhmische König Wenzel I. (1230–1253) konnte somit seine Herrschaft im südlichen Teil von Zagost durchsetzen. Als nach dem Tod Wenzels I. die Gebiete Bautzen und Görlitz vermutlich 1253 an die Markgrafen von Brandenburg (Askanier) fielen, verblieb Zittau bei Böhmen. Die Geschicke des Zittauer Landes mit den Herrschaften Zittau, Rohnau, Schönbuch, Grafenstein und Hammerstein wurden künftig von Prag aus bestimmt. Die Bindungen der Stadt zur ersten und zweiten böhmischen Dynastie waren sehr eng.

Seit 1253, nachdem Bautzen und Görlitz an die Askanier gefallen waren, wurde Zittau zu einem Schwerpunkt der Politik des Königs Ottokars II. Přemysl (1253–1278) im Norden Böhmens. Zittau wuchs die Bedeutung zu, die vorher Bautzen im Norden des Königreiches besaß (Bahlcke 2001, 85). 1255 wurde Zittau zur Stadt erhoben, Ottokar II. selbst legte mit dem Pflug die neuen Stadtgrenzen fest – ein Gründungsritus, der bis in die Frühzeit der antiken

Frauenkirche: Innenraum. Zwischen 1260 und 1280.
Frauenkirche: Blattkapitell, Chornordseite. Zwischen 1260 und 1280.
Frauenkirche: Dreipassornament am Pfeiler zum südlichen Seitenschiff. Zwischen 1260 und 1280.

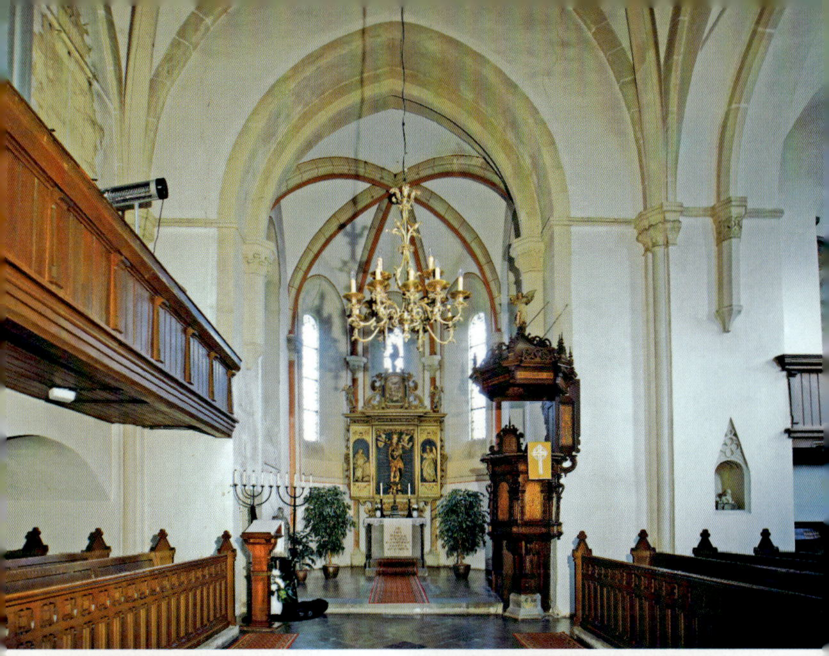

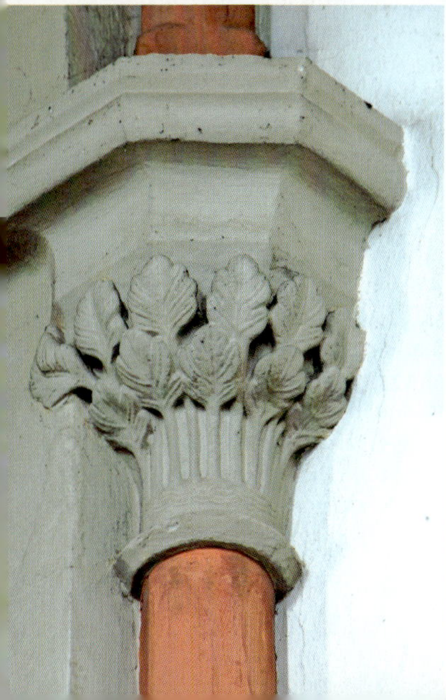

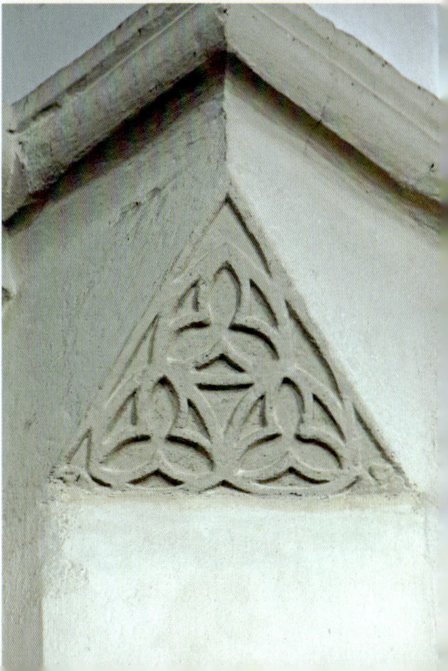

Hochkulturen zurückreicht. Zittau bekam Mauern und wurde mit Privilegien ausgestattet, die den Aufstieg zu einer der bedeutendsten Städte in den böhmischen Ländern ermöglichten. Vor allem Fernhandel, Tuchhandel und Bierbrauen wurden die Hauptstützen der wirtschaftlichen Macht der Zittauer. Die Stadt erhielt das Münzrecht und die Hochgerichtsbarkeit. Zunächst hatte ein Landvogt des Königs in der Stadt seinen Sitz, seit 1357 auf Burg Karlsfried bei Lückendorf. Neben den Franziskanern gab es in der Stadt eine Johanniterkommende, deren Anfänge sehr wahrscheinlich ebenfalls in die Mitte des 12. Jahrhunderts zurückreichen. 1291 wird erstmals die Johanniskirche erwähnt. Die Johanniter, die entscheidenden Einfluss auf das geistliche Leben der Stadt gewannen, waren seit Anfang des 13. Jahrhunderts ein voll ausgebildeter Ritterorden, in dem das Hospitalwesen hinter den militärischen Zweig zurücktrat. Die Präsenz des Ordens stand auch im Zusammenhang mit der strategischen Bedeutung der Stadt für den König und der Forderung, diese wirkungsvoll verteidigen zu können.

Die von Ottokar II. festgelegte Stadtgrenze wird heute durch den Grünen Ring markiert und schloss wohl den Bereich der Neustadt bereits mit ein. Stadtmittelpunkt wurde der Markt, wo die Handelsstraßen aus den verschiedenen Richtungen zusammentrafen. Der sehr großräumige Platz hatte eine Länge von etwa 140 bis 180 Metern bei einer Breite von 160 Metern. Damit war der Zittauer Markt größer als der der ebenfalls von Ottokar II. gegründeten Stadt Böhmisch Budweis, der heute als einer der größten Plätze Böhmens gilt. Indes muss man davon ausgehen, dass der König in Zittau den Markt bereits vorgefunden, nicht angelegt hat. Noch im Mittelalter begann man, ihn zu bebauen. So entstand wohl bereits im 14. Jahrhundert die südlich um die Johanniskirche gelagerte Häuserzeile. Der relativ regelmäßige Stadtgrundriss spiegelt die planmäßige Anlage der Kolonisationszeit des 13. Jahrhunderts wider.

Älteste bauliche und künstlerische Zeugnisse haben sich an der Zittauer Frauenkirche bewahrt, die außerhalb der Stadtmauer lag und der Johanniterkommende unterstellt war. Die Gotik, die in der Zeit König Wenzels I. in Böhmen Einzug hielt und unter Ottokar II. zu einer ersten Blütezeit kam, war aus Kostengründen zunächst exklusiv den höchsten Gesellschaftskreisen vorbehalten. Daneben wurde weiter auch im romanischen Stil gebaut. So sind z. B. an der Frauenkirche die einfachen Rundbogenfenster des Chores noch romanisch ausgeführt, die Blendarkaden bereits frühgotisch. Von Gurlitt wird für die Kirche eine Entstehungszeit um 1260 bis 1280 angenommen (Gurlitt 1907, 64) von Fritz Löffler die Mitte des 13. Jahrhunderts (Löffler 1980, 31). Es ist bekannt, dass Ottokar II., der sein Stadtgründungswerk mit Energie voran-

trieb, auf Lage und Gestalt wichtiger Bauten in seinen Städten vor allem in der Anfangsphase einer Gründung Einfluss nahm. Dafür sprechen im Fall der Frauenkirche nicht zuletzt die Qualität der gotischen Ornamente und das Auftreten von polygonalen Formen am Pfeiler zum südlichen Seitenschiff und an den Diensten des eingespannten Triumphbogens. An königlichen Bauten können polygonale Dienste und Stützen häufig beobachtet werden. Da die Gotik in Böhmen zum Teil von den Zisterziensern vermittelt und geprägt wurde, liegt außerdem die Vermutung nahe, dass das nahe gelegene Zisterzienserinnenkloster Marienthal eine Vorbildwirkung ausgeübt hat. Allerdings sind aus der Entstehungszeit des Klosters keine vergleichbaren Arbeiten erhalten geblieben. An der Frauenkirche lokalisierte Gurlitt auch das älteste gotische Element in Zittau, ein kleines Dreipassornament am Kapitell des erwähnten polygonalen Pfeilers (Gurlitt 1907, 67).

In die Zeit kurz nach der Erhebung Zittaus zur Stadt, um das Jahr 1260, fällt die Errichtung eines Franziskanerklosters. In der Regierungszeit Ottokars II. wurden die Klöster der Bettelorden zum festen Bestandteil königlicher Städte. Ohne seine Zustimmung oder Kenntnis konnte keine Klostergründung erfolgen. Das gilt auch für Zittau, obgleich schriftliche Quellen über den Anteil des Königs an der Gründung nichts aussagen. Ältester Teil der Klosteranlage ist die Nikolaikapelle, deren Gewölbeansätze auf frühgotischen, skulptierten Konsolen lagern. Es wird angenommen, dass die 1293 geweihte Klosterkirche St. Peter und Paul im Zusammenhang mit der Anwesenheit des Prager Domkapitels in der ersten Hälfte des 15. Jahrhunderts zu einer zweischiffigen Kirche ausgebaut wurde. Für eine frühere Entstehung des westlichen Teils der Kirche könnte allerdings die Ausdehnung des durch Grabung erschlossenen Kreuzganges sprechen; sie wäre damit eine der wenigen zweischiffigen Mendikantenkirchen des 13./14. Jahrhunderts in Deutschland. Als Vorbild kommt sowohl die Minoritenkirche in Enns in Oberösterreich sowie vor allem die 1234 geweihte Franziskuskirche des Klarissenklosters St. Agnes in Prag infrage. Dieses Kloster spielte als Grablege für Angehörige des Herrscherhauses eine Schlüsselrolle für die Entwicklung der Gotik in Böhmen. Das Zittauer Franziskanerkloster, in dem bis heute Teile des mittelalterlichen Kreuzganges, der Kapitelsaal und das Dormitorium erhalten sind, ist die am besten erhaltene Anlage eines Bettelordens in der Oberlausitz.

Die Hospitalkirche St. Jacob wird von Gurlitt irrtümlich mit einer von Kaiser Karl IV. (1346–1378) bewilligten Fronleichnamskapelle gleichgesetzt und als Gründung der karlischen Epoche in die Mitte des 14. Jahrhunderts datiert (Gurlitt 1907, 173 f.). Die unsichere Proportionierung des Portals schließt aber die Zeit Karls IV., in der die gotische Architektur in Böhmen ihren Höhepunkt

erreichte, geradezu aus. Eine Urkunde aus dem Jahr 1303, die das Hospital in weltlichen Dingen dem Rat, in geistlichen der Kreuzherrenkommende überweist (ZUB I, Nr. 57), bezeugt indirekt bereits eine frühere Existenz der Kirche. Außerdem sind den Hospitalbauten gewöhnlich von Anfang an Sakralräume angeschlossen. Denkbar ist, dass das Portal, das sicherlich noch vom Erstbau stammt, um 1300 entstand. Hierzu passen auch die von Gurlitt beschriebenen frühgotischen Formen. Möglicherweise lassen sich die Unsicherheiten in der Proportionierung aber auch im Zusammenhang mit dem zwischen 1305 bis 1311 de facto eingetretenen Interregnum und der damit allgemein verbundenen Unsicherheiten im Lande erklären: Bei Dynastiewechseln ist häufig ein Verfall der Formensprache in den bildenden Künsten zu beobachten. Das Maßwerk des Südfensters tauchte schon in der Zeit Ottokars II. an verschiedenen Bauwerken an anderen Orten auf. Teile der Hospitalkirche repräsentieren also ebenso wie die Frauen- und Klosterkirche die frühgotische Architektur in der Stadt.

Der Nachfolger Ottokars II., König Wenzel II. (1278–1305), gab kurz vor seinem Tod Stadt und Land Zittau dem obersten Marschall Heinrich von Leipa zu Lehen, der nach dem Aussterben der Přemysliden zum mächtigsten Mann im Königreich aufstieg. 1310 bestätigte König Heinrich VII. (1308–1313) diesen Besitz als Reichslehen.

Die Zeit der Luxemburger (1310–1437)

1310 konnten sich die Luxemburger als neue Dynastie auf dem böhmischen Thron etablieren. Der erste luxemburgische König Johann der Blinde (1310–1346) hat 1319 das Land Zittau zurückerworben, dann aber zusammen mit Oybin dem schlesischen Herzog Heinrich I. von Jauer (1312–1346) gegeben. Spätestens bei dessen Tod 1346 fielen sie an Böhmen zurück. Im selben Jahr starb Johann von Böhmen; sein Nachfolger auf dem Thron wurde sein Sohn Karl I., der 1355 als Karl IV. zum Kaiser gekrönt wurde. Dieser Herrscher betrieb eine konsequente Hausmachtpolitik, in deren Mittelpunkt das Territorium des Königreiches Böhmen stand. Er war bestrebt, seinen direkten Herrschaftsbereich zu erweitern, vollendete so z. B. den Erwerb Schlesiens, gewann die Niederlausitz und 1373 die Mark Brandenburg. Die Oberlausitz wurde für ihn zu einem wichtigen Transitland. Darum förderte er hier besonders die großen Städte. Im Jahr 1346 schlossen die Lausitzer Städte Bautzen, Görlitz, Kamenz, Lauban und Löbau sowie das böhmische Zittau einen Städtebund zum Schutz der Handelsstraßen (Sechsstädtebund), der bald zu einem politischen Machtfaktor im Land wurde. Die Sechsstädter zerstörten Raubritterburgen und schränkten wirkungsvoll die Macht des niederen Landadels und kleinerer

Kirche zum Heiligen Kreuz: Portal. Nach 1380.

Städte ein. Streitigkeiten der Sechsstädte untereinander betrafen vor allem Privilegien und Wirtschaftsinteressen sowie die Durchsetzung der verschiedenen Straßenzwänge. In dieser Zeit führte in Zittau das Erstarken der Zünfte zu innerstädtischen Unruhen, da diese bestrebt waren, am Regiment Anteil zu gewinnen und ihre Rechte zu vermehren. Es gelang ihnen vermutlich 1367, sechs neu geschaffene Stellen im Rat zu besetzen, der damit 24 Mitglieder zählte. Der Stadtadel dominierte jedoch weiterhin den Rat.

Zum Schutz der Gabler Straße, der wichtigen Querung des Zittauer Gebirges zwischen Zittau und Gabel, errichtete Karl IV. 1357 die Burg Karlsfried, die gleichzeitig Sitz des Landvogtes wurde. 1371 wurde die Benutzung der Gabler Straße unter Androhung von Strafen vorgeschrieben. Der Kaiser baute außerdem auf dem Oybin ein Kaiserhaus und ein Cölestinerkloster. Ein weiteres Kaiserhaus mussten die Zittauer vor den Mauern ihrer Stadt errichten. Dass der Kaiser hierzu Baumeister aus der Residenz heranzog, ist wegen deren nachgewiesener Tätigkeit in Stadt und Umgebung als sicher anzunehmen. Steinmetzzeichen der Prager Dombauhütte Peter Parlers finden sich sowohl an der Oybiner Klosterkirche als auch an der Zittauer Kirche zum Heiligen Kreuz. Diese Massierung von Bauten auf engstem Raum spiegelt die Bedeutung Zittaus im kaiserlichen Machtgefüge wider. Das Itinerar Karls IV. lässt vor allem für die Jahre nach dem Erwerb der Mark Brandenburg eine hohe Frequentierung der Stadt erkennen, die eine starke wirtschaftliche Entwicklung durchlebte. In der Folge stieg Zittau im Sechsstädtebund zur wichtigsten Stadt nach Görlitz auf.

1412 wurde die Zittauer Vogtei aufgehoben und nach Bautzen verlegt, doch blieben die Bindungen an Böhmen eng und die Stadt gehörte weiterhin zum Erzbistum Prag. Während der Hussitenkriege blieben die Sechsstädte katholisch und standen auf der Seite des letzten Luxemburgers, Kaiser Sigismund (1410–1437). Zittau, das aufgrund seiner Lage ein exponiertes Angriffsziel darstellte und ein Angelpunkt der Verteidigung war, wurde insbesondere von Görlitz wirkungsvoll unterstützt. Die Stadt wurde 1427 zwar angegriffen, konnte aber nicht erobert werden. Bei der Verteidigung halfen auch 150 Ritter des Deutschen Ordens aus. 1428 konnte das Heer des Sechsstädtebundes bei Kratzau einen militärischen Achtungserfolg über die gefürchteten Hussiten erzielen, der auch im Reich Anerkennung fand. Die langjährige militärische Belastungsprobe wurde vom Bund insgesamt erfolgreich bestanden.

Zu Beginn der Hussitenkriege exilierte das Prager Domkapitel nach Zittau, nachdem der Erzbischof Konrad von Vechta (1413–1425) zu den Hussiten übergetreten war. Vom Franziskanerkloster aus verwalteten die Domherren von

Franziskanerkloster: Jungbrunnen. Um 1460. Seccomalerei.

1420 bis 1436 die Erzdiözese Prag. Darüber hinaus residierte bis 1476 ein Bischof in der Stadt. Die Anwesenheit des Prager Domkapitels wirkte sich auf die kunsthistorische Entwicklung Zittaus positiv aus, so z. B. auf dem Gebiet der Buchmalerei. Allein vier der noch heute erhaltenen Missale sind in dieser Zeit in der Stadt entstanden (Christian-Weise-Bibliothek Zittau, Wissenschaftlicher Altbestand).

Für die bauliche Entwicklung war eine Weisung Karls IV. von 1359 bedeutsam, nach der die Häuser der Stadt künftig aus Stein zu errichten seien. Die Kelleranlagen zahlreicher Zittauer Häuser gehen meist noch auf diese Zeit zurück. Ein seltenes Beispiel für einen mit Sandsteinrippen gewölbten Kellerraum aus dem 14. Jahrhundert ist im Haus Markt 2 zu finden. Daneben haben die Häuser Markt 21 und vor allem Markt 5 noch heute einen gotischen Kern. Das vor der Stadtmauer errichtete Kaiserhaus wurde bereits 1515 abgebrochen und die Steine für die Errichtung des Salzhauses verwendet.

Die Kreuzkirche wurde in der Regierungszeit König Wenzels IV. (1376–1419) ab 1380 errichtet und 1410 geweiht. Die Kirche gehört dem Typus der böhmischen Einstützenkirchen an. Das Gewölbe des quadratischen Kirchenschiffes wird hier von nur einem Mittelpfeiler getragen. Als Vorbild fungierte die Klosterkirche der Serviten in der Prager Neustadt. Von diesem Kirchentyp haben sich in Deutschland nur zwei Vertreter erhalten, neben der Zittauer noch die Kirche in Ebersbach bei Görlitz. Die Zittauer Kreuzkirche ist ein ungewöhnliches Beispiel für die von Prag ausstrahlende Architektur der Dombauhütte Peter Parlers, welche dann auch in der Umgebung der Stadt weiter rezipiert wurde. So verweist die seltene Zweischiffigkeit der Kirche zu Hirschfelde unmittelbar auf das Zittauer Franziskanerkloster als Vorbild, während der Querschnitt des Langhauses bezüglich der Gewölbe große Ähnlichkeit zur Kreuzkirche aufweist.

Von den bildhauerischen Werken der Johanniskirche blieben die Skulpturen des Hl. Johannes des Evangelisten und des Hl. Wenzel erhalten. Sie finden sich heute im Kulturhistorischen Museum Franziskanerkloster (KHM Franziskanerkloster). Die 1291 erstmals erwähnte Stadtkirche wurde im 14. Jahrhundert ausgebaut. Die Figuren werden auf die Zeit um 1350 datiert. Der Vergleich des Adlers auf dem Schild des Wenzel mit Darstellungen in der Heraldik legt sogar eine Entstehungszeit am Ende des 13. bzw. Anfang des 14. Jahrhunderts nahe (so schon Gurlitt 1907, 3).

Kreuzkirche: Hl. Johannes aus der Kreuzigungsgruppe an der Chornordseite. Zweite Hälfte des 15. Jahrhunderts.

Franziskanerkloster: Linke Tafel eines Flügelaltars, wahrscheinlich aus der Klosterkirche St. Peter und Paul. Ende 15. Jahrhundert, 185 x 75 cm. KHM Franziskanerkloster.

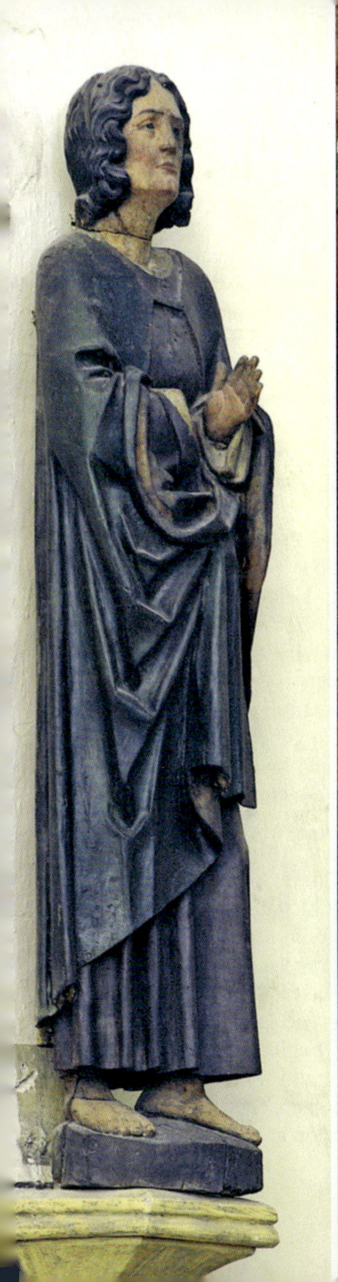

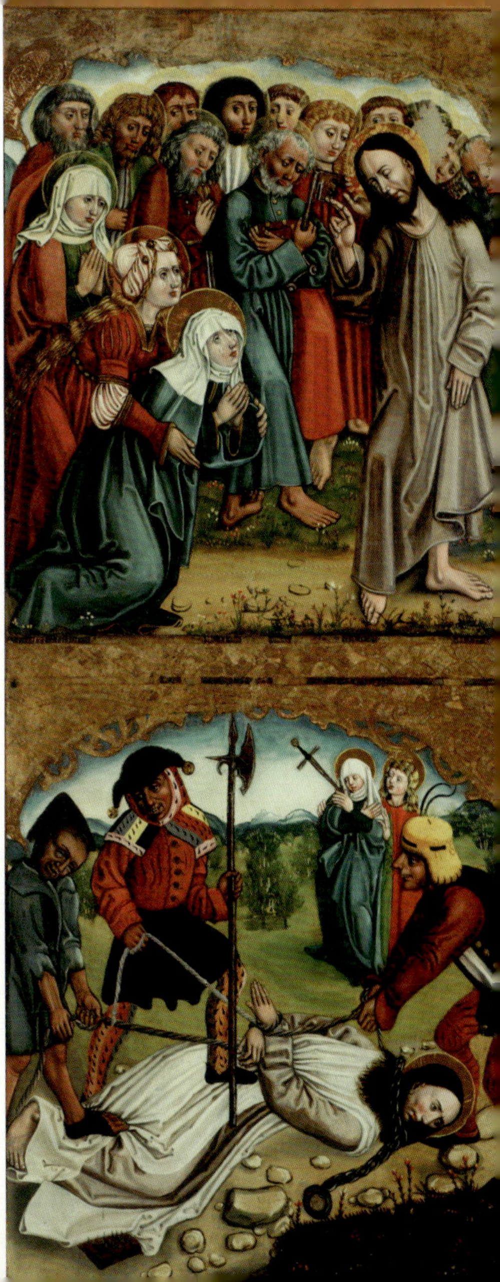

Zittau unter der Herrschaft verschiedener Königshäuser (1438–1526)

Nach dem Aussterben des Hauses der Luxemburger folgten als Könige von Böhmen Albrecht von Habsburg (1438–1439) und Ladislaus Postumus (1440–1457). Danach kam mit Georg von Podiebrad (1458–1471) ein Hussit an die Macht, dem die Sechsstädte erst nach einigem Zögern huldigten. Als er 1466 mit dem Interdikt belegt wurde, schlossen sie sich einem Bündnis der nordböhmischen Herren gegen den König an und die Kämpfe begannen erneut. Unter den Gegnern Georgs war der ungarische König Matthias I. Corvinus Hunyadi (1469–1490). Matthias ließ sich 1469 von seinen böhmischen Anhängern ebenfalls zum böhmischen König ausrufen und setzte seine Herrschaft in den Nebenländern der Böhmischen Krone, also auch in den Lausitzen, durch. Nach dem Tod Georgs konsolidierten sich die Verhältnisse. In Böhmen wurde Wladislaw II. Jagiello (1471–1516) König. Das durch die Kriege verschuldete Zittau fiel unter die Herrschaft des Corvinus, der mehrere Vergünstigungen gewährte. Eine besondere Ehre widerfuhr der Stadt, als der König erlaubte, mit rotem Wachs zu siegeln.

Nach dem Tod des Matthias Corvinus 1490 kamen Ungarn und die Nebenländer der Böhmischen Krone unter die Herrschaft der Jagiellonen, die bis 1526 währte und die für die Oberlausitz eine Blütezeit mit sich brachte. Das Land geriet frühzeitig unter den Einfluss der neuen Kunstzentren der Renaissance, die sich seit dem letzten Viertel des 15. Jahrhunderts zunächst in den Kernländern des Corvinus- und des Jagiellonenreiches, also Ungarn, Polen und Böhmen, ausbreitete (Torbus 2006, 18). Die politische Bedeutung Zittaus erreichte um 1500 im Zusammenhang mit der vollen Machtentfaltung des Sechsstädtebundes ihren Höhepunkt, der in der Erweiterung und Neuwölbung der Johanniskirche (1485–1505) auch einen sichtbaren architektonischen Ausdruck fand. Erhalten blieb die 1488 errichtete und in die Stadtbefestigung integrierte Dreifaltigkeitskirche, die aber 1889 regotisiert wurde und viel von ihrer ursprünglichen Gestalt verlor. Das ab 1511 errichtete Salzhaus mit einer Fläche von 25 x 53 und einer Höhe von fast 30 Metern ist neben dem Konzilsgebäude in Konstanz der größte spätmittelalterliche Speicherbau in Deutschland.

Zu den wertvollsten erhaltenen Werken dieser Epoche zählt das 1472 geschaffene Große Zittauer Fastentuch. Es ist das einzige vollständig erhaltene des im 15. und 16. Jahrhundert gebräuchlichen Feldertyps in Deutschland und nach dem Tuch im Kloster Gurk (Kärnten) das zweitgrößte mittelalterliche Fastentuch überhaupt. Das 56 Quadratmeter große Leinentuch wurde in der Technik der nassen Tüchleinmalerei mit Temperafarben bemalt und zeigt auf 90 Bildern die christliche Heilsgeschichte. Als Schöpfer dieses Werkes vermutet

Kreuzkirche: Schmerzensmann. Um 1490. Seccomalerei.

man den Franziskaner Vincentius (Gurlitt 1907, 22), der für die nicht erhaltene Ausmalung der Gewölbe der Klosterkirche 1488 bezeugt ist.
Reste spätgotischer Wandmalerei sind im Franziskanerkloster und in der Kreuzkirche erhalten. 2008 wurden im Obergeschoss des mittelalterlichen Ostflügels (Dormitorium) des Klosters ungewöhnliche Malereien gefunden. Dabei handelt es sich u. a. um die Darstellung eines Jungbrunnens aus der Zeit um 1460/80. Diese Malereien haben keinen Bezug zu anderen Arbeiten, die aus jener Zeit erhalten sind. Hinsichtlich der Herkunft und des Umfeldes der ausführenden Maler existieren weder im Kloster selbst noch in der Umgebung vergleichbare Malereien. Das Thema des Jungbrunnens aber findet sich bemerkenswerterweise noch einmal in der Oberlausitz, im Görlitzer Haus zum Goldenen Anker (Kränzelstraße 27). Diese ebenfalls kürzlich entdeckte Malerei stammt vermutlich aus der gleichen Zeit wie die Zittauer Darstellung.
Etwas später entstanden im sog. Refektorium des Franziskanerklosters weitere Malereien. Sie zeigen Engel mit Pfauenaugenflügeln und Spruchbändern, die vor Scheinarchitekturen dargestellt sind. Als Schöpfer dieser auf 1488 datierbaren Malereien wird ebenfalls Vincentius vermutet (Nimoth 2000, 16).
In der Kreuzkirche konnten in den 1990er-Jahren Seccomalereien freigelegt werden, die zwischen 1470 und 1490 entstanden sind. Das Bild an der Nordwand des Chores zeigt eine für die Zeit häufige Darstellung des Schmerzensmannes. Ungewöhnlich daran ist, dass die *Arma Christi* auf zwei Wappenschilden dargestellt sind und außerdem mariologische Symbole vorhanden sind. Das um 1490 entstandene Wandbild wurde im Jahr 2000 restauriert. Andere Fragmente zeigen vermutlich einen Schmerzensmann oder die Taufe Jesu, Jakobs Traum, einen Baldachin, Rankenmalereien und nicht definierbare figürliche Darstellungen. Die Existenz weiterer Bilder ist bekannt. Die Malereien in der Kreuzkirche sind ein für die südliche Oberlausitz seltenes Zeugnis der Ausstrahlung böhmischer gotischer Malerei, die in der Zeit Karls IV. und Wenzels IV. ihren Höhepunkt erreichte und deren Einfluss auch in der zweiten Hälfte des 15. Jahrhunderts anhielt.
Dass auch die Tafelmalerei in dieser Zeit ein hohes Niveau erreichte, bezeugt ein Altarflügel mit der Darstellung von zwei Szenen aus dem Leben Jesu (heute im KHM Franziskanerkloster). Das obere Bild zeigt den Abschied Jesu von Maria, das untere den Fall Jesu unter dem Kreuz. Das Schwert der Gottesmutter ist möglicherweise ein Hinweis auf die Darstellung der sieben Schmerzen der Maria als Gesamtbildprogramm des sonst verlorenen Altares. Das Werk entstand vermutlich am Ende des 15. Jahrhunderts.
Die wichtigste bildhauerische Arbeit dieser Zeit im Zittauer Gebiet ist die

Kreuzigungsgruppe, die heute im Museum Kirche zum Heiligen Kreuz zu sehen ist. Sie stammt vermutlich aus der zweiten Hälfte des 15. Jahrhunderts. Wegen des Brandes der Kirche 1643 ging Gurlitt von der Herkunft aus einer anderen Kirche aus (Gurlitt 1907, 173 f.). Die Konsolen und das Patrozinium der Kirche kann man aber als Hinweis für die ursprüngliche Anordnung der Gruppe vor Ort werten. Außerdem geht der westliche Teil des 1571 und 1602 umgebauten Alten Gymnasiums im Kern noch auf die Lateinschule der Johanniter zurück, die erstmals 1310 erwähnt wird (ZUB Nr. 69). Erhalten blieb im Obergeschoss eine spätgotische Schulterbogentür, vermutlich aus dem 15. Jahrhundert, in deren Gewände ein Reliefbild mit einem Fabeltier und ein Wappen mit einem Widder (?) ausgearbeitet sind. Anfang des 16. Jahrhunderts entstand die Strahlenkranzmadonna für den Hauptaltar der Johanniskirche. Sie blieb erhalten, weil sie im 1619 neu angefertigten Altar der Frauenkirche wieder verwendet wurde.
Weitere bildhauerische Arbeiten von teilweise hoher Qualität finden sich beispielsweise an den Kapitellen der Frauenkirche, an den Konsolen der Gewölbeansätze der Klosterkirche und des Chores der Kreuzkirche sowie am Triumphbogen der Kreuzkirche. Außerdem haben sich einige gotische Grabmäler bewahrt, darunter das der Anna von Duba (gest. 1449; KHM Franziskanerkloster).

Die Zeit der Habsburger und die Renaissance (1526–1635)

Der Beginn der Renaissance in den Künsten fällt mit der Ausbreitung der Reformation und dem Übergang Böhmens und der Oberlausitz an die Habsburger 1526 zusammen. Der religiöse Umbruch in der Oberlausitz stellte einen durch die politische Entwicklung des Landes begründeten Sonderfall dar. Anstelle einer im Land regierenden Fürstendynastie hatte sich eine Ständeversammlung mit deutlicher Dominanz des Sechsstädtebundes herausgebildet. Die Reformation konnte so nicht wie in Sachsen per Dekret durch den Landesherren eingeführt werden. Reformatorische Ansichten verbreiteten sich zwar rasch, aber die katholische Kirche wurde nicht sofort völlig verdrängt. Katholische und protestantische Gebräuche gingen zunächst partiell eine Synthese ein, Gottesdienste fanden in denselben Häusern statt. In Zittau verkündete der aus der schlesischen Stadt Löwenberg stammende Lorenz Heidenreich bereits 1521 die reformatorischen Gedanken Martin Luthers. Es dauerte aber ein halbes Jahrhundert, bis sie sich gegen den Katholizismus voll durchsetzen konnten. Wirtschaftlich hatte sich Zittau im 16. Jahrhundert mit dem Leinwandhandel eine weitere sehr ergiebige Einnahmequelle schaffen können. Von besonderem

Haus Neustadt 34: Relief mit der Darstellung des Rinderraubes des Cacus. 1532.
Haus Neustadt 32: Portal. Um 1550. Detail.

Gewicht war dabei die Belieferung der großen Handelshäuser in Nürnberg. In den Jahren von 1513 bis 1568 wurde die Stadtbefestigung durch einen zweiten Mauerring verstärkt. Für 1568 wurden Einwohnerzahlen für die Sechsstädte erschlossen: Zittau hatte etwa 6.700, Görlitz 8.685, Bautzen rund 5.800 Einwohner.

Für das Sechsstädteland bedeutete die Bestrafung (Pönfall) für die mangelhafte Unterstützung der kaiserlichen Truppen in der den Schmalkaldischen Krieg (1546–1547) entscheidenden Schlacht von Mühlberg 1547 durch König Ferdinand I. (1521–1564) einen gravierenden wirtschaftlichen Rückschlag und politischen Bedeutungsverlust. Im Zuge des Pönfalls ging Zittau wie die anderen Städte seiner Privilegien verlustig, verlor die umfangreichen Besitzungen und musste darüber hinaus eine hohe Geldstrafe zahlen. Aber die Stadt erholte sich dank ihrer wirtschaftlichen Stärke und der erfolgreichen Politik ihres Bürgermeisters Nikolaus von Dornspach rasch. Privilegien und Grundbesitz konnten nach und nach zurückgewonnen und sogar vermehrt werden. 1574 gelang der Erwerb der umfangreichen Ländereien des Klosters Oybin. Die Zittauer waren im Zuge der wirtschaftlichen Wiedererstarkung bestrebt, an die frühere architektonische Glanzzeit anzuknüpfen. Im Zusammenhang damit steht die Erweiterung des Rathauses 1564–1567. Der erste große reformatorische Flügelaltar des Sechsstädtelandes, der heute nicht mehr erhalten ist, wurde 1566 von Jakob Feltsch für die Zittauer Johanniskirche geschaffen. Der Verhüllung des Altars diente möglicherweise das Kleine Zittauer Fastentuch von 1573. Auch das 1586 geweihte Alte Gymnasium ist ein Ausdruck wiedererlangter Bedeutung. Es geht auf eine Anregung des Nikolaus von Dornspach zurück. Dornspach verdankte seine Erfolge nicht zuletzt seinen guten Beziehungen zu den Habsburgern. Auch andere Bürgermeister standen in engem Kontakt mit der Dynastie. Dornspachs Vorgänger Konrad Nesen beispielsweise war am Hof Ferdinands I. (1521–1564) Erzieher des späteren Kaisers Maximilian II. (1548–1576).

1583 wurde Prag unter Rudolf II. (1576–1612) noch einmal für drei Jahrzehnte kaiserliche Residenz. Zittau erlebte in dieser Zeit 1608 einen verheerenden Stadtbrand, dem rund 500 Häuser, damals drei Viertel der Stadt, zum Opfer fielen. Der Kaiser erließ der Stadt als Wiederaufbauhilfe Steuern und Zölle auf neun Jahre, doch waren die Zittauer in der Lage, die größten Schäden noch im gleichen Jahr zu beseitigen. Rudolf II. musste den Protestanten in Böhmen Zugeständnisse machen und 1609 mit einem Majestätsbrief die Religionsfreiheit für seine Untertanen garantieren. Diesen Majestätsbrief, der auch in Schlesien, aber nicht in den Lausitzen galt, hat der Bruder und

Thronnachfolger Rudolfs, Matthias (1608–1619), ebenfalls akzeptiert. Da die Lausitzen nach dessen Tod von kursächsischen Truppen besetzt wurden, waren sie nur indirekt von den seit 1620 einsetzenden Rekatholisierungsmaßnahmen betroffen.

Die Aufnahme von Renaissanceformen in Architektur und Bildhauerei ist in Zittau spätestens für 1532 am Haus Neustadt 32 nachweisbar. Bereits 1533 begann auch der Ausbau des Rathauses in Renaissanceformen, der in mehreren Etappen erfolgte. Zittau ist somit neben Görlitz, wo nach einem Stadtbrand ab 1526 Renaissancebauten entstanden, ein frühes Zentrum in der Oberlausitz. Wie in Görlitz so scheint auch in Zittau die Renaissance unvermittelt und ohne Vorstufe vor allem an Bauten reicher Bürger eingesetzt zu haben.

Die neuen Formen spiegeln demonstrativ die humanistische Gesinnung wider, die sich in Zittau bereits früh etabliert hat. So wirkten beispielsweise in den Jahren 1490–1497 der bedeutende Frühhumanist Paul Schneevogel (Niavis) als Oberstadtschreiber und 1511–1513 Nikolaus Adeler, einer der wichtigsten Humanisten Schlesiens, als Rektor der Schule in der Stadt. In den ersten beiden Jahrzehnten des 16. Jahrhunderts waren 15 Zittauer an der Universität Krakau, einem Zentrum humanistischer Lehre, immatrikuliert und damit die Mehrzahl der Studierenden Zittauer in diesem Zeitraum. Es liegt nahe, dass sich dies im Geistesleben der Stadt niederschlug.

Das älteste der erhaltenen Bürgerhäuser ist das Dornspachhaus, das seine heutige Gestalt im Wesentlichen einem Umbau von 1553 verdankt. Die Gestaltung des Hauses mit Rustikaquaderung zeigt, dass man Prager Vorbilder, z. B. Gestaltungselemente des Palais Schwarzenberg, rezipierte. Am Haus fanden sich auch Reste von Sgraffiti. Das Dornspachhaus und das im Kern auf 1600 zurückgehende Haus Bautzner Straße 11 verkörpern den vermutlich ältesten Zittauer Haustyp, dessen Raumdisposition bereits klar durchgeformt war (Gurlitt 1907, 225). Der vordere Raum im Erdgeschoss bildet eine Halle, von der aus ein überwölbter Gang zum Hof führt und die Treppe in der Seitenhalle direkt zu erreichen ist. Im hinteren Teil des Dornspachhauses lagen die Wirtschaftsräume, deren Geschosshöhe geteilt wurde.

Teile von Häusern, am häufigsten die Portale, wurden gelegentlich umgesetzt. In der Frühzeit der Renaissance entstand 1532 das Portal von Haus Neustadt 32 (heute im dortigen Innenhof). Weitere Beispiele erhaltener Portale finden sich an den Häusern Markt 15 (von 1586; heute an der Badergasse), Innere Weberstraße 7 (von 1590; heute am Feuergäßchen), Grüne Straße 23 (von 1596) und Markt 2 (um 1600; heute an der Johannisstraße). An der Westmauer des Friedhofes der Frauenkirche steht ein Portal mit lateinischer Inschrift von 1655, im

Frauenkirche: Die Evangelisten Markus und Lukas. Altar, geschlossener Zustand. 1619.

Inneren des Hauses Markt 3 ein um 1660 entstandenes Portal. Auch kleinere Werke haben sich vereinzelt erhalten, wie der 1590 entstandene Schlussstein am Tor des Hauses Brunnenstraße 7, im Hochrelief einen Mönch darstellend.
Ein sowohl inhaltlich als auch hinsichtlich der frühen Entstehungszeit bemerkenswertes Zeugnis der Renaissancekunst in der Oberlausitz sind die figürlichen Reliefs des Hauses Neustadt 32. Diese 1532 von einem unbekannten Meister geschaffenen Bildwerke zeigen in einem Relief die Cacusgeschichte aus der bei Vergil überlieferten römischen Variante des Heraklesmythos. Vergil gehörte neben Ovid für die Humanisten und Künstler der Renaissancezeit zu den Hauptquellen für die Rezeption antiker Mythen. Daneben haben sich drei weitere Reliefs erhalten. Sie zeigen die Geburt des Zeus, Zeus und Amaltheia, sowie Herkules mit dem Nemäischen Löwen kämpfend (letzteres heute im KHM Franziskanerkloster). Die Einpassung der Reliefs in einen Segmentbogen legt den Gedanken nahe, dass es sich hier ursprünglich um Fassadenschmuck ähnlich dem des Biblischen Hauses in Görlitz gehandelt hat. Das antike Mythen aufgreifende Bildprogramm ist für die Renaissancezeit in der Oberlausitz singulär. Bezug zur Antike nimmt auch der Marsbrunnen auf dem Markt mit der Figur des römischen Kriegsgottes. Sie stammt von 1585 (Kopie von 1892, Original im KHM Franziskanerkloster).
Vom 1757 zerstörten Rathaus ist ein Relief aus dem Jahr 1533 erhalten, welches eine Stadtmauer und ein Wappen mit dem böhmischen Löwen zeigt. Eine Kopie hiervon wurde an der Südseite des heutigen Rathauses integriert (Original im KHM Franziskanerkloster). Vom alten Rathaus stammen außerdem drei Tondi mit der Darstellung des Stadtwappens (im Rathausinnenhof) sowie zwei schildhaltende Löwen, Werke der Spätrenaissance von 1665.
Zu den bedeutendsten Zeugnissen der Malerei des 16. Jahrhunderts in Zittau zählt das 1573 von einem unbekannten Meister geschaffene Kleine Zittauer Fastentuch. Das aus Leinen bestehende Tuch wurde mit Temperafarben bemalt und stellt Jesus am Kreuz dar, umgeben von Maria, Maria Magdalena und Johannes, sowie den Arma Christi. Die Komposition nimmt Anleihen u. a. bei der *Erschaffung Adams* von Michelangelo Buonarroti in der Sixtinischen Kapelle in Rom und geht auf einen Kupferstich von 1563 nach einer Vorlage Lambert Lombards für ein Kirchenfenster in der Kathedrale Lüttich zurück. Das Kleine Zittauer Fastentuch ist ein seltenes Beispiel des sog. Arma-Christi-Typs und das einzige erhaltene evangelische Fastentuch.
Mit dem Jahr 1564 verbindet sich der Beginn der städtischen Kunstsammlung. Unter den darin erhaltenen Gemälden findet sich das Bildnisdiptychon Kaiser

Dreifaltigkeitskirche, Friedhof: Grabmal des Pfarrers Clemens Lehmann (gest. 1629) an der östlichen Friedhofsmauer. Detail.

Maximilians als Lebender und Toter, vom Monogrammisten AA um 1520 geschaffen. Das Bildnis der Maria mit Kind und Johannesknaben von 1554 wird dem Umkreis von Lucas Cranach d. Ä. zugeschrieben. Unbekannt ist der Autor des Bildnisses des Matthias als König von Böhmen von 1611. Ob diese Werke für oder in Zittau geschaffen wurden, ist nicht bekannt.

Im Jahr 1619 entstand der Altar der Frauenkirche. Er wurde möglicherweise von Michel Greger d. J. geschaffen, den man hinter den Initialen am Fuß der Kanzel vermutet. Im geschlossenen Zustand zeigt der Altar Bilder der Evangelisten.

Nur wenige Wandmalereien sind aus Kirchen überliefert, doch weisen z. B. die in der Hospitalkirche freigelegten Fragmente eine gute Qualität auf. In der Hospitalkirche hat sich mit dem von Hans Sperber 1617 auf die Felder der Emporenbrüstung gemalten Passionszyklus ein charakteristisches ikonografisches Programm der nachreformatorischen Zeit erhalten. Sperber selbst stammte aus Prag. Arbeiten von ihm sind auch an der alten Johanniskirche, am alten Rathaus in Zittau und der Jonsdorfer Kirche nachweisbar.

Hinsichtlich von Schnitzwerken an Altären verdient der schon erwähnte Altar der Frauenkirche Beachtung, dessen bewegte Figuren bereits an der Grenze zum Barock stehen. In den evangelischen Altar aus dem Jahr 1619 wurde die mittelalterliche Madonna aus der Johanniskirche integriert. Die geschnitzten Figuren der Verkündigungszene auf den Flügeln greifen über den Mittelschrein hinweg, was die Komposition besonders originell macht. Der in der Klosterkirche erhaltene Beichtstuhl, der die Form einer geschnitzten Renaissancearchitektur erhielt, entstand Mitte des 17. Jahrhunderts.

Zahlreiche Grabdenkmäler blieben vor allem auf den Friedhöfen der Dreifaltigkeitskirche (Weberkirche), der Kreuzkirche und der Frauenkirche erhalten. Diese sind meist mit einem ganz- oder halbfigurigen Bildnis des Verstorbenen im Hochrelief versehen. Durch hohe Qualität in der Ausführung zeichnet sich das Grabmal des Nikolaus von Dornspach (gest. 1580) am Alten Gymnasium aus. Im 16., vor allem aber im 17. Jahrhundert wurden zum Totengedächtnis in den Zittauer Kirchen zahlreiche Epitaphien an exponierten Stellen angebracht. Gegen Ende des 19. Jahrhunderts überführte man einen großen Teil dieser Denkmäler in das Stadtmuseum. Zu den älteren erhaltenen Werken gehört das Epitaphium des Matthias Schemisch aus dem Jahr 1586 (heute im KHM Franziskanerkloster). Das Epitaphgemälde zeigt in einer größeren Szene das Weltgericht und in sieben kleinen Bildfeldern die Sieben Werke der Barmherzigkeit. Gerahmt wird es von einer ausgewogenen Renaissancearchitektur, die sehr qualitätvoll farbig gefasst wurde.

Martin Pötzsch: Heffterbau, Nordfassade. 1662.

Zittau unter der Herrschaft der Albertiner (1635–1918)
Spätrenaissance und Manierismus

Der Dreißigjährige Krieg (1618–1648) bewirkte einen tiefen Einschnitt in die Entwicklung der Stadt. Bereits 1619, in der Anfangsphase des Krieges, wurden die Lausitzen, die dem Kurfürsten Friedrich von der Pfalz (1610–1623) als böhmischen König gehuldigt hatten, vom sächsischen Kurfürsten Johann Georg I. (1611–1656) im Namen Kaiser Ferdinands II. (1617–1637) besetzt. Zittau öffnete nach der Schlacht am Weißen Berg den Sachsen die Tore. Als Ausgleich für die Kriegskosten verpfändete der Kaiser die Lausitzen 1620 an den sächsischen Kurfürsten. Schließlich wurden ihm 1635 im Prager Frieden diese Länder und mit ihnen Zittau als Lehen der Böhmischen Krone erblich verliehen. Zittau wurde während des Krieges abwechselnd von Sachsen, Kaiserlichen und Schweden besetzt. Schaden nahm die Stadt besonders 1634 und 1643, als sie von sächsischen bzw. kaiserlichen Heeren erstürmt wurde.

Eines der bedeutendsten Zeugnisse der späten Renaissance ist der nach dem Krieg bis 1662 durch den Bautzener Ratsbaumeister Martin Pötzsch erneuerte Westflügel des Franziskanerklosters, der nach dem Bürgermeister Heinrich von Heffter benannt wurde. In der Klosterkirche wurde gleichzeitig ein neuer Triumphbogen mit Diamantquaderung eingezogen, der im Scheitel die Initialen H. v. H. (Heinrich von Heffter) und die Jahreszahl 1662 zeigt.

Eine Sonderstellung nimmt in Zittau die Kunst des Manierismus ein. Frühe Ansätze z. B. am Altar der Frauenkirche 1619 wurden durch den Krieg unterbrochen, in der Phase des Wiederaufbaus tritt der Manierismus stärker hervor. In dieser Zeit entstanden in den Kirchen Inneneinrichtungen mit neuen Altären, Kanzeln und Gestühl bzw. Teilen davon. An erster Stelle zu nennen ist das Interieur der Kreuzkirche von 1654. Das Kreuzigungsbild des damals neu gefertigten Altares stammt von Friedrich Kremsier. Es wurde aus dem seit 1999 unzugänglichen Altar herausgelöst und in der Sakristei der Kreuzkirche aufgestellt. Erhalten blieben in der Kreuzkirche auch die ebenfalls 1654 entstandenen Malereien mit der Darstellung von Stifterwappen. Ein manieristisches Meisterwerk ist die Emporentür von Hans Bubenik, um 1658 gearbeitet, mit reich ausgebildetem Knorpelwerk im Südschiff der Klosterkirche. Die 1668 gefertigte Kanzel derselben Kirche ist ein Werk von Bubenik und Georg Bahns. Im selben Jahr begannen auch die Arbeiten am neuen Altar der Klosterkirche, der in seinem Aufbau bereits eine barocke Disposition zeigt.

Hans Bubenik: Emporentür, Franziskanerklosterkirche St. Peter und Paul. Um 1668.

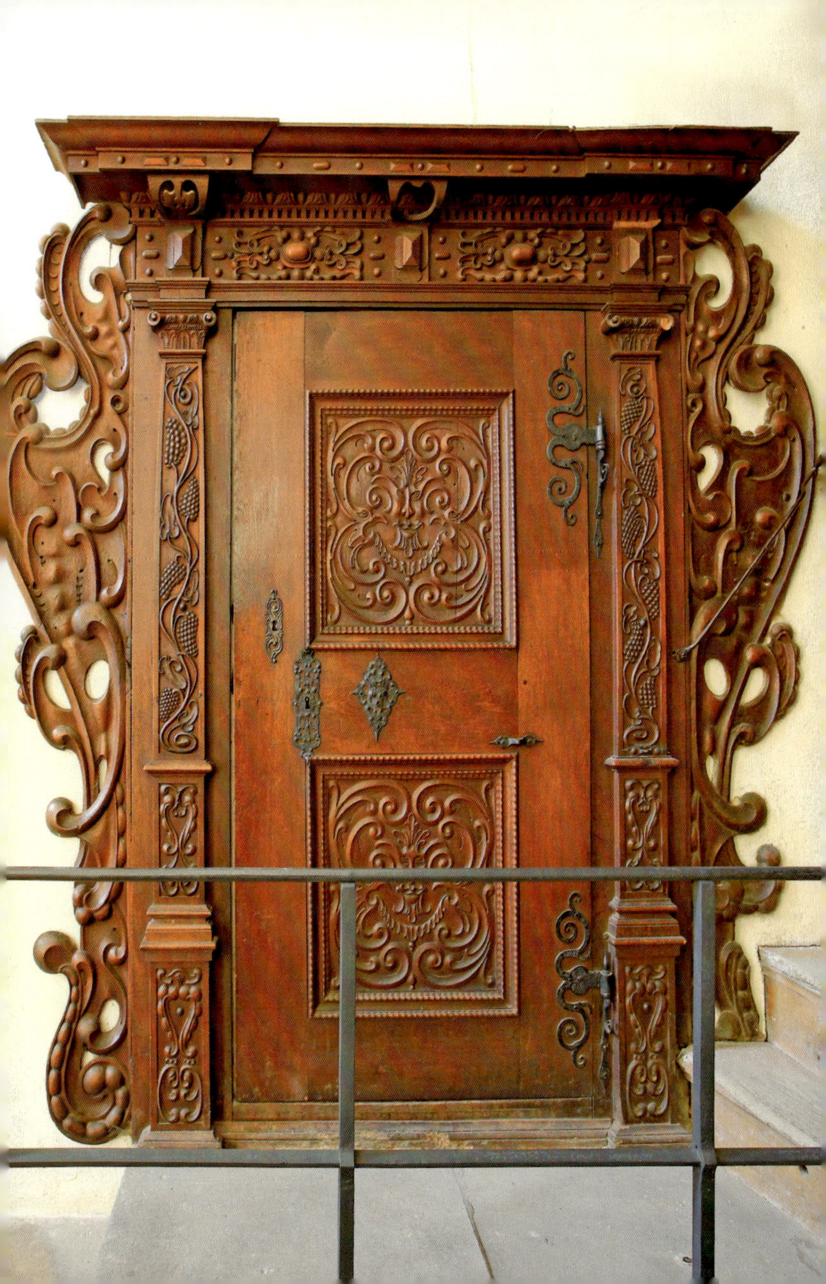

Barock

Nach der Spätblüte der Renaissance und dem Manierismus hält bereits in den 1670er-Jahren die Kunst des Barock Einzug in Zittau. Die Barockzeit fällt mit einer großen wirtschaftlichen Blüte der Stadt zusammen. Grundlage hierfür war die Produktion von Leinwand und seit 1666 auch von Damast in Großschönau, welche u. a. nach Spanien und vor allem nach England exportiert wurden. Die durch den Krieg verursachten Bevölkerungsverluste wurden durch den Zuzug böhmischer Exulanten rasch kompensiert. Zittau stieg zum bedeutendsten Handelsplatz der Oberlausitz und nach Leipzig auch Sachsens auf. Die reichen Handelsherren bauten ihre Häuser zu großen Palais aus, die das Bild der Innenstadt maßgeblich prägen.

Barocke Architektur trat in Zittau erstmals 1678 und damit innerhalb des Kurfürstentums Sachsen sehr früh auf, als der Bürgermeister Johann Philipp Stoll 1678 das Haus Markt 24 umbauen ließ. Die strengen Formen des Hauses lassen den Einfluss des französischen klassizistischen Barocks erkennen. In seiner Form ist der Stoll'sche Bau in Zittau eine Ausnahme geblieben. Bereits das 1683 vollendete Haus der Familie Hartig (Neustadt 23) greift zwar die architektonischen Gliederungselemente des Stoll'schen Hauses auf, zugleich ist die Fassade hier jedoch mit bauplastischen Schmuck dekoriert; das Haus des Andreas Noack (Markt 4) von 1689 steigert die skulpturale Durchbildung der Fassade weiter. Monumentale Wirkung erzielt die Fassade des vermutlich um 1700 umgebauten Hauses Markt 21, welche durch Lisenen mit Kompositkapitellen in Kolossalordnung gegliedert ist. Der Hochbarock ist ab 1710 mit dem Haus Zur Sonne (Markt 9) vertreten, das sich durch eine gut disponierte Fassadengestaltung auszeichnet. Das 1710–1717 erbaute Grätz'sche Haus in der Inneren Weberstraße weist eine der am reichsten skulpturierten Fassaden der Stadt auf. Es wird deutlich, dass sich die Zittauer Bauherren am italienischen Barock orientierten, der über Böhmen als Bestandteil des Habsburgerreiches vermittelt wurde. Die palaisartigen Bauten wurden nach dem Vorbild Prager Durchhäuser errichtet, hatten ein oder mehrere Hinterhöfe sowie Seiten- und Hinterhäuser. Sie waren kombinierte Wohn- Handels- und Lagerhäuser. Die sehr häufig vorhandenen schmiedeeisernen Oberlichtgitter der Portale haben sich in großer Zahl erhalten, darüber hinaus in den Innenräumen Stuckaturen, die heute zum Teil aber in ihrem Bestand bedroht sind.

Auf dem Gebiet des Sakralbaus kam es zunächst an der Johanniskirche zur Fertigstellung des Nordturmes (1704–1706), der im Mittelalter nur bis zur Höhe des heutigen zweiten Gurtgesimses aufgeführt war. Dabei formte man unter Verzicht auf die modernen barocken Formen den gotischen Südturm genau

Johann Friedrich Schmidt: Samariterinbrunnen. 1678.

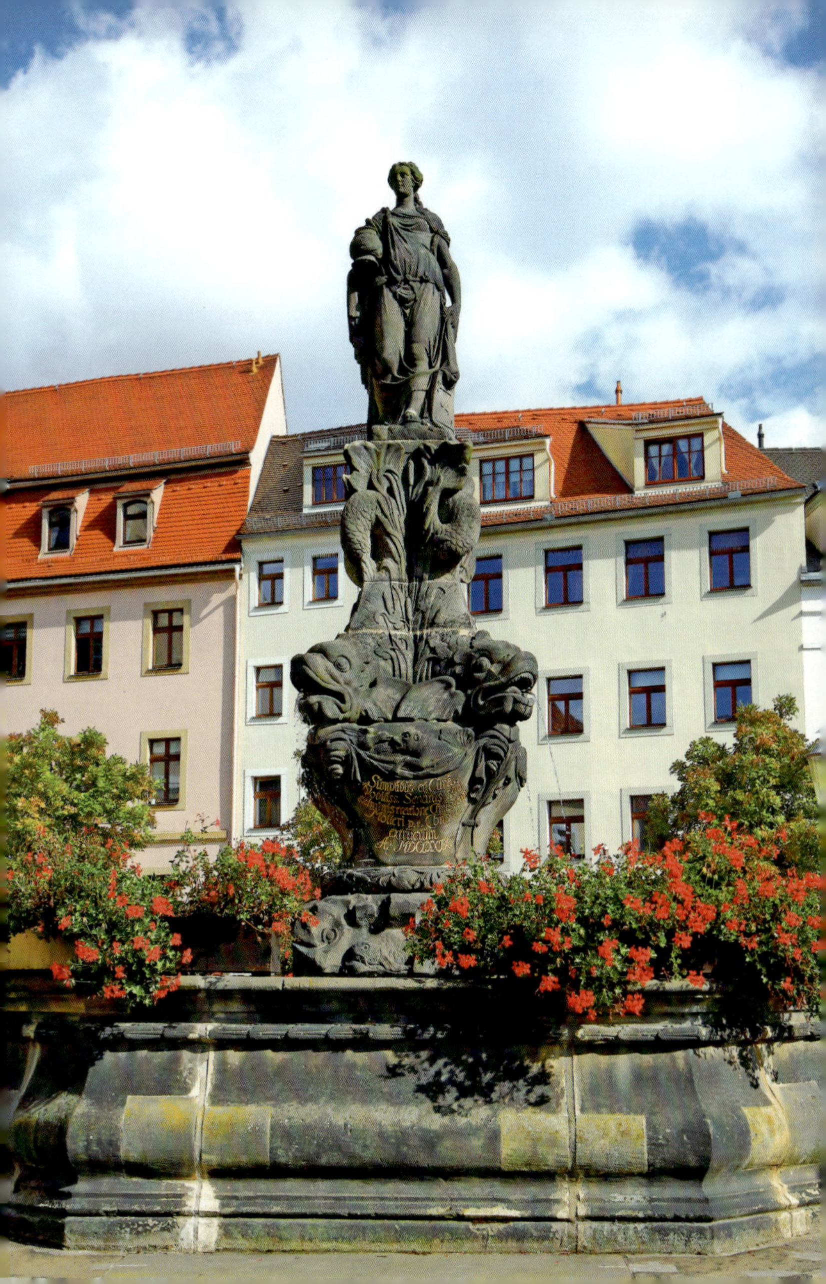

nach, um eine symmetrische Fassade zu schaffen. Dieser barockgotische Nordturm blieb im Wesentlichen bis heute erhalten.

An der Südseite der Klosterkirche wurden zwischen den Strebepfeilern Betstuben errichtet (1696–1748). Die Loge der Familie Noack stammt von 1696 und zeichnet sich durch eine aufwendige Gestaltung aus. Der Entwurf wird dem sächsischen Landbaumeister Johann Georg Starcke zugeschrieben und stammt möglicherweise aus der Zeit um 1690 (Asche 1978, 159). Für den Zugang des 1709 eingeweihten Bibliothekssaales wurde um 1710 eigens ein neues kleines Portal geschaffen, zwischen dem Haupt'schen Haus und der Franziskanerklosterkirche.

Eine Sonderstellung auf dem Gebiet barocker Architektur nehmen in der Oberlausitz die zahlreichen erhaltenen Kleinbauten der Sepulkralkunst ein. Diese wurden in Zittau im Vergleich zu anderen Orten und auch den großen Städten im Kurfürstentum im dritten Jahrzehnt des 18. Jahrhunderts in besonders hoher Qualität ausgeführt, was im Zusammenhang mit der damals starken wirtschaftlichen Stellung der Stadt steht (Rosner 2007, 30 f.). Die Bauherren dieser Erbbegräbnisse waren in Zittau überwiegend Kaufleute, in Bautzen und Görlitz dagegen Grundherren und bürgerliche Beamte.

Wegen der Geschlossenheit der Gesamtanlage ist das Ensemble von 16 noch bestehenden Grufthäusern (ehemals 22) auf dem Hof des Franziskanerklosters herausragend. Die ältesten von ihnen gehen noch auf die frühbarocke Zeit, das heißt die 1690er-Jahre zurück (Junge I/Knispel 1690, Nesen 1691, Stöcker 1692, Besser 1696, Moser/Böttger 1701). Die Fassaden dieser Bauten zeichnen sich durch aufwendig gestaltete Portalarchitekturen aus. Frühzeitig wurde auch figürlicher Schmuck am Außenbau verwendet; zunächst noch spärlicher, ab 1720 in verstärktem Maße. Das Grufthaus Kühn/Domsch auf dem Klosterhof aus dem Jahr 1723 ist eines der am aufwendigsten mit Skulpturen ausgestatteten Bauwerke. Das um 1728 errichtete Grufthaus Graetz/Schreer auf dem Friedhof der Kreuzkirche hebt sich durch seine Größe, einen längsrechteckigen Grundriss und eine dreibogige Öffnung der Schauseite hervor. Die mit großer Raffinesse bis ins Detail durchgeformte Fassadenarchitektur wird durch reiche Dekoration belebt. An diesem Bau fand sich bei der Restaurierung 2001 die Signatur des Bildhauers Daniel Hübner. Die Namen weiterer Schöpfer dieser virtuosen Kleinbauten sind jedoch in den meisten Fällen nicht bekannt. Es ist immerhin wahrscheinlich, dass die in dieser Zeit in Zittau belegten Bildhauer bzw. Baumeister wie Michael Hoppenhaupt, Johann Gottlob Anders, Gottfried Jäch, Johann Friedrich Schmidt auch auf diesem Gebiet tätig waren. Den Höhepunkt der Oberlausitzer Sepulkralbaukunst verkörpert neben dem Kanitz-

Haus Markt 4: Fassade am Johannisplatz. 1689.

NOMEN DOMINI BENEDICTUM IN SECULA

Kyaw'schen Gruftbau in Hainewalde das Grufthaus Fink von 1730 auf dem Friedhof der Kreuzkirche. Die skulpturale Durchbildung der Fassade wird hier zu einer reich gegliederten Portalanlage, die Ähnlichkeiten mit der des Loretoklosters in Prag hat, die 1722 von Kilian Ignaz Dientzenhofer geschaffen wurde. Die in Zittau tätigen Baumeister haben sich mit großer Wahrscheinlichkeit an böhmischen und schlesischen Sakralbauten orientiert, wie die Verwendung der Einzelformen nahelegt, die in Sachsen bzw. Dresden eher selten zu finden sind (Rosner 2007, 36). Die an den Grablegen herausgebildete Ikonografie ist der Zeit entsprechend stark allegorisch geprägt und versinnbildlicht vor allem die Themen *Heilsgewissheit* und *Vanitas*. Darüber hinaus finden sich an zahlreichen Anlagen schmiedeeiserne Gittertore, die mit ungewöhnlichem Aufwand gefertigt wurden.

Auf dem Gebiet der Malerei zählen die beiden Altargemälde der Klosterkirche von Hans Wilhelm Schober von 1675 zu den frühesten Zeugnissen des Barock. Von Schober, der den Titel eines Hofmalers trug, sind generell nur sehr wenige Werke erhalten.

Einen Höhepunkt für die Gestaltung eines kommunalen Innenraumes im barocken Zittau stellt der Bibliothekssaal des Heffterbaus von 1709 dar. Die Einrichtung des Saales erfolgte aufgrund der wachsenden Bestände der Ratsbibliothek, außerdem wurde in ihm auch das städtische Raritätenkabinett untergebracht. Das ikonografische Programm wurde vom Ratsherren Carl Philipp Stoll konzipiert, der von 1711 bis 1729 Bürgermeister war. Die Deckengemälde führte Nikolaus Prescher aus. Das große ovale Gemälde zeigt Pandora vor den olympischen Göttern, eine Allegorie des Wissens und Aufforderung zur Bildung. Als Vorlage diente ein Kupferstich Joachim von Sandrarts aus dem Jahre 1679. Prescher ist in der Umgebung lediglich in den Kirchen von Lückendorf, Hirschfelde und Mittelherwigsdorf mit weiteren Werken vertreten, genoss aber genug Ansehen, um von weiteren Städten des Sechsstädtebundes verpflichtet zu werden. So wurde er neben der Arbeit im Heffterbau auch zur Ausgestaltung des Rathauses in Löbau herangezogen. Im Alten Gymnasium in Zittau hat sich noch ein weiteres Beispiel barocker Plafondmalerei erhalten, welches ebenfalls antike Götter zeigt und vermutlich 1723 entstanden ist. Der Schöpfer dieses Werkes ist unbekannt.

Barocke Malereien finden sich auch an den zahlreichen erhalten gebliebenen Epitaphien, z. B. in der Klosterkirche, der Kreuz- und der Frauenkirche. In der Kreuzkirche existieren daneben an den Emporen Brüstungsfelder, die mit hervorragenden kalligrafischen Malereien verziert worden sind.

Klosterkirche St. Peter und Paul: Betstuben. 1696–1748.
St. Jakob: Emblemata an der Vorsteherempore. 2. Hälfte des 18. Jahrhunderts.

MUNDABOR.

REDIMOR.

Selig sind die reines Hertzens sind, den
sie werden Gott schauen. Matth. 5. V. 8.

Führe meine Seele auß dem Kercker, daß
ich deinem Nahmen dancke. Psal. 142. V. 8.

In der Hospitalkirche St. Jakob finden sich Beispiele der in der Barockzeit besonders weitverbreiteten emblematischen Malerei, die auf das Ende des 18. Jahrhunderts datiert werden.

Unter den bildhauerischen Werken der frühbarocken Periode ragt der geschnitzte und farbig gefasste Altar der Franziskanerklosterkirche von 1668/69 hervor. Die Ausführung lag bei Georg Bahns, Hans Kunert und Heinrich Prescher. Den Brunnen mit der klassizistisch angelegten Statue der Samariterin schuf Johann Friedrich Schmidt 1678. Der Grüne Brunnen vor dem Franziskanerkloster befand sich ursprünglich auf dem Markt. Erhalten blieb davon die kostbare schmiedeeiserne Arbeit von Michael Fröhlich aus dem Jahr 1679, die als sechseckiges Brunnenhaus mit Haube die Brunnenschale bekrönte. Ein bereits 1573 vor dem Rathaus aufgestellter Brunnen erhielt in frühbarocker Zeit, wahrscheinlich um 1679, den Meergott Neptun als bekrönende Figur (heute im Paradiesgarten). 1695 entstand an der westlichen Mauer des Friedhofes der Frauenkirche ein zweites Portal, das von einem Skulpturenrelief mit der Darstellung der Auferstehung bekrönt wird, in den Zwickeln des Korbbogens und im Schlussstein erscheint die Figur des Todes.

Die bildhauerischen Arbeiten des Giebelaufbaus der Noack'schen Betstube an der Klosterkirche, eine Kartusche, Vasen und zwei weibliche Figuren, die vielleicht das irdische und das himmlische Regiment darstellen sollen (Asche 1978, 62, 159), gehören zu den herausragenden Werken des Barock in Zittau. Der Schöpfer dieser vermutlich 1696 entstandenen Skulpturen ist unbekannt.

Der Herkulesbrunnen auf der Neustadt von 1708 stammt von Johann Michael Hoppenhaupt, der möglicherweise auch die Stuckaturen des Bibliothekssaales im Hefftterbau ausführte. Außerdem wirkte er an der Ausstattung der Kirche zu Hainewalde mit. Später wurde Hoppenhaupt Hofbildhauer in Merseburg. 1710 entstand ebenfalls auf der Neustadt der Schwanenbrunnen als Werk der Zittauer Bildhauer Gottfried Jäch und Johann Gottlob Anders. Diese beiden Künstler schufen auch den bildhauerischen Schmuck des Webertores (1717–1719), von dem eine monumentale Löwenskulptur erhalten blieb (heute Hochwasserreservoir Bahnhofstraße).

Hinter dem Zittauer Rathaus befand sich eines der Zittauer Gewandhäuser, das 1757 zerstört, 1768 erneuert wurde. Von diesem Haus hat sich ein bildhauerisch gestaltetes Giebelfeld erhalten (heute an der Pfarrstraße), welches thematisch auf das Gewandhaus bzw. den Zittauer Tuchhandel Bezug nimmt und Merkur zeigt. Der Gott lagert auf zwei Ballen Tuch, deren Zittauer Herkunft durch ein

Unbekannter Meister: Bildnis der Anna Maria Noack. Ende des 17. Jahrhunderts. Öl auf Leinwand, 93 x 132 cm. KHM Franziskanerkloster, Leihgabe aus Privatbesitz. Ehemals Noack'sche Betstube.

Anna Maria Noa(ck)
geb. Heinrichen
geb. Anno 1652 d. 18 Mart.
gestorb. Anno 1691 d. 11 Feb.

„Z" bezeichnet wird; der daran lehnende Anker verweist auf den Überseehandel. Dieses Werk entstand vermutlich in der ersten Hälfte des 18. Jahrhunderts. Unabhängig vom Erhaltungszustand der Häuser finden sich noch zahlreiche Hausportale in barocken Formen im gesamten Stadtgebiet.

Rokoko

Der um 1720 von Frankreich ausgehende Rokokostil konnte sich im Gegensatz zum Barock in den europäischen Ländern nirgendwo mehr voll durchsetzen. Hinsichtlich der Kunstentwicklung im Kurfürstentum Sachsen erscheint die sehr frühe Öffnung für das Rokoko in Zittau, wo der Dekorationsstil an Fassaden und Grabmälern häufig Verwendung fand, daher umso bemerkenswerter. Dieser Umstand steht vermutlich im Zusammenhang mit der Stellung Zittaus, das in der ersten Hälfte das 18. Jahrhunderts eine der reichsten Handelsstädte Sachsens war und wo das Patriziat und die merkantilistische Bourgeoisie gleichermaßen zu Trägern dieser Stilrichtung wurden.

Noch vor der Mitte des 18. Jahrhunderts kam das Rokoko in Zittau auf. Es liegt wegen des in Sachsen vergleichsweise spät verbreiteten Stiles nahe, dass Böhmen wiederum die Vermittlerrolle spielte. In Böhmen blieb das Rokoko zwar praktisch ohne Bedeutung und man hielt dort sehr lange am Barock fest. Doch die Künstlergeneration, die nach dem Tod von Matthias Bernhard Braun und Ferdinand Maximilian Brokoff wirkte, setzte sich besonders in den 1730er-Jahren mit der von Österreich und vor allem von Bayern bestimmten Entwicklung auseinander, wobei Einzelformen wie z. B. die Leitform der Rocaille vereinzelt übernommen wurden. Wie in Böhmen trat in Zittau das Rokoko als Dekorationsstil auf. Die Stadt entwickelte sich in dieser Beziehung zu einem lokalen Zentrum, das auch auf die Zittauer Ratsdörfer ausstrahlte. Die Kirchen in Seitendorf, Wittgendorf, der Kanzelaltar der Kirche zu Oybin und die Ausstattung der Kirche in Waltersdorf, insbesondere der Prospekt der Tamitiusorgel, aber auch Türstöcke an Umgebindehäusern belegen dies eindrucksvoll. Für den Kanzelaltar der Kirche in Altgersdorf (heute Neugersdorf) von 1753, der zu den Höhepunkten des Rokoko in den Ratsdörfern zählt, ist die Autorschaft eines Zittauer Meisters wahrscheinlich (Gurlitt 1910, 411). Dagegen ist der Altar der Oybiner Kirche von 1773 das Werk des Bildschnitzers Anton Max aus Bürgstein in Böhmen. Auch in dem nördlich der Zittauer Besitztümer anschließenden Gebiet des Klosters Marienthal kommt die Kunst des Rokoko zur Entfaltung, so in den Kirchen Ostritz, Königshain, Seitendorf.

Mit ihrer bewegten Form stellt die große Kartusche am Haus Markt 16, die wahrscheinlich auf 1736 datierbar ist, eine erste Ankündigung des Rokoko in Zittau

Dreifaltigkeitskirche, Friedhof: Grabmal der Familie Grünwald. Um 1740.

Hier ruhet
Herr ... Friedrich
... Doctor der Philosophie
geb. d. 15. August 1802
gest. d. 19. Novbr. 1841

Hier ruhet
...
geb. d. 1. März 1832
gest. d. 16. Juni 1832

Königl. Sächs. emer.
Accis Einnehmer allhier
geb. d. 22. Mai 1756
zu Lauter
gest. d. 18. Juni 1845

dar. Eindeutige Elemente des Rokoko in Form von Muschelwerkdekor weisen das Epitaphium des Gottfried Benjamin Martini (gest. 1736) in der Klosterkirche sowie der Portalschlussstein des Hauses Brunnenstraße 17 aus dem Jahr 1738 auf. Als frühes Beispiel für die fassadenbestimmende Verwendung von Formelementen des Rokoko im Hausbau hat sich der Eck-Erker des Hauses Bautzener Straße 6 (Besser'sches Haus; Alte Post) von 1744/45 erhalten. Kurze Zeit später, 1747/48, entstanden drei Betstuben an der Klosterkirche.

Die aufwendigsten Zittauer Grabdenkmäler des Rokoko stammen aus dem vierten und fünften Jahrzehnt des 18. Jahrhunderts. Der hohe Stand der Zittauer Grabkunst muss im Zusammenhang mit den oben genannten Gruftbauten gesehen werden, an deren Niveau man bei der bildhauerischen Gestaltung der Grabsteine anschließen konnte. Das von Heinrich August Steuer wiederverwendete Grab auf dem Friedhof der Dreifaltigkeitskirche wurde möglicherweise bereits um 1730 geschaffen (Gurlitt 1907, 166). Einer der Höhepunkte ist ein von der Familie Grünwald wiederverwendetes älteres Grab in derselben Nekropole, das aus der Zeit um 1740 stammt. Ebenfalls um 1740 entstand ein Grabmal auf dem Friedhof der Kreuzkirche, das sekundär von Carl Gottlieb Schubert genutzt wurde. Das Grabmal des Johann George Prieber (gest. 1749) auf dem Friedhof der Dreifaltigkeitskirche zeigt eine außerordentliche Steigerung in der Bewegtheit der Einzelformen. Die Grabmäler weisen zum Teil Vergoldungen auf.

Den gravierendsten Einschnitt in der Geschichte der Stadt Zittau brachte das Jahr 1757 mit sich. Mit der Besetzung Sachsens begann der preußische König Friedrich II. (1740–1786) 1756 den Siebenjährigen Krieg. Nach der Niederlage des Königs in der Schlacht von Kolin 1757 zogen die Österreicher unter Feldmarschall Graf Leopold Joseph von Daun vor die Tore der Stadt, in der preußische Soldaten stationiert waren. Nachdem Kapitulationsverhandlungen scheiterten, schossen die Österreicher am 23. Juli 1757 Zittau in Brand. Die Stadt wurde dabei zu zwei Dritteln zerstört. Betroffen waren mehr als 500 Häuser, zahlreiche öffentliche Gebäude und Kirchen wie das Rathaus und die Johanniskirche. Während die preußischen Truppen zum Großteil entkommen konnten, hatte die Zivilbevölkerung nahezu 500 Tote zu beklagen. Nach der Zerstörung wurde Zittau von vielen Seiten durch Geldsammlungen Hilfe zuteil, auch von der Regentin Maria Theresia von Österreich (1740–1780). Das große wirtschaftliche Potenzial von Stadt und Umland ermöglichte eine rasche Erholung von der Katastrophe. Beim Wiederaufbau erneuerte man die Fassaden zum Teil in vereinfachten Formen, zum Teil setzte sich das Rokoko nochmals durch. Rokokoformen finden sich als Dekoration meist an erneuerten einzelnen Gebäudeteilen wie Portalen, Erkern oder Fenstern.

Besser'sches Haus: Eckerker. 1746.

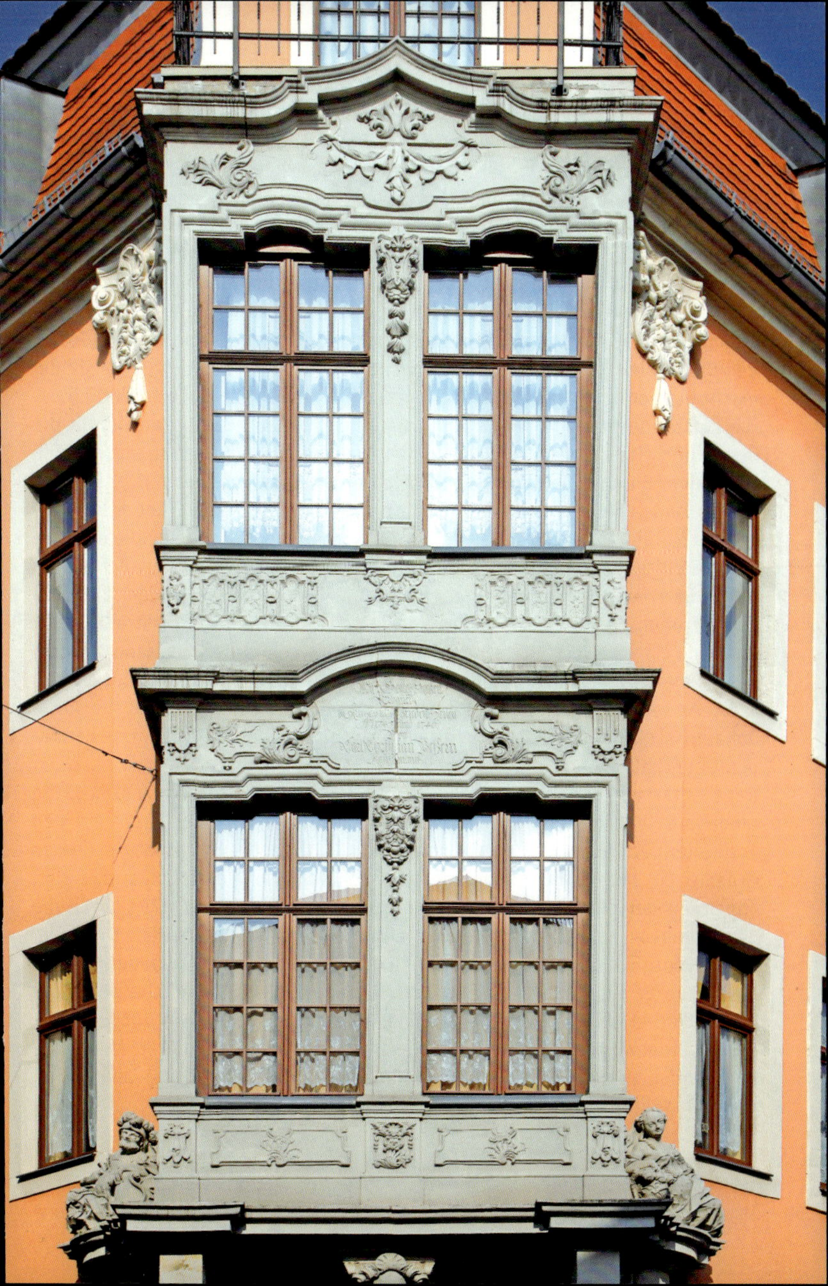

Bereits 1758 setzte der Baumeister und spätere Oberbauschreiber Johann Andreas Hünigen die durch die Beschießung zerstörte barocke Haube des Turmes der Klosterkirche wieder instand, wobei er im oberen Bereich bescheidene Rocailles anbringen ließ. Der Wiederaufbau der Johanniskirche ab 1767 wurde dann zur größten Bauaufgabe Zittaus in der 2. Hälfte des 18. Jahrhunderts. Die Pläne für den Neubau als großzügige Hallenkirche mit Doppelturmfront und Rokokodekor lieferte wiederum Hünigen. Mehrfache Unterbrechungen zogen den Bau in die Länge. Seit 1793 arbeitete man am Innenausbau. 1796 übernahm Carl Christian Eschke die Bauleitung, der Planänderungen vornahm. Seit 1798 machte sich eine Senkung des Südturmes bemerkbar. 1804 war der Bau vollendet, gravierende statische Probleme und Konstruktionsfehler machten aber nur wenige Jahre später einen erneuten Umbau erforderlich.

Die Fürstenherberge Markt 13 von 1767 ist das bedeutendste Beispiel für die Gestaltung eines großen Markthauses im Rokokostil Dresdner Prägung, der sich unter dem Einfluss Johann Christoph Knöffels herausgebildet hatte. Darüber hinaus finden sich dekorative Einzelformen wie der hölzerne Erker des älteren Hauses Markt 22, der um 1760 geschaffen wurde. Beachtliche Beispiele für die Portalarchitektur sind an den Häusern, Theaterring 14 (1752), Neustadt 31 (um 1760), und vor allem Innere Weberstraße 12 (um 1770) zu finden. Elegante Fensterrahmungen mit Muschelwerkdekor weist das Haus Frauenstraße 7 auf. Am Haus Markt 10 erhielt sich eine aus Rocailles gebildete Kartusche mit dem wachsamen Kranich, am Haus Bautzner Straße 7 eine Inschriftenkartusche von 1787. An den Häusern Neustadt 37, Innere Weberstraße 12 und 18 sowie Johannisstraße 4 blieben Flügeltüren mit sehr aufwendig geschnitzten Ornamenten erhalten.

Das Stadtarmenhaus von 1708 (Holzhof, Görlitzer Straße 25) wurde 1784 völlig umgebaut. Von diesem Umbau sind heute noch die Rocailles-Vasen auf den Torpfeilern erhalten. Gleichzeitig entstand das Portal des Haupthauses, dessen Ornamentik bereits den Übergang vom Rokoko zum Klassizismus, den sog. Zopfstil widerspiegelt. Diese Übergangsformen sind auch am 1793 durch die Schützengesellschaft errichteten Schießhaus (Martin-Wehnert-Platz 5) auf der Schießwiese vor dem Böhmischen Tor zu finden. Bei diesem Gebäude in strenger barocker Disposition mit hohem Mansarddach, das möglicherweise auf einen 1708–1713 erfolgten Umbau eines älteren Gebäudes von 1663 zurückgeht, wurde nahezu völlig auf bildhauerischen Schmuck verzichtet. Allein hervorgehoben sind die Portale, deren Schmuck ebenfalls bereits der Übergangsphase angehört.

Dreifaltigkeitskirche, Friedhof: Grabmal des Johann George Prieber (gest. 1749). Detail.
Haus Frauenstraße 7: Fensterbekrönung. Nach 1757. Detail.

Hier
deßhaupt That Ingel

Klassizismus

Die Napoleonischen Kriege überstand Zittau ohne weitere Substanzverluste; die Stadt hatte aber unter Einquartierungen und Durchmärschen verschiedener Heere zu leiden. Im Februar 1813 wurden mehrere Lazarette für die aus dem Feldzug Napoleons I. Bonaparte (1804–1814/15) gegen Russland zurückkehrenden sächsischen Soldaten eingerichtet. Als nach anfänglichen Erfolgen in der ersten Hälfte des Jahres 1813 Napoleon Sachsen zunächst behaupten konnte, kam am 4. Juni ein Waffenstillstand zustande und am 14. Juni wurde die 17.000 Mann starke polnische Armee unter dem Fürsten Poniatowski in der Stadt einquartiert. Am 19. August 1813, nach Ablauf des Waffenstillstandes, kam der Kaiser selbst nach Zittau. In seiner Begleitung war auch Joachim Murat (1808–1815), der König von Neapel. Die Zittauer Bürgerschaft sorgte für einen triumphalen Empfang des Kaisers, einer der letzten, die Napoleon in Deutschland erlebte. Während seines Aufenthaltes residierte er im Haus Markt 13. Am folgenden Tag führte er selbst starke Verbände zur Aufklärung nach Gabel. Von dort zog er wiederum über Zittau nach Görlitz und von da nach Dresden, wo er noch einmal einen Sieg erringen konnte.

Auf dem Wiener Kongress 1815 wurde die Oberlausitz geteilt, Görlitz und Lauban wurden dem preußischen Staat angegliedert. Das bedeutete de facto auch das Ende des Sechsstädtebundes. Für Zittau wirkten sich die neuen Grenzen im Hinblick auf den Handel hinderlich aus.

Im Revolutionsjahr 1830 brachte vor allem die Bevölkerung der Zittauer Dörfer ihren Unwillen über die Verhältnisse zum Ausdruck, etwa über das an die Stadt zu zahlende Stuhlgeld für den Gebrauch von Webstühlen. 1831 erhielt Sachsen seine erste Verfassung. Eine Folge der Verfassungsgebung war 1835 die administrative Neugliederung des Landes in vier Kreisdirektionen. Noch im selben Jahr wurde die Kreisdirektion Bautzen in die Amtshauptmannschaften Bautzen und Zittau geteilt. Die seit dem Traditionsrezess von 1635 lange Zeit von der sächsischen Regierung kaum veränderten administrativen Gegebenheiten in der Oberlausitz wurden damit beseitigt und durch neue ersetzt.

Nachdem die von Eschke vorgenommenen Planänderungen an der Johanniskirche bereits deutlich einen klassizistischen Charakter zeigten, errichtete man 1802 mit dem Stadttheater den ersten bedeutenden klassizistischen Profanbau auf der Neustadt. Es handelte sich dabei um einen der frühesten bürgerlichen Theaterbauten im Kurfürstentum Sachsen. Das Haus, dessen Baumeister nicht bekannt ist und den man in Eschke vermuten kann, wurde

Dreifaltigkeitskirche, Friedhof: Grabmal des Johann Friedrich Rothe (gest. 1799) und seiner Frau Eva Rosina (geb. Kayßer; gest. 1803).
Fleischbänke. 1836–1838.

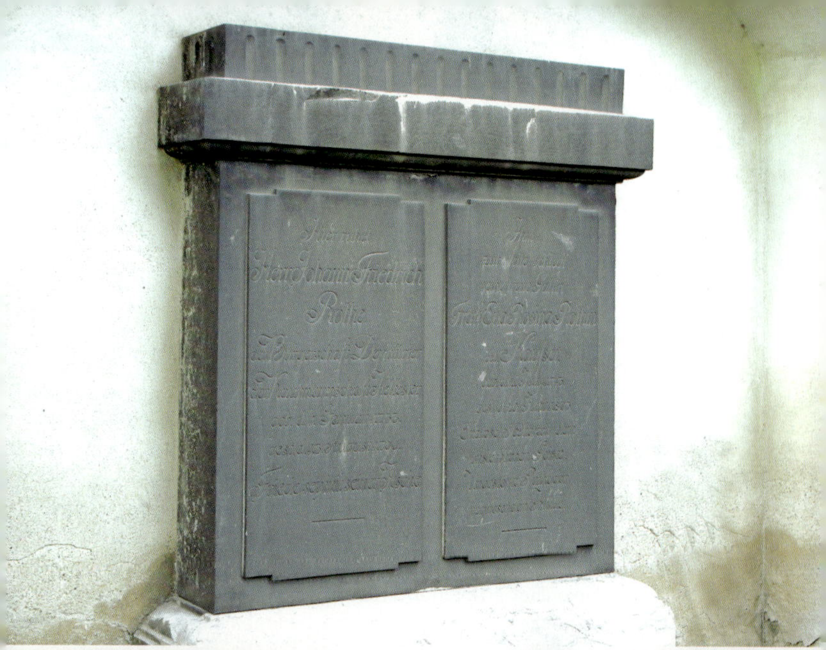

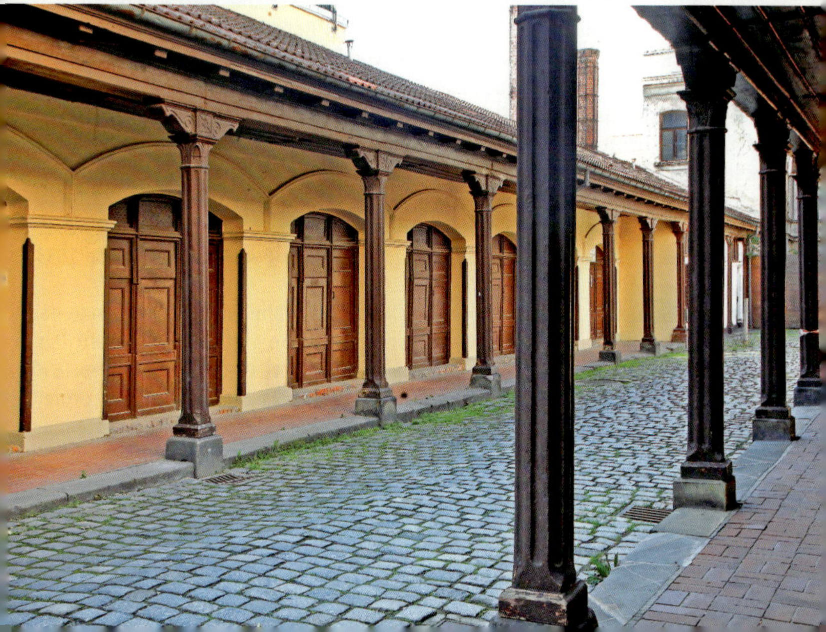

1932 durch einen Brand zerstört. Erhalten blieb das um 1824 von Eschke erbaute Armen- und Krankenhaus Karl-Liebknecht-Ring 21 sowie das von ihm 1828 entworfene städtische Mehllager Ottokarplatz 17 (Schauburg). Diese Gebäude wurden bis heute allerdings mehrfach umgebaut. Die 1361 erstmals genannten Fleischbänke wurden 1836 an die Reichenberger Straße verlegt und bis 1838 baulich neu gestaltet. Diese Passage mit kleinen Verkaufsläden zählt zu den letzten erhaltenen Anlagen ihrer Art in Deutschland.

Im Sakralbau kam es zu einer bedeutenden Leistung, als die Stadtkirche St. Johannis 1837 von Carl August Schramm nach den Plänen Karl Friedrich Schinkels vollendet wurde. Vor allem die Westfassade der Kirche prägt seither das Stadtbild entscheidend mit. Hier hat Schinkel, um zwischen den Türmen zu vermitteln, in den von ihm entwickelten Rundbogenstil eine monumentale, von einem Dreiecksgiebel bekrönte Portalzone geschaffen. Im Innern erfolgte die Gestaltung in korinthischen und ionischen Formen. Fritz Löffler geht davon aus, dass an Schinkels einzigem Sakralbau in Sachsen die Ideale des Klassizismus am besten umgesetzt werden konnten, da sich hier im Gegensatz zu anderen Kirchen, die nur einzelne Formen übernehmen, die klassizistischen Stilelemente über den gesamten Kirchenraum erstrecken (Löffler 1980, 63). Die erhaltenen Grabdenkmäler erreichten nicht mehr die gestalterische Höhe der vorangegangenen Epoche. Bemerkenswert sind die Grabmäler auf dem Friedhof der Dreifaltigkeitskirche, darunter das frühklassizistische, von der Revolutionsarchitektur beeinflusste des Johann Friedrich Rothe (gest. 1799) und seiner Frau Eva Rosina, geb. Kayßer (gest. 1803) mit seiner klaren Formensprache.

Vor dem Stadtbad steht an der Stelle einer heute versiegten Quelle eine korinthische Säule, die als Modell für den Ausbau der Johanniskirche gefertigt worden sein soll und möglicherweise von Schinkel entworfen und 1797 von Bogislaus Löffler verfertigt wurde (Bruhns 1912, 173). Der bereits 1527 erwähnte Brunnen vor der Johanniskirche wurde 1837 umgestaltet und mit einer Statue der Hygiea versehen (heute im Stadtbad). Das bedeutendste klassizistische Denkmal Zittaus ist die Konstitutionssäule vor dem Johanneum von 1833, welche der Verfassung von 1831 gewidmet ist.

Der Wiederaufbau Zittaus scheint bezüglich der Wohnbauten gegen Ende des 18. Jahrhunderts abgeschlossen gewesen zu sein. So gibt es aus späteren Jahren nur wenige Beispiele für klassizistischen Häuserbau, darunter das um 1810 errichtete Exner'sche Haus Kirchstraße 13. Am Haus Breite Straße 11 erhielt sich das Hauszeichen eines Fleischers, ein seltenes Beispiel klassizistischer

Bernhard Julius Rosendahl: Hl. Johannes Evangelistas. 1836.
Karl Friedrich Schinkel (Entwurf); Carl August Schramm (Ausführung): St. Johannis, südliches Seitenschiff.

DAS IST DAS EWIGE LEBEN, DASS SIE DICH ERKENNEN,
DER DU ALLEIN WAHRER GOTT BIST, UND DEN,
DEN DU GESANDT HAST, IESUM CHRISTUM.

Bildnerei, die im Zusammenhang mit dem bürgerlichen Hausbau entstand. In der Johanniskirche führte Bernhard Wilhelm Rosendahl aus Berlin ein monumentales Gemälde in der Apsis aus, das den Evangelisten Johannes zeigt. Ursprünglich sollte es auf Wunsch Schinkels wie das Christusbild Rosendahls in der Potsdamer Nikolaikirche in der Kalotte platziert werden, wurde dann aber darunter angelegt, während in der Kalotte ein Sternenhimmel erscheint.

Historismus

Neue Impulse erhielt die städtebauliche Entwicklung Zittaus in der ersten Hälfte des 19. Jahrhunderts durch die Abtragung der Stadtmauer, die Inbetriebnahme der ersten mechanischen Weberei 1847 und den Eisenbahnanschluss im Jahr 1848. Mit dem Beginn der Industrialisierung wurden vor allem die Braunkohlefelder der Umgebung, die man nach 1835 verstärkt auszubeuten begann, zu einem bedeutenden Standortfaktor Zittaus. In der zweiten Hälfte des 19. Jahrhunderts entwickelte sich der Maschinenbau neben der Textilindustrie zum wichtigsten Wirtschaftszweig der Stadt. Die erste Maschinenbaufabrik wurde 1864 durch Albert Kiesler gegründet. Neben Spezialmaschinen für die Textilindustrie wurden in Zittau durch die *Phänomen Werke Gustav Hiller AG* seit 1900 Kraftfahrzeuge gebaut. Die Stadt entwickelte sich in den folgenden Jahrzehnten zum Mittelpunkt des Fahrzeugbaus in der Oberlausitz.

1866 besetzten preußische Truppen im Preußisch-Österreichischen Krieg (1866) erneut die Stadt. 1867 wurde Zittau ständige Garnisonsstadt für das Königlich Sächsische Infanterieregiment 102. Die lange Friedensperiode nach der Reichseinigung 1871 war eine Phase der wirtschaftlichen Entwicklung und des Wachstums. Zeugnis dafür ist heute noch die großzügige Ringbebauung, die 1913 zu einem vorläufigen Abschluss kam und die vor allem mit den Namen der Bürgermeister Ludwig Haberkorn und Johannes Oertel verbunden ist. 1902 wurde die Oberlausitzer Gewerbe- und Industrieausstellung in Zittau ausgerichtet. 1904 erhielt die Stadt eine Straßenbahn, die bis 1919 verkehrte. Bis zum Ersten Weltkrieg (1914–1918) entwickelte sich Zittau zum bedeutendsten Industriestandort in der Südostoberlausitz. Die Bevölkerung wuchs von ca. 7.300 Einwohnern im Jahr 1790 auf 37.000 im Jahr 1910 an.

Um 1840 vollzog sich in der Zittauer Architektur der Übergang vom Klassizismus zum Historismus. Dieser Übergang war insbesondere mit dem Wirken des Architekten Carl August Schramm, der in der gesamten Oberlausitz eine neue Ära der Baukunst prägte, verbunden (Rosner 2010, 6). Schramm erhielt seine Ausbildung in Dresden, ging 1829 an die Berliner Bauakademie und kehrte ca. 1834 nach Zittau zurück. Als Privatbaumeister hatte er zunächst den klassizis-

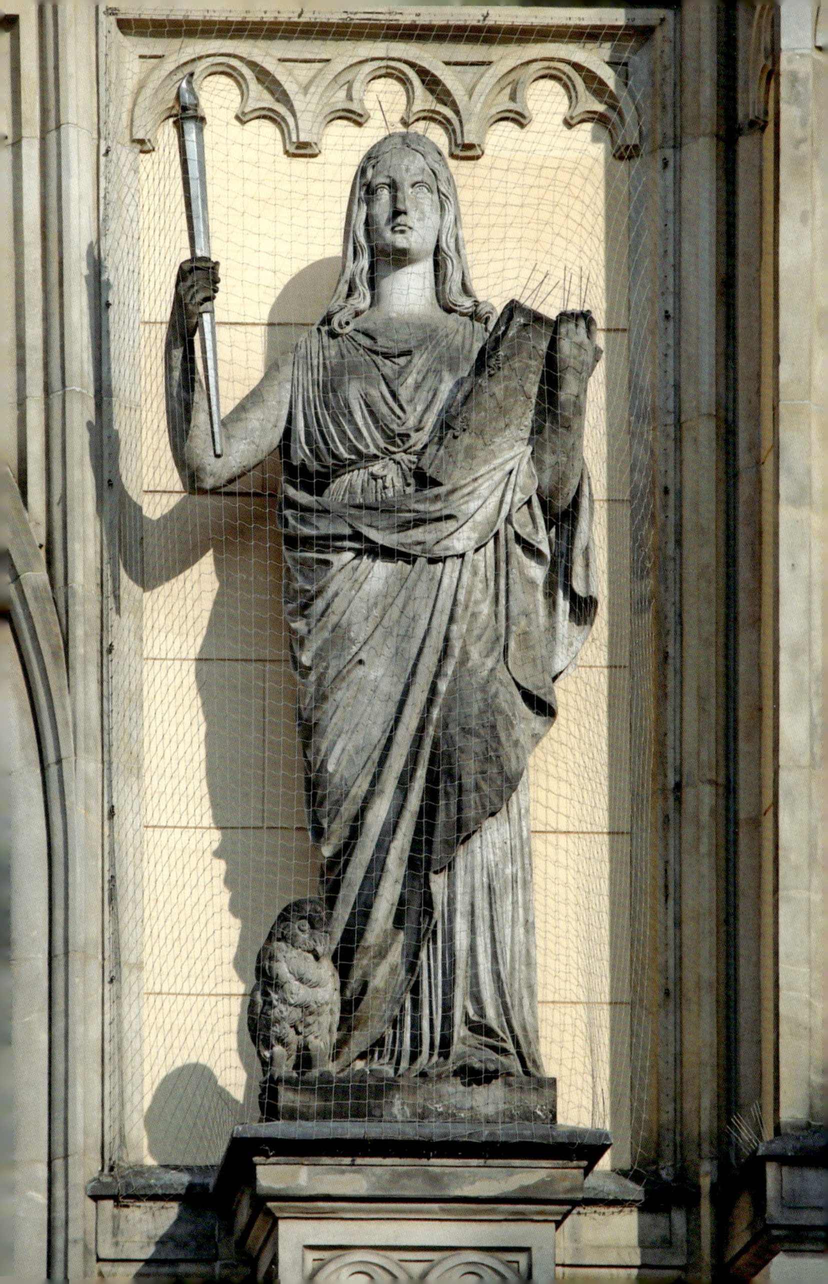

tischen Umbau der Johanniskirche nach den Plänen Schinkels geleitet. Danach entwarf er das 1840 bis 1845 errichtete Rathaus. 1845 wurde Schramm in das Amt des Stadtbaudirektors berufen, das er bis 1858 ausübte.

Die Pläne, die Schinkel 1833 für das Zittauer Rathaus entworfen hatte, waren vom Rat abgelehnt worden. Inwieweit sie auf Schramms Entwurf Einfluss hatten, bleibt unklar. Heute wird aber das Zittauer Rathaus als erster eigenständiger Großbau Schramms angesehen (Bednarek 2008, 19). Das Rathaus ist ein früher eklektizistisch-historischer Bau. Im Innern, vor allem im Prunksaal (Bürgersaal) werden Formen der Gotik verarbeitet, während das Äußere die Gestaltung Florentinischer Renaissancepalazzi aufnimmt und sich dabei in den Einzelformen stark an den Palazzo Rucelai (1458, Entwurf Leon Battista Alberti) anlehnt. Damit erhielt der Markt eine neue Dominante. Dieser Bau zählt neben dem Rathaus von Kamenz und der Baugewerkenschule in Zittau zu Schramms Hauptwerken. An der 1846–1848 errichteten Baugewerkenschule wurde die Tudorgotik rezipiert. Schramm wurde 1855 Direktor der Bauschule, deren Tradition bis in die 1950er-Jahre reichte. Weitere Werke Schramms sind das Sozietätsgebäude (1843, Frauenstraße 20), das Wäntighaus (1849, Haberkornplatz 2) und die katholische Pfarrschule (1868, Lessingstraße 16).

Das erste Bahnhofsgebäude entwarf der Architekt Bernhard Hempel 1846, die Pläne wurden von Carl August Schramm begutachtet. Die Pläne für den 1859 erfolgten Bahnhofsumbau verantwortete der Freiberger Architekt Johann Eduard Heuchler.

In einem rund 200 Jahre dauernden Prozess wurde das Areal der Stadtbefestigung verändert und neu gestaltet. Der Zeitraum von 1842–1914 war für den Ausbau der repräsentativen Ringstraße mit entsprechenden Bauten von entscheidender Bedeutung. Im Zusammenhang damit wurde bis 1869 der Abriss der Stadtmauer weitgehend vollendet.

Emil Trummler folgte Schramm 1858 im Amt des Stadtbaudirektors. Bereits 1843 war Trummler durch den Umbau des Hauses Markt 2 hervorgetreten. 1864 wurde nach Plänen des Architekten das Alten- und Pflegeheim St. Jakob errichtet. Nachdem Zittau 1867 ständige Garnison des Königlich Sächsischen Infanterieregiments 102 geworden war, entstand im Jahr 1868 die Mandaukaserne im Süden der Stadt unter der Leitung Trummlers. Dieser monumentale historische Bau für 1.200 Militärangehörige ist stadtbildprägend – selbst im heutigen Verfallszustand. Nach Plänen Trummlers wurden auch am Ring zwei große Bauvorhaben realisiert, die bis heute für das Stadtbild von besonderer Bedeutung sind. Von 1869 bis 1871 entstand das Neue Gymnasium (Johanneum,

Johann Eduard Heuchler: Bahnhof Zittau. Umbau 1859.
Anton Dietrich: Paulus in Athen. 1878. Öl auf Leinwand. Johanneum, Aula.

Ich fand einen Altar darauf war geschrieben
: Dem unbekannten Gott :
Nun verkündige ich euch denselben.

Christian-Weise-Gymnasium), an welchem Trummler eklektizistisch Formen der Renaissance, des Barock und des Klassizismus verband. Das Stadtbad errichtete er 1874 in historistisch klassizistischen Formen als eines der ersten Stadtbäder in Deutschland. Trummler plante auch die gleichzeitig entstandene Hauptturnhalle (Theaterring 10).

Der bedeutendste Kirchenneubau war der der katholischen Kirche Mariae Heimsuchung an der Lessingstraße (1883–1889) in neugotischen Formen nach Plänen des Zittauer Architekten Hermann Knothe-Seeck. Knothe-Seeck, der Direktor der Baugewerkenschule war, hat außerhalb Zittaus einige weitere Kirchenbauten realisieren können, darunter die evangelische Gustav-Adolf-Kirche zu Ostritz und die katholische Herz-Jesu-Kirche zu Storcha (Gemeinde Göda bei Bautzen). Darüber hinaus verantwortete er die Regotisierung des Innenraumes des Doms St. Petri in Bautzen. Neben der Kirche Mariae Heimsuchung entstand 1890 das kleine evangelische Bet- und Vereinshaus in der Böhmischen Vorstadt an der Neißstraße, ebenfalls in gotischen Formen, die bei einem späteren Umbau allerdings beseitigt worden sind.

Historische Wohnhausbauten entstanden im Zusammenhang mit dem durch das Bevölkerungswachstum bedingten Wachstum der Stadt in großer Zahl außerhalb der Altstadt. Die seit der Vollendung des Ersten Königlichen Hoftheaters Dresden durch Gottfried Semper (1841) in Deutschland normierende und stilbestimmende italienische Neorenaissance vertritt in Zittau frühzeitig das 1849 errichtete Haus Karl-Liebknecht-Ring 6. Aber auch innerhalb der Altstadt wurden Bauten historistisch umgestaltet, wie z. B. das Haus Rathausplatz 2 in Formen der deutschen Renaissance. Manche Bauten, an denen sich historistische Grunddisposition mit Elementen aus dem Fachwerkbau und bereits auch Jugendstildekor mischen, zeigen sich in üppigen Schmuck. Beispielhaft hierfür stehen die Häuser Verlängerte Eisenbahnstraße 69 (von Eduard Hennig aus Zittau) und Heinrich-Mann-Straße 9. Eines der frühesten Bauwerke in Zittau, das mit Sichtziegelmauerwerk und Architekturgliedern aus Stein erbaut wurde, war 1884 das kaiserliche Postamt (Haberkornplatz). Diese Bauweise fand vielfach Nachahmung, die bis zur nahezu völligen Ausfüllung der Fassaden mit mehrfarbigen glasierten Ziegeln wie bei den Wohnbauten an der Westend- und der Heydenreichstraße reichen konnte.

Ein bedeutsames Zeugnis historischer Malerei hat sich in der Aula des Johanneums erhalten. Der sächsische Historienmaler Anton Dietrich wurde vom Staat beauftragt, diesen Raum zu schmücken. 1872–1878 schuf er das große Wandbild *Paulus predigt in Athen*, welches von vier kleineren Bildern flankiert wird, die Ägypten und Griechenland, Deutschland und Italien darstel-

Haus Rathausplatz 2. 1883.

Pralines Präsente
Die Geschenkidee

GULLUS HERREN MODE

len. Dietrichs Hauptschaffensgebiet war die monumentale Wandmalerei, er hat z. B. auch die Aula des Kreuzgymnasiums Dresden und den Kirchenraum und die Kapelle der Albrechtsburg Meißen ausgemalt (1945 zerstört). Im Œvre Dietrichs, der die romantisch geprägte Historienmalerei in Sachsen zur Vollendung brachte, stellt das Zittauer Bild einen nicht wieder erreichten Höhepunkt dar (Winzeler 2009, S. 62).

Im Jahr 1867 begründete Carl Ludwig Türcke in Zittau die erste Glasmalereiwerkstatt im Königreich Sachsen, die in der Folgezeit vor allem mit historistischer Glasmalerei in Deutschland bekannt wurde. 1879 wurde Türcke zum Königlich Sächsischen Hofglasmaler ernannt. Seit etwa 1883 arbeitete Türcke mit dem Kaufmann Richard Schlein aus Dresden zusammen, der 1887 Mitinhaber des Unternehmens wurde. Als *Königlich Sächsische Hofglasmalerei Türcke und Schlein* bestand das Unternehmen bis 1898. Dann trennten sich die Partner und in der Stadt gab es fortan zwei konkurrierende Unternehmen auf diesem Gebiet. Türcke übergab seine Werkstatt 1904 seinem Sohn Curt Türcke, der sie bis 1909 unter dem Namen *C. Türcke und Co.* leitete und die bis 1938 existierte. Die *Kunstwerkstätten für Glasmalerei, Kunstglaserei und Messingverglasung* Richard Schleins arbeiteten bis 1940.

Carl Ludwig Türcke hat schätzungsweise 450 Sakralbauten sowie zahlreiche Profanbauten mit Glasmalereien ausgestattet. Darunter befinden sich die Martin-Luther-Kirche Dresden, die Kirche Wien-Ottakring, der Dom St. Petri Bautzen, die Synagoge in Chemnitz (1938 zerstört), St. Antonius in Reichenberg, die Neue Synagoge Prag Weinberge (1945 zerstört), die Albrechtsburg in Meißen (Prophetenfenster) und das Reichsgericht in Leipzig. Er betrieb sein Geschäft vor allem in Deutschland und in Österreich-Ungarn, wo er in Grottau eine Filialwerkstatt hatte, doch auch in entfernteren Ländern lässt sich das Wirken der Zittauer Werkstatt nachweisen, beispielsweise in Kristiania (Oslo), Belfast und Chicago.

Nach der Trennung von Türcke war die Firma von Richard Schlein eine der ersten in Deutschland, die das von Louis Comfort Tiffany erfundene Opalescentglas herstellte. Schlein gelang es, Türcke in den Hintergrund zu drängen. Sein erstes erfolgreiches Projekt wurden Fenstergestaltungen für die St. Jakobuskirche Görlitz (1945 zerstört). Bis 1914 entstand ein umfangreiches Werk. So schuf die Werkstatt Schleins beispielsweise Fenster für den Ratskeller in Wien, die Kirche Wien-Ottakring, die Kirche Dresden-Strehlen, das Lehrerseminar Plauen, das Krematorium Chemnitz oder die Katholische Schlosskapelle Pillnitz. Darüber hinaus stellte Schleins Firma Fenster für Bauwerke in zahlreichen Orten

Königlich Sächsische Hofglasmalereiwerkstatt Türcke und Schlein: Pfingstwunder. Um 1890. Buntglasfenster. Katholische Kirche Mariae Heimsuchung.

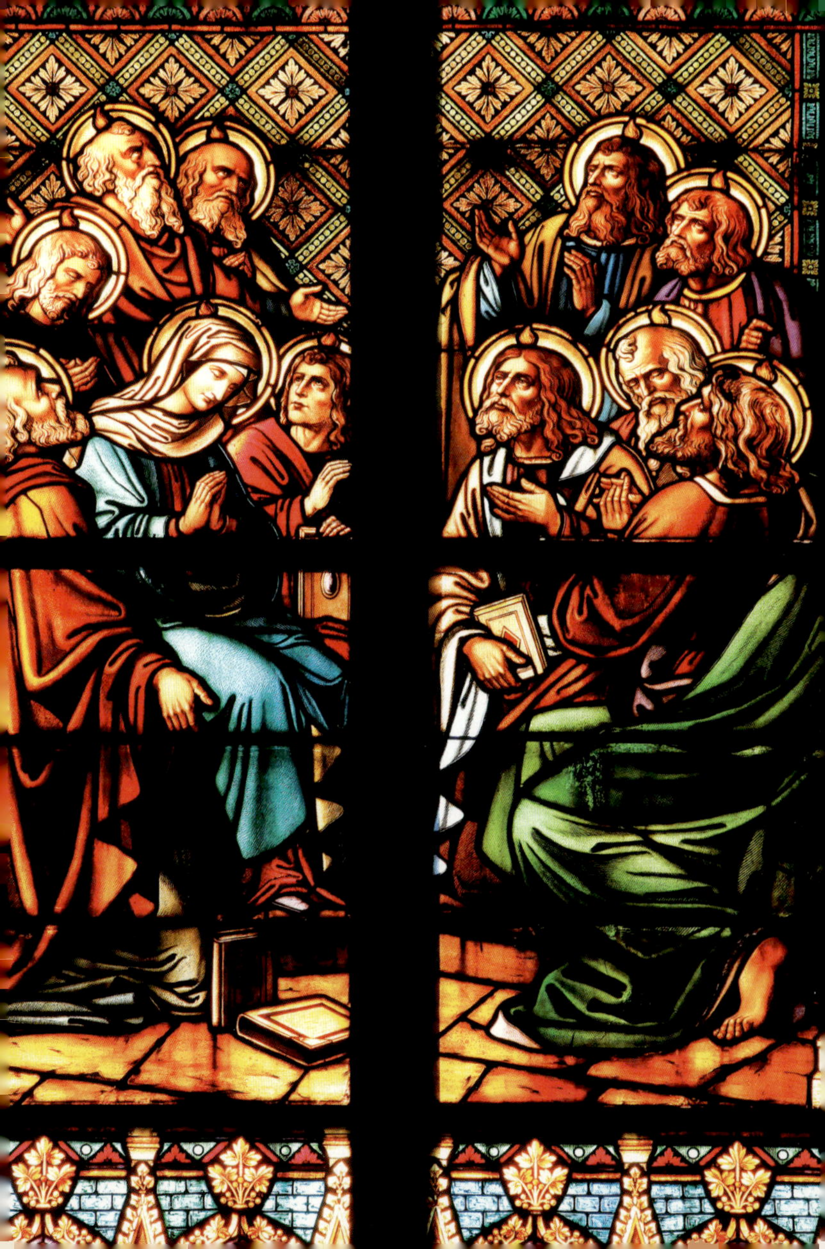

Böhmens, Mährens, Schlesiens, Ungarns und Serbiens her. Gelegentlich finden sich die Arbeiten beider Zittauer Glaswerkstätten an ein und demselben Bauwerk, z. B. an der Gedächtniskirche der Protestation in Speyer.

In Zittau sind zahlreiche sakrale, öffentliche und private Bauten mit Werken der Glasmalereiwerkstätten ausgestattet worden. Die bedeutendsten sind die Fenster der katholischen Kirche Mariae Himmelfahrt (1890) und die des Rathauses (1893/96) von Türcke und Schlein. 1906–1912 stattete man die Johanniskirche mit sechs Buntglasfenstern aus, welche nun sowohl aus der Werkstatt *C. Türcke und Co.* als auch aus der Richard Schleins stammten. Neue Verglasungen erhielten auch die Dreifaltigkeitskirche, die Frauenkirche und das Bethaus an der Neißstraße. Für das Krematorium schuf Schlein die Fenster. Darüber hinaus haben sich in zahlreichen Zittauer Villen und Bürgerhäusern kleinere Arbeiten erhalten. Dem Bestand sind aber auch empfindliche Verluste zugefügt worden. Die 1882 von Türcke geschaffenen Chorfenster der Klosterkirche wurden 1970 ausgebaut und sind seither verschwunden. Die Fenster des Bürgersaales im Rathaus, die nach Entwürfen von Friedrich Rentsch gearbeitet waren, wurden 1954 ausgebaut und waren seither verschollen, bis Teile davon 2013 wiederentdeckt wurden.

Der Skulpturenschmuck des Rathauses stammt von Carl Gottlob Beyer, einem Schüler Ernst Rietschels. Sechs Statuen, Themis und Sophia am Hauptportal, Vaterlandsliebe, Eintracht, Glaube und Fleiß im Bürgersaal weisen den Künstler als Vertreter des Spätklassizismus aus. Von Josef Schwarz aus Dresden, der bei Johannes Schilling gelernt und sich dann auf das Verfertigen von Kopien spezialisiert hatte, wurde 1887 die Monumentalstatue des segnenden Christus als Kopie des Originals von Berthel Thorwaldsen in der Frauenkirche Koppenhagen geschaffen. Das Marmordenkmal für den Bürgermeister Ludwig Haberkorn von 1901 auf dem gleichnamigen Platz stammt von Karl August Donndorf, Sohn des Rietschelschülers Adolf von Donndorf, dessen Schaffensschwerpunkt später in Stuttgart lag. Carl Ferdinand Hartzer schuf 1888 das Heinrich-Marschner-Denkmal, Theodor Heinrich Bäumer entwarf den 1889 aufgestellten Zittavia-Brunnen. 1900 wurde das Denkmal des Fürsten Bismarck, welches der Bildhauer Hüttig-Dresden geschaffen hatte, aufgerichtet. Diese Bronzewerke haben sich nicht erhalten.

Haus Westendstraße 19. Ende 19. Jahrhundert. Teilansicht.
Haus Verlängerte Eisenbahnstraße 69. Um 1900. Teilansicht.

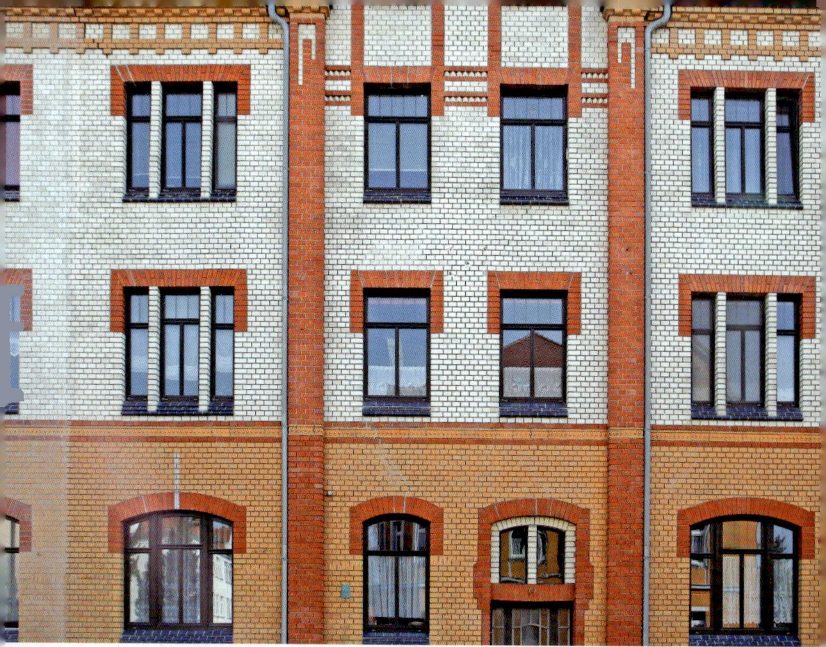

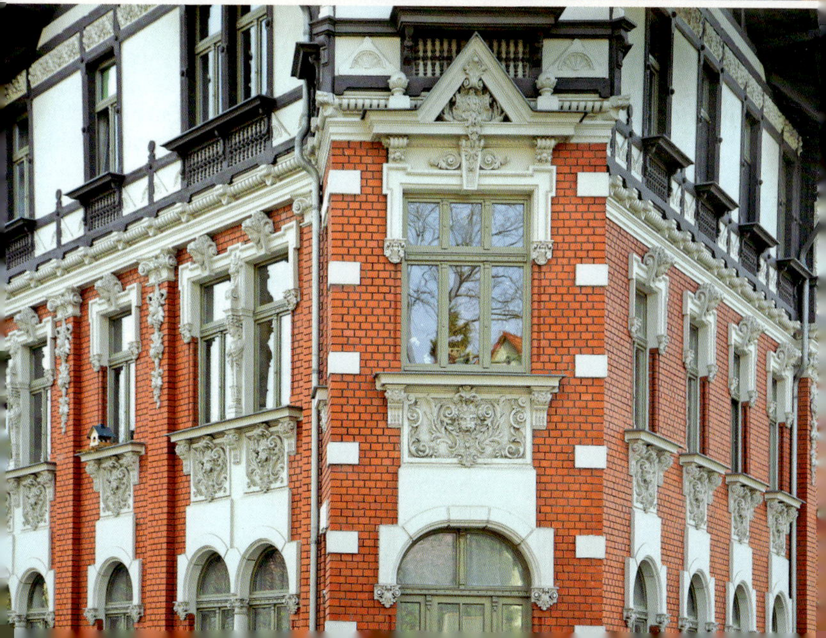

Jugendstil und Reformbaukunst

Der Jugendstil hielt in Sachsen mit der Internationalen Kunstausstellung in Dresden 1897 Einzug, auf der u. a. ein von Henri van de Velde entworfener Raum gezeigt wurde. Zunächst fand die neue Stilrichtung daher folgerichtig besonders bei der Innenraumgestaltung Anwendung. Etwas später begann sich im äußeren, sichtbaren Bereich von Architektur Jugendstildekor mit den traditionellen Bauformen zu mischen, anfangs noch in geringem Maße. Für die 1902 in Zittau präsentierte Oberlausitzer Gewerbe- und Industrieausstellung wurde dagegen eine temporäre Haupthalle in der Weinau geschaffen, deren Äußeres mit üppigem Jugendstildekor versehen war.

Vielerorts lässt sich ein dekoratives Hinzufügen der neuen Stilelemente beobachten. Ein originelles Beispiel ist die Gestaltung des Eckzuganges des Hauses Rathausplatz 9–11 mit der Darstellung des Pegasos für eine sich damals dort befindliche Buchhandlung, oder am Haus Reichenberger Straße 14. Weitere repräsentative Beispiele sind die Häuser Rathenaustraße 19 und 21–23. Das Eckhaus Innere Oybiner Straße 28 entstand zu einer Zeit, als sich der Jugendstil voll entfaltet hatte. Hier findet sich ein reicher, über die gesamte Fassade gelegter Schmuck mit Maskaronen und vegetabiler Ornamentik. Das außerhalb des Stadtkerns gelegene Haus Gabelsberger Straße 7–9, errichtet 1904/05, zeigt ebenfalls eine üppige Dekoration. Größere Ensembles von Jugendstilhäusern finden sich u. a. in der Hochwaldstraße/Ecke Külzufer, Humboldtstraße/Friedrich-Schneider-Straße oder in der Schillerstraße, hier auch in der Verbindung mit anderen Stilen. Nach der Jahrhundertwende entstanden die Kasernenbauten der König-Ludwig-Kaserne im Süden der Stadt in einfachen Formen (1902/04). Unter den Fabrikgebäuden, die vor dem Ersten Weltkrieg errichtet worden sind und auf deren Gestaltung der Jugendstil Einfluss hatte, ist das in Teilen noch erhaltene der Firma *Zwirnerei und Nähfadenfabrik Hermann Schubert* an der Äußeren Oybiner Straße 16 zu nennen.

Neben dem Jugendstil gewann die aus der um 1900 einsetzenden Lebensreformbewegung resultierende Reformarchitektur an Bedeutung. Dieser Richtung gehört die 1907 vom damals in Dresden führenden Architekturbüro *Lossow und Kühne* umgebaute Villa Schneider (Karl-Liebknecht-Ring 22) an. Ein weiteres repräsentatives Beispiel für den Villenbau ist die Villa Schubert (Theodor-Korselt-Straße 17) von 1909/10, Architekt war Emil Voigt. Beispiele für Reformbaukunst in geschlossener Bebauung innerhalb des Grünen Ringes finden sich in den Häusern Bautzner Straße 11, Frauenstraße 14 und Reichenberger Straße 18. Richard Schiffner aus Zittau errichtete 1911/12 das Wohn- und Geschäftshaus Äußere Weberstraße 17, in dessen Anbau die Kronenlicht-

Haus Reichenberger Straße 14: Giebelrelief. Um 1905.

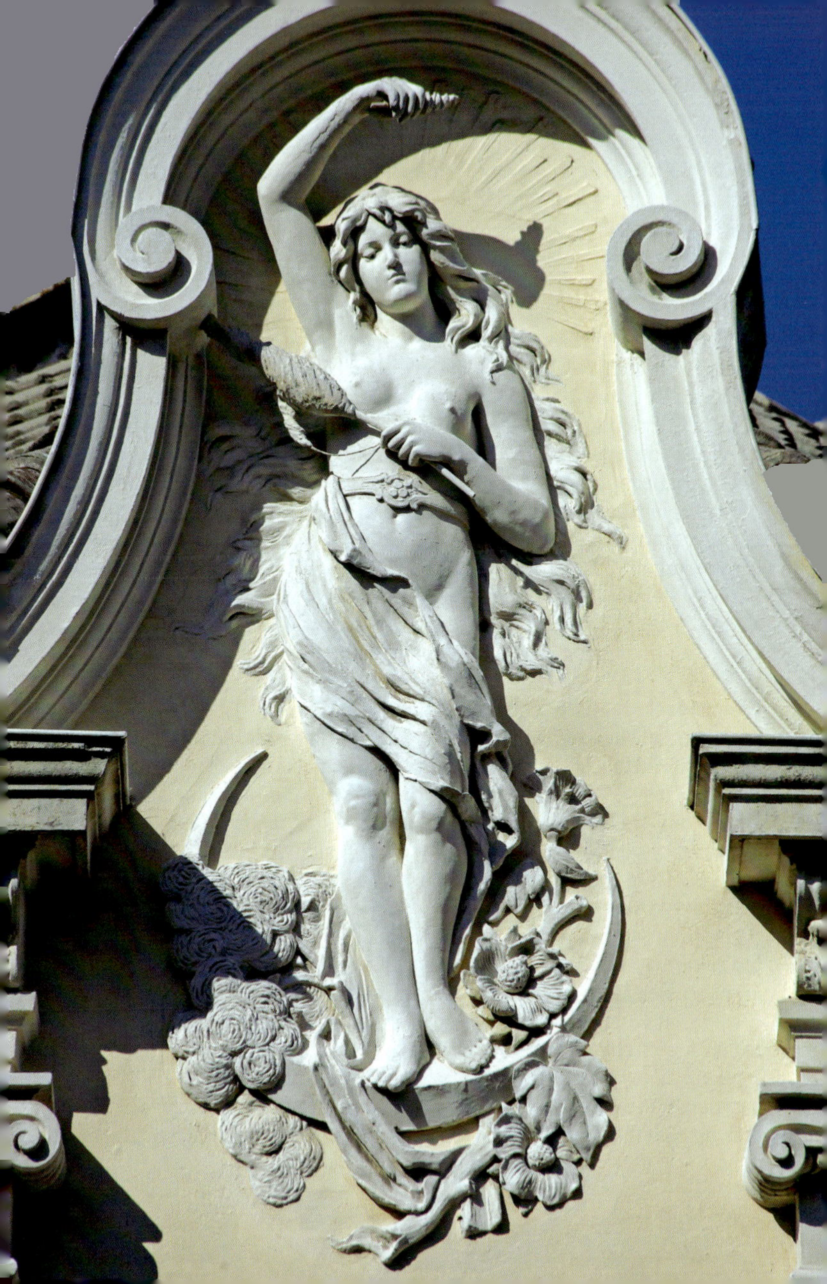

spiele als eines der frühen Kinos Zittaus eröffneten. Die Fassade dieses Hauses zählt zu den wichtigsten Leistungen der Reformarchitektur in Zittau.
Seit 1906 waren in Sachsen Feuerbestattungen erlaubt. In Zittau wirkte ein Verein für die Errichtung eines Krematoriums, das 1908/09 nach Plänen von Johannes William Roth errichtet werden konnte. Die völlig neue Bauaufgabe führte bald auch zu neuen architektonischen Lösungen, die 1911 im Krematoriumsbau von Fritz Schumacher in Dresden-Tolkewitz gipfelten. Zuvor jedoch kleidete man die Krematorien zunächst in orientalisierende und antike Formen. 1903 griff August Stürzenacker beim Bau des Krematoriums Karlsruhe im Baukörper auf die vertraute Form einer Kirche zurück, wobei der Baustil romanische Vorbilder hatte. In dieser Entwicklungsstufe entstand das Zittauer Krematorium, das ebenfalls die Form einer Kirche mit neoromanischen Schmuckelementen hat. Bei der Gestaltung des Turmes nahm Roth Anregungen der Reformarchitektur auf.
Bei öffentlichen Bauten fiel die Tradition stärker ins Gewicht. Das Neue Amtsgericht, eines der letzten Großbauprojekte vor dem Krieg, wurde 1913 in barocken Formen vollendet, aber in das Dekor sind vereinzelt Jugendstilelemente eingebunden. Das Verwaltungsgebäude der aus der *Braunkohlenwerk AG Herkules* hervorgegangenen *Aktiengesellschaft Sächsische Werke* (Görlitzer Straße 9) entwarf das Architekturbüro *Lossow und Kühne* bis 1914 in neoklassizistischen Formen mit Anklängen an die Reformbaukunst.

Weimarer Republik und Drittes Reich

Trotz der schwierigen wirtschaftlichen Situation nach dem Ersten Weltkrieg kam es in Zittau in der ersten Hälfte der 1920er-Jahre zur Realisierung von umfangreichen Bauprojekten. Eines der großen, stadtbildprägenden Bauwerke wurde der Neubau der *Phänomen-Werke Gustav Hiller AG* gegenüber dem Hauptbahnhof in den Jahren 1921–1923. Verantwortlich war der Architekt Erich Barsarke aus Chemnitz, welcher damals einer der führenden sächsischen Architekten war, insbesondere auf dem Gebiet der Industriearchitektur. Die Bauausführung kam an die Zittauer Firma *Löwe und Wäntig*. Den monumentalen Hauptbau kleidete Barsarke, der z. B. in Chemnitz mit dem Uhrturm der *Schubert und Salzer Maschinenfabrik* auch expressionistische Werke hervorbrachte, in Formen der Moderne. Am Portal verwendete er noch einmal Elemente des strengen Neoklassizismus (Winzeler 2013, S. 168 f.).
Im Bereich des Wohnungsbaus entstand in den Jahren von 1921 bis 1930 an der Sachsenstraße ein neues Viertel der Heimstättengenossenschaft Zittau mit kleinen Wohnhäusern für ehemalige Soldaten und Beamte. Die Bauten, die vom

Johannes William Roth: Städtisches Krematorium. 1909.

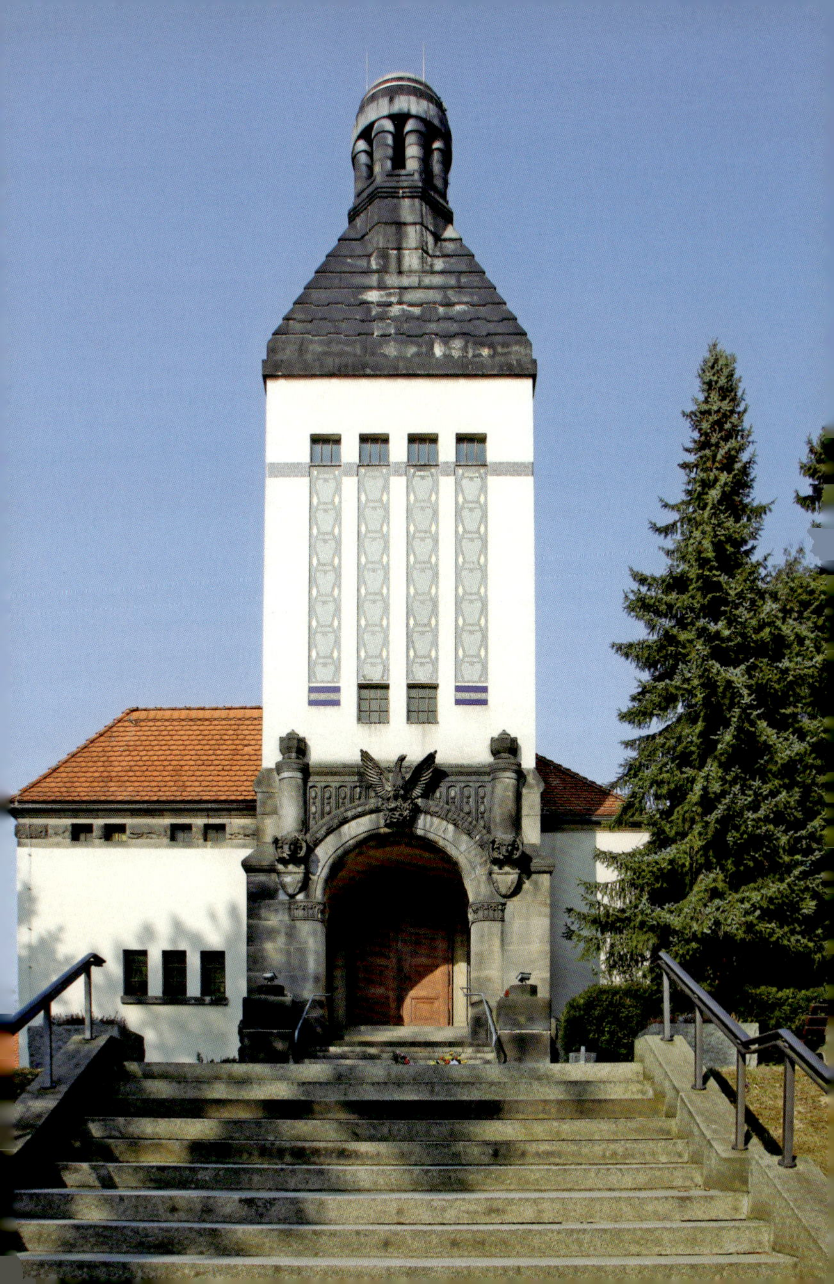

städtischen Bauamt entworfen wurden, zeichneten sich vor allem durch Reduktion des Aufwandes an Schmuck und Bauplastik aus, die in kleinen Serien hergestellt wurde. Mehrsprossige Fenster, die heute oftmals fehlen, sorgten für eine wirkungsvolle Gliederung der Fassaden. Daneben entstanden im Stadtgebiet weitere Bauten, darunter das Haus Marschnerstraße 1e, dessen bauplastisches Programm für jene Zeit ungewöhnlich umfangreich ist. Markant sind die die Königin-Carola-Brücke stadtauswärts flankierenden Häuser Friedensstraße 28 und 30, welche den Eindruck eines monumentalen Tores vermitteln und deren Giebelgestaltung unter dem Einfluss des Art déco steht.

Die Handwerkerschule wurde zwischen 1928 und 1930 als wichtigster öffentlicher Bau errichtet. Sie steht in der Tradition der Bauhaus-Architektur und kann, gut erhalten, als bedeutendstes Zeugnis dieser Richtung in Zittau gelten. Das städtische Bauamt unter Stadtbaudirektor Erich Dunger plante den Gebäudekomplex, maßgeblichen Einfluss darauf hatte Max Wiederanders. Beispielhaft für die Gestaltung eines großen Innenraumes dieser Zeit ist der Kinosaal des Kronenkinos (Äußere Weberstraße 17), welchen Martin Pietzsch aus Dresden 1928 umbaute und der zum Teil erhalten blieb.

Unter den Zeugnissen der Bildhauerei findet sich ein Werk des jüdischen Architekten Wilhelm Haller. Haller, der u. a. die jüdische Feierhalle in Leipzig (1927, zerstört) und in Deutschland zahlreiche Kriegerheimsiedlungen entwarf, später emigrierte und in Tel Aviv wirkte, hatte 1902 eine Ausbildung an der Zittauer Bauschule absolviert. Eine seiner frühesten Arbeiten hat sich auf dem 1887 angelegten jüdischen Friedhof (Görlitzer Straße 67) erhalten. Es handelt sich um den Grabstein für seinen Vater Jakob Haller (gest. 1920) und ist eines der seltenen Zeugnisse des Expressionismus, den Haller in dieser Zeit vertreten hat. Das monumentale Denkmal für die Gefallenen des Ersten Weltkrieges am Turm der Klosterkirche schuf 1922 Sascha Schneider in Gestalt eines Kriegers mit antikisierendem Flügelhelm, Umhang und Schwert. Das Gefallenendenkmal an der Baugewerkenschule stammt von Richard Schiffner.

Im Bereich der Glasmalerei entstand für die Aula der 1920 eingeweihten Weinauschule (Weinauallee 1) in der Werkstatt Richard Schleins ein weiterer umfänglicher Glasgemäldezyklus, welchen Fritz Krampf aus Eibau nach Ideen von Franz Ulrich Apelt entwarf.

Die Hauptveranstaltung der Tausendjahrfeier der Oberlausitz fand 1933 in Zittau statt und wurde bereits vom NS-Regime als Propagandaveranstaltung genutzt. 1937 erhielt die Stadt erneut eine Garnison. Nach einem Entwurf von Hans Kech arbeitete Johannes Hartstein das an exponierter Stelle vor der König-Ludwig-Kaserne an der Sachsenstraße auf einen hohen Pfeiler gestellte

Wilhelm Haller: Grabstein für Jakob Haller (gest. 1920). Jüdischer Friedhof.

תנצב״ה
JAKOB HALLER
geb. 29. Sept. 1859
gest. 17. Juni 1920
זכר צדיק לברכה

Hoheitszeichen, von dem heute nur noch der Pfeiler vorhanden ist. 1938 wurden in der Pogromnacht die Zittauer Synagoge und die Leichenhalle auf dem Jüdischen Friedhof zerstört.

Nachdem 1932 das Stadttheater abgebrannt war, kam es 1935/36 in Zittau zum ersten der lediglich vier Theaterneubauten, die im nationalsozialistischen Deutschland realisiert worden sind (Zittau, Freiburg, Saarbrücken, Dessau). Dafür wurde ein Wettbewerb ausgeschrieben, in welchem zunächst der Entwurf des Zittauer Architekten Richard Schiffner favorisiert war. Die Stadtverordneten lehnten Schiffner aber aus politischen Gründen ab. Daraufhin erhielt Alfred Hopp aus Dresden den Zuschlag für seinen Entwurf, der aber vom Gauleiter Martin Mutschmann abgelehnt wurde. Die Bauausführung kam schließlich an Hermann Reinhard Alker aus Karlsruhe, der den Entwurf von Hopp überarbeitete. Alker, dessen Schaffensschwerpunkt in Karlsruhe bzw. Baden lag, hatte bereits in den 1920er-Jahren umfangreiche Bauprojekte realisiert und wurde vom NS-Regime protegiert. 1937 wurde er von Adolf Hitler nach München berufen, wo er für kurze Zeit der Sonderbaubehörde für den Ausbau der sog. Hauptstadt der Bewegung vorstand. Allerdings fiel er bald in Ungnade und wurde aus der NSDAP und der SS, deren Mitglied er war, ausgeschlossen. Der Zittauer Theaterbau wird der klassischen Moderne zugeordnet und weist im Außenbau Anklänge an die Bauhaus-Moderne auf, der Alker ansonsten distanziert gegenüberstand. Im Inneren des Baus geht der Entwurf für die Wandgestaltung des Foyers möglicherweise auf den vom NS-Regime verfemten Expressionisten August Babberger zurück, mit dem Alker bereits bei der Umgestaltung der Stiftskirche in Neustadt/Haardt 1928/29 zusammengearbeitet hatte (Roos 2011, 380). Weiterführende Planungen sahen für 1943 eine Erweiterung der Theaterfront auf 200 Meter vor, die wegen des Krieges aber nicht zur Ausführung kam.

Umfangreiche Erweiterungen erfuhren die *Phänomen-Werke* in den Jahren 1935 bis 1942. Darunter findet sich das neue Verwaltungsgebäude Bahnhof-straße 27–29, welches das Zittauer Architektenbüro *Löwe und Wäntig* ausführte. Seit 1921 hatten sich die Firmengebäude zu einer architektonisch herausragenden Industrieanlage entwickelt, deren Kern und Höhepunkt aber der Barsarke-Bau blieb (Winzeler 2013, S. 170).

In den letzten Tagen des Zweiten Weltkrieges (1939–1945) wurde ein Luftangriff gegen Zittau geführt, der Schäden an einigen Häusern und Fabriken verursachte. Russische und polnische Truppen besetzten am 9. Mai 1945 die Stadt.

Erich Barsarke: Phänomenwerke Gustav Hiller AG. 1921–1923. Teilansicht.
Handwerkerschule. 1928–1930. Teilansicht.

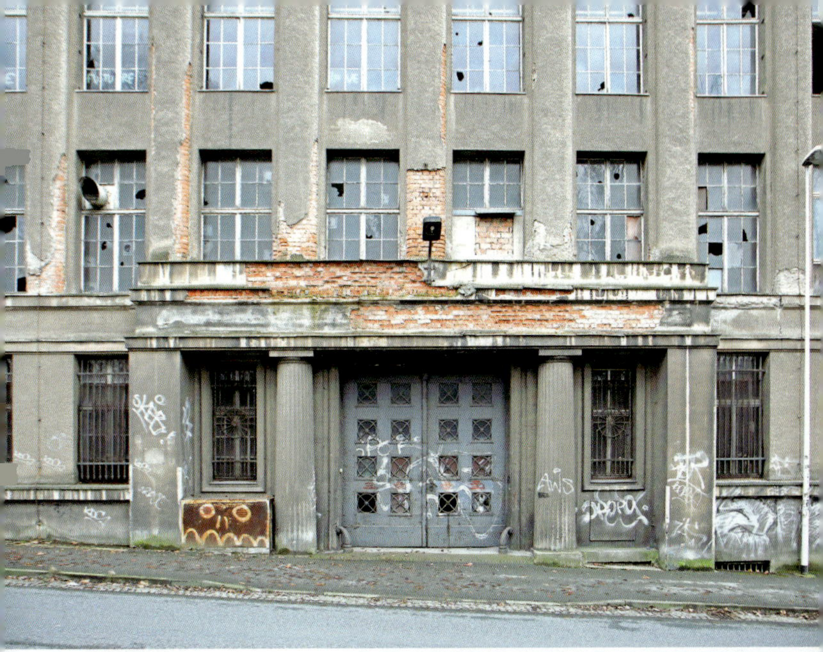

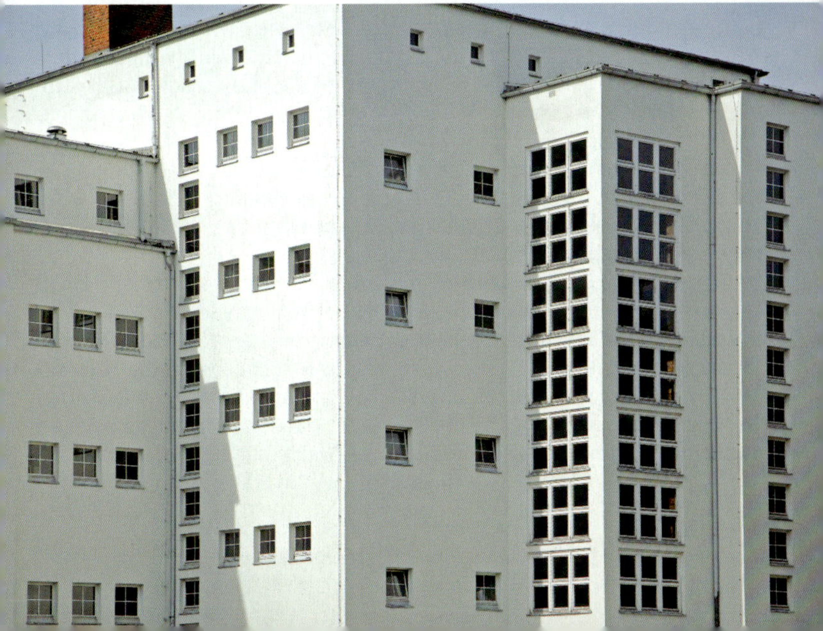

Zittau 1945–1990

Durch den faktischen Verlust der östlichen Reichsgebiete bis zur Oder-Neiße Linie verlor die Stadt Zittau den Vorort Poritzsch und wegen der in der Folgezeit undurchlässigen Grenze auch ihr Hinterland.

Vonseiten des tschechoslowakischen Staates hat es 1918 und 1945 Bemühungen gegeben, Teile der Oberlausitz, insbesondere die Kreise Görlitz, Bautzen und Zittau, zu annektieren. Dabei hat man sich auf die sorbische Bevölkerung berufen, aber auch auf die historische Zugehörigkeit dieser Gebiete zur Böhmischen Krone. Ein Memorandum des tschechoslowakischen Generalstabschefs Bohumil Boček sah im Juni 1945 Annexionen in Schlesien, Sachsen, Bayern, Österreich und Ungarn aus strategischen Gründen vor. Eduard Beneš lehnte diese Pläne ab, weil er befürchtete, dass die Großmächte später deutsche Revisionsforderungen unterstützen könnten. Mit der Roten Armee gelangten in der sowjetisch besetzten Zone die Kommunisten an die Macht, was zu tief greifenden gesellschaftlichen Veränderungen und zur Durchsetzung der Planwirtschaft führte. Als es am 17. Juni 1953 zu einem Volksaufstand gegen diese Verhältnisse kam, traten in Zittau die Arbeiter des *Phänomenwerkes*, der Textil-, Federn- und Funkwerke in den Ausstand.

Bei der Zwangsenteignung nach 1945 wurde aus sieben Großbetrieben das *Textilkombinat Zittau (VEB)* gebildet, welches mit zuletzt ca. 9.000 Beschäftigten das größte seiner Art in der ehemaligen DDR darstellte. Die Hälfte der Textilproduktion der gesamten Oberlausitz wurde hier erbracht. Während 1951 die Ausbildung von Textilingenieuren nach Chemnitz verlegt wurde, eröffnete in Zittau im selben Jahr eine Ingenieurschule für Elektroenergie. Diese war Vorgängerin der 1971 gegründeten Ingenieurhochschule, die heute den Status einer Fachhochschule hat.

Infolge der Vertreibung der deutschen Bevölkerung aus der Tschechoslowakei, aus den östlich von Oder und Neiße liegenden Gebieten und anderen Regionen stieg die Bevölkerungszahl Zittaus nach Kriegsende auf ca. 48.000 Einwohner an. Bis 1989 regulierte sie sich auf rund 38.000.

Im Zusammenhang mit der neuen Ingenieurschule für Elektroenergie erfuhr 1954 der Bau der Höheren Webschule an der Hochwaldstraße eine Erweiterung mit einem großzügigen Treppenhaus mit einer freitragenden, bogenförmigen Treppe aus Beton. Für die Fachschule für Bauwesen (Schliebenstraße 21) wurde 1954/55 ein Neubau errichtet. Zu dessen Ausstattung gehören Buntglasfenster von Erich Lucas, der mit der Weiterführung der Werkstatt Schlein die Tradition der Zittauer Glasmalerei-Werkstätten bis zu seinem Tode 1964 fortsetzte.

Ehemalige Fachschule für Bauwesen. 1955. Teilansicht.
Ehemalige Ingenieurschule für Elektroenergie: Erweiterungsbau, Treppenhaus. 1954.

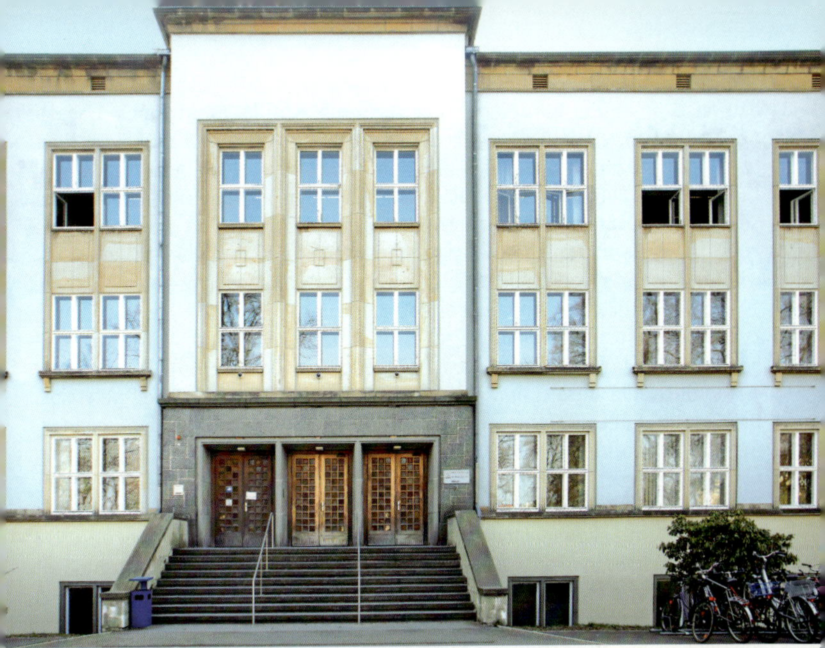

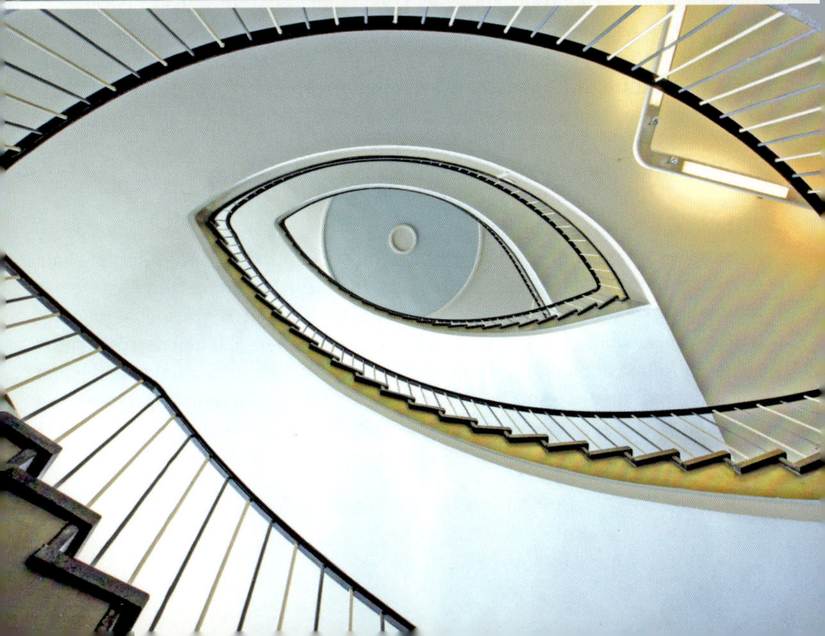

Seit den 1960er-Jahren entstanden Neubaugebiete mit Häusern in Plattenbauweise, so an der Görlitzer und der Leipziger Straße. Katastrophal war der Abriss des südwestlichen Viertels der Altstadt und dessen Bebauung mit Neubaublöcken. Damit hat dieses Gebiet den Anschluss an den Stadtkern verloren (Rosner 2001, 266). Daneben existierten Pläne, den Tagebau Olbersdorf an der Südgrenze der Stadt massiv zu erweitern und die südlichen Stadtviertel bis 2004 teilweise abzubaggern. Zittau steuerte auf ein ähnliches Schicksal zu, wie die ebenfalls von Ottokar II. gegründete nordböhmische Stadt Brüx, die 1975 dem Braunkohlebergbau geopfert wurde.

Zu den wichtigsten Neubauten zählt das 1971–1974 erbaute Verwaltungsgebäude der *Hochschule Zittau-Görlitz* (Theodor-Körner-Allee 16). Das Gebäude wurde unter der Bezeichnung „Metallleichtbau Typ Leipzig" seriell gefertigt. Die Gestaltung des Brunnens und der Fahnenmasten, mit denen der Eingangsbereich akzentuiert wird, stammt vom Waltersdorfer Bildhauer Joachim Liebscher, der bereits Mitte der 1950er-Jahre die Plastik *Jugend lernt* geschaffen hatte, welche vor der Handwerkerschule zur Aufstellung kam. Der Dresdner Bildhauer Karl Schönherr modellierte 1977 den Marktfrauenbrunnen, der 1978 in Lauchhammer in Bronze gegossen und in Zittau-Süd aufgestellt wurde. Seit 2007 befindet sich der Brunnen auf dem Klosterplatz. Das Denkmal Heinrich Marschners modellierte Friedrich Rogge 1950, von Johann Porsche stammen die Denkmäler Carl Gottlob Moraweks (1981) und Christian Weises (1987).

Während die Ausbeutung der Braunkohlegruben um Zittau zu einer immensen Verschlechterung der Luftqualität und einer starken Schädigung des Waldbestandes führte, die Landschaftszerstörung voranschritt und in der Innenstadt selbst Neubauten die historischen Bausubstanz verdrängten, feierte man 1988 die 750-jährige Ersterwähnung Zittaus. Ein Jahr später setzte die friedliche Revolution der SED-Herrschaft ein Ende.

Zittau nach 1990

Nach dem Zusammenbruch der planwirtschaftlichen Industrieverhältnisse kam es zur Schließung einer Vielzahl von Betrieben, zum sprunghaften Anstieg der Arbeitslosigkeit und damit verbunden zu einer starken Migrationsbewegung. Großbetriebe wurden abgerissen. Die so gewonnenen Flächen wurden meist nicht zur Neuansiedlung von Industrie genutzt. Dafür hat man Gewerbeflächen auf Grünland ausgewiesen. Hier konnten mit Erfolg zahlreiche Unternehmen verschiedener Industriezweige angesiedelt werden. Zittau gehört zur 1991

nps tchoban voss (Leitung Stefan Wolff): Bibliothek und Mensa der Hochschule Zittau-Görlitz. 2004. Teilansicht.
Harald Just: Reichenberger Straße 52.

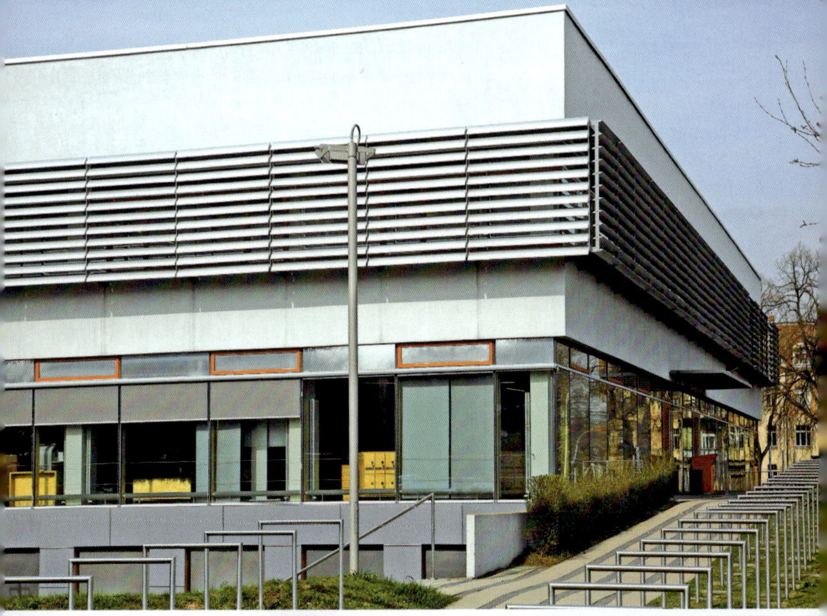

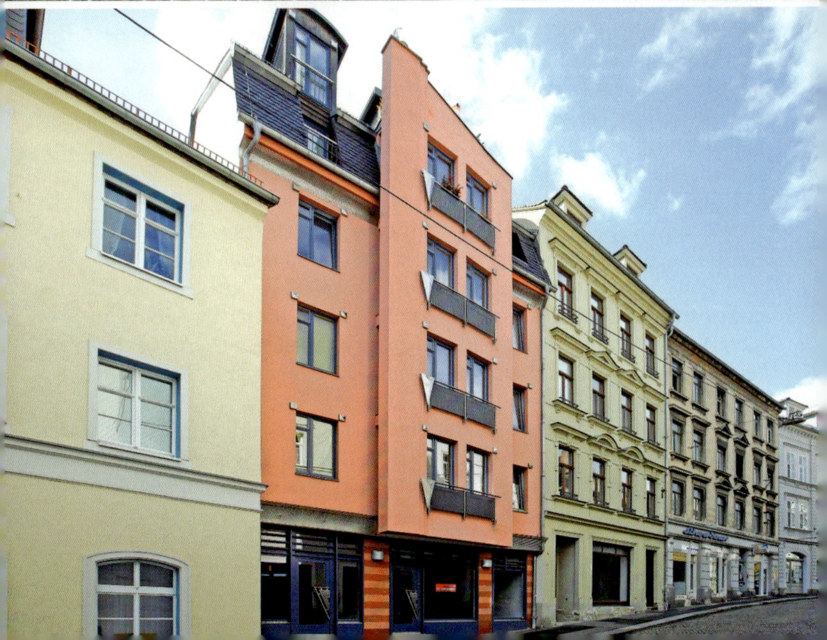

gebildeten Euroregion Neiße. 1994 wurde mit dem Internationalen Hochschulinstitut außerdem eine weitere universitäre Einrichtung gegründet, die 2013 an die Technische Universität Dresden angeschlossen wurde. 2011 eröffnete das Frauenhofer-Institut einen Standort in Zittau.

Die Stadt Zittau zählte im Jahr 2011 rund 28.000 Einwohner. Im Rahmen der sächsischen Kreisreform kam es 2008 zur Zusammenlegung des niederschlesischen Oberlausitzkreises und des Landkreises Löbau-Zittau mit der kreisfreien Stadt Görlitz zum Landkreis Görlitz.

Bereits in den 1920er-Jahren setzte ein zunächst schleichender Verfall der Bausubstanz ein, der im Lauf der Zeit an Dynamik gewann und bis zum Ende der 1980er-Jahre existenzielle Ausmaße annahm. Die Auswirkungen der jahrelangen Vernachlässigung machen der Denkmalpflege noch heute zu schaffen. Alarmierendstes Signal der krankenden Stadt war 1977 die baupolizeiliche Sperrung des Heffterbaus. Obwohl dieses Bauwerk zu den wichtigsten Baudenkmälern zählt, konnten die Mittel zur Sanierung damals nicht aufgebracht werden. Nach 1989 eröffneten sich neue Möglichkeiten zur Sanierung der kulturhistorisch wertvollen Bauwerke. Die Altstadt wurde unter Denkmalschutz gestellt und umfangreiche Sanierungsmaßnahmen haben das Stadtbild seither völlig verändert. Wegen der großen Zahl der Baudenkmäler konnte die Sanierung mit dem Verfall nicht Schritt halten, sodass es weiterhin zu Verlusten kam; nicht selten durch voreiligen unverantwortlichen Abriss, wie z. B. der Häuser Frauenstraße 16 und 18 (1999). Andere Häuser stürzten nach langem Leerstand ein, so 2013 das Haus Innere Weberstraße 37. Bedroht ist auch der umfangreiche Bestand der Industriebaudenkmäler: Zahlreiche Industriebauten wurden bereits abgerissen, die noch bestehenden sind häufig dem Verfall preisgegeben. Demgegenüber stehen gelungene Beispiele moderner Lückenbebauung, die sich neben der historischen Bausubstanz behaupten und sich gut in diese einfügen, wie z. B. in der Reichenberger Straße 52 (Architekt Harald Just). In städtebaulich sensibler Lage, in der Altstadt zwischen Heffterbau und Bürgerschule (Christian-Weise-Gymnasium Haus II) errichtete man 2004 das neue evangelische Gemeindehaus, welches die *Architektengemeinschaft Reiter und Rentzsch Dresden* plante. Unter Einbeziehung einer alten Mauer entstand durch schräg gestellte Wandflächen aus Glas ein transparenter Saal, dessen zur Seite aufschwingendes Brettstapeldach ein Rautenmuster aufweist.

Unter den neuen Campusbauten der Hochschule Zittau-Görlitz ist der Umbau des alten Mensagebäudes aus dem Jahre 1980 zu einem multifunktionalen Komplex mit Mensa, Cafeteria, Studentenwerk, Studentenclub und Bibliothek

Tilmann Bock, Norbert Sachs: Hochschule Zittau-Görlitz. Campus. 2006. Teilansicht.

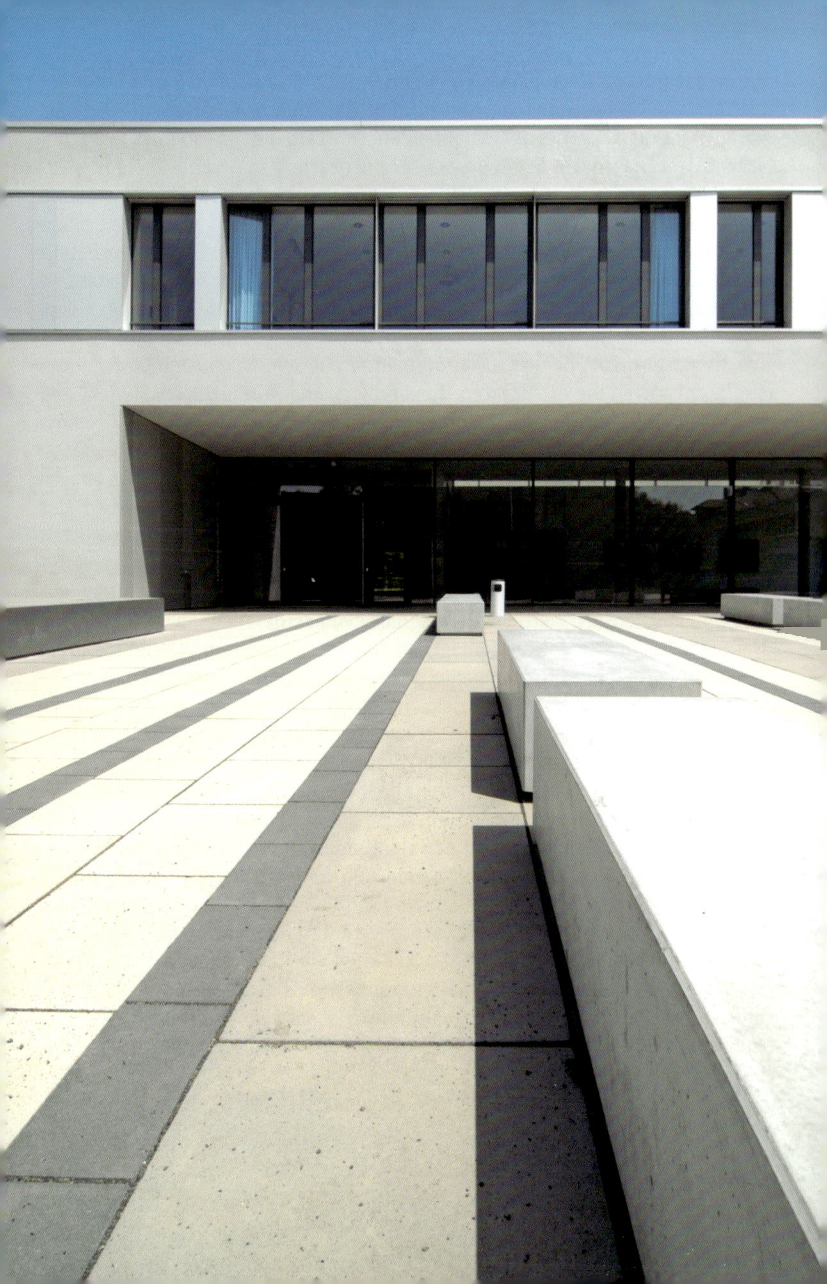

durch das international agierende Architekturbüro *nps tchoban voss* unter der Leitung von Stefan Wolff von Bedeutung. Das Äußere des Betonskelettbaus wird von einem dreiseitig umlaufenden Fensterband im Obergeschoss bestimmt. Im Innern wurde ein großes Atrium geschaffen und ein Innenhof, auf welchen audiovisuelle Arbeitsplätze ausgerichtet sind. Bei der Fertigstellung 2004 hatte es eine Nutzfläche von 4.120 Quadratmetern, von denen allein 2.000 auf die Bibliothek entfallen. Unter den Werken von *nps tchoban voss* stellt der Zittauer Bau insofern eine Ausnahme dar, weil sich das Büro national und international vor allem in Großstädten betätigt (World Trade Center Dres-den, Domaquarée Berlin, Federation Tower Moskau, Albatros Park Istanbul).

Das neue Lehrgebäude und die Laborbauten auf dem Campus, 2006 fertiggestellt, entwarfen die Architekten Tilmann Bock und Norbert Sachs. Die Bauten mit einer kubischen Grundform reihen sich an einer neu geschaffenen Campusachse auf, die Raum für zukünftige Erweiterungen bietet. Das Lehrgebäude wird durch Einschnitte und Vorsprünge plastisch strukturiert und ist gegenüber den anderen durch weißen Putz hervorgehoben. Den Neubau des Technikums des Frauenhofer-Institutes, das an der Campusachse angesiedelt ist, plante das Architekturbüro msp Architekten.

Einen weiteren wichtigen Impuls für die Gestaltung der Innenstadt bildet seit 2009/10 das Pop-Art-Viertel *Mandauer Glanz* von Sergej Alexander Dott, dessen Hauptachse die Grüne Straße bildet. In dem neu gestalteten Viertel steht ein Bogen in Form einer DNA-Doppelhelix, die als Genträger das Leben prägt. Die vielfältigen Plastiken, die die Fassaden überziehen, spiegeln die menschliche Phantasie und Poesie wider. Im Verlauf des Vierteljahrhunderts nach 1990 konnten in Zittau bedeutende Leistungen auf dem Gebiet der Stadtsanie-rung erbracht werden. Etwa fünfzig Prozent der historischen Bausubstanz sind aber weiterhin nicht saniert und teilweise im Bestand bedroht. Es besteht die Gefahr, dass die Geschlossenheit des Stadtbildes innerhalb und außerhalb des Grünen Rings durch anhaltenden Verfall und Abriss endgültig verloren geht. Dem entgegen zu wirken, ist die Aufgabe für die nächste Zeit. In Zukunft wird die Erhaltung des historischen gewachsenen Stadtbildes, das zu den wenigen in Deutschland gehört, die im Zweiten Weltkrieg von Zerstörungen nicht betroffen waren, grundlegende Bedingung für die Attraktivität Zittaus als Lebensort und für das Bestehen als Tourismus- und Wirtschaftszentrum sowie als Hochschulstandort bleiben.

Sergej Dott: Pop-Art-Viertel *Mandauer Glanz*. 2009/10. Teilansicht.

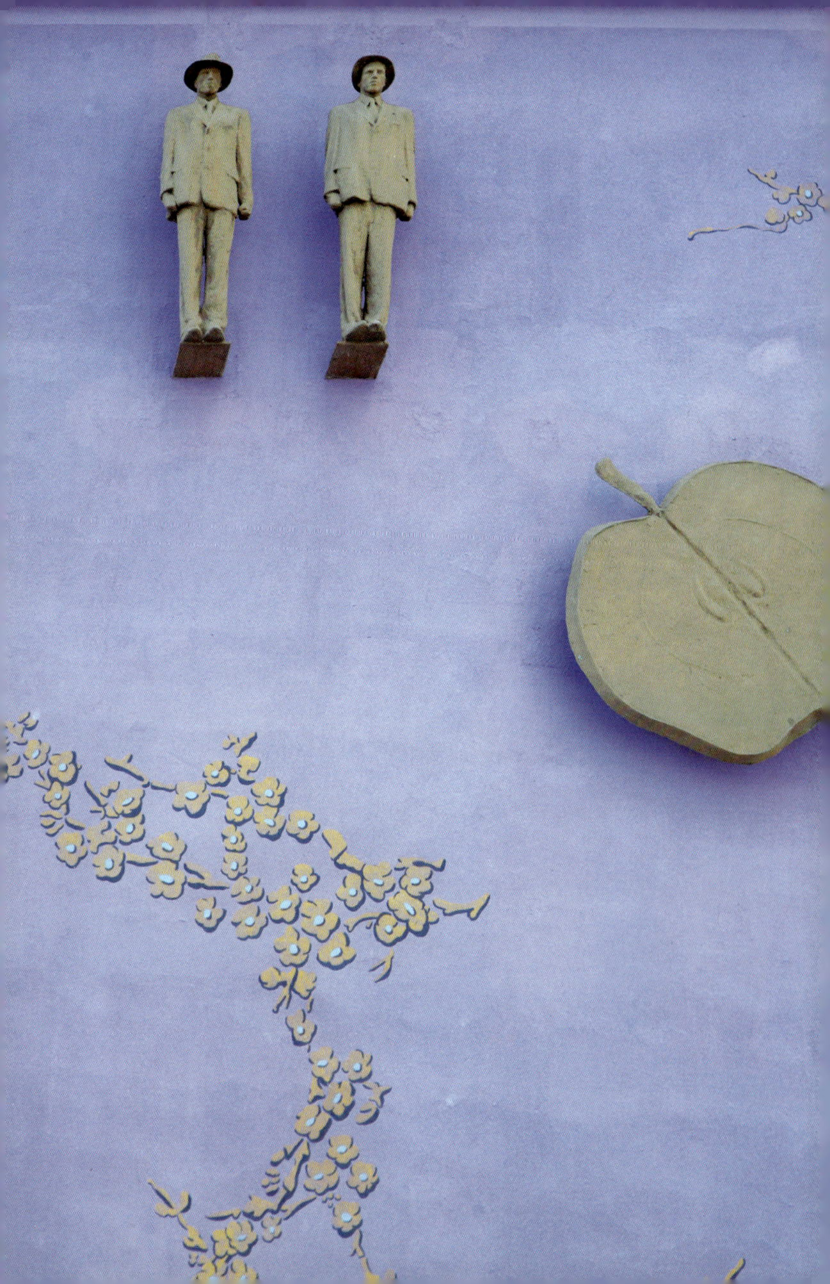

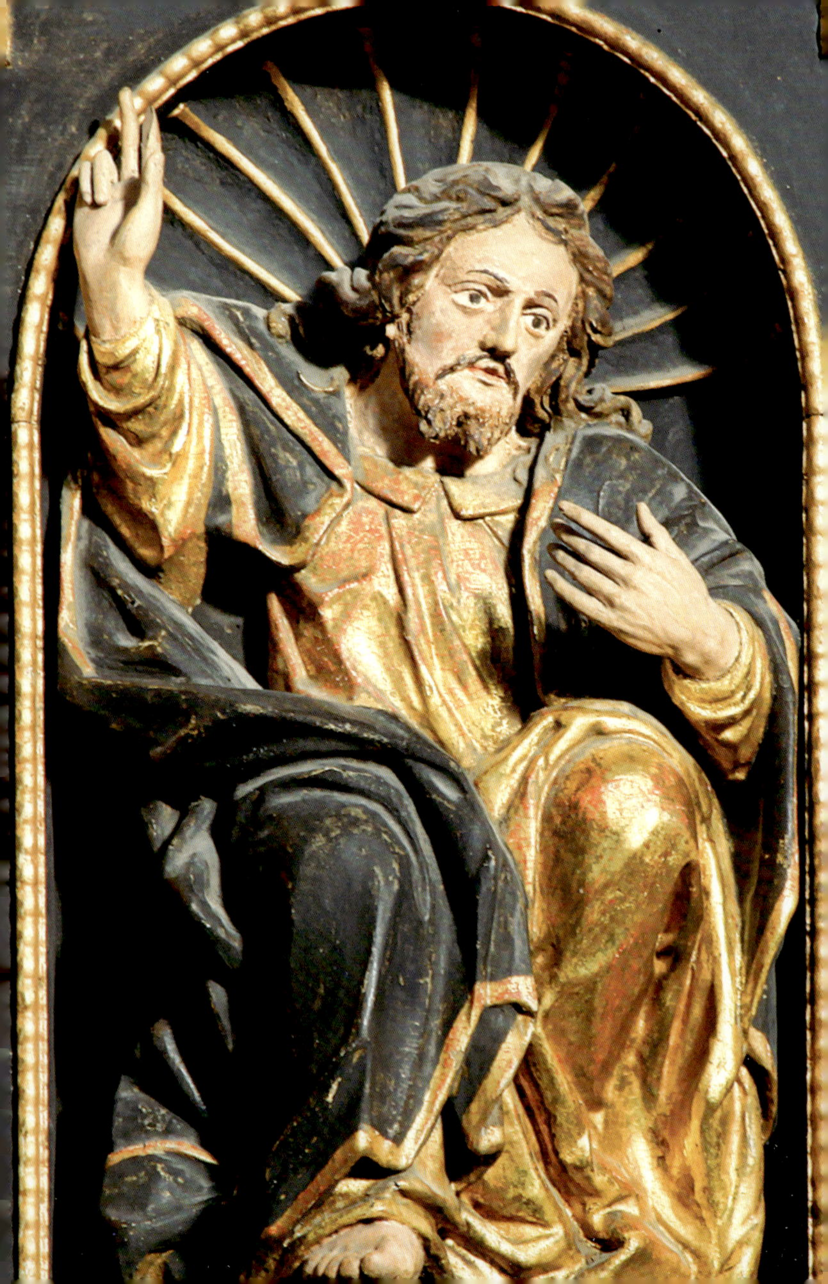

SAKRALBAUTEN

Klosterkirche St. Peter und Paul,
Kanzel.

ST. JOHANNIS I

Johannisplatz 1

Geschichte

Die Stadtpfarrkirche St. Johannis wird in einer Ablassurkunde von 1291 erstmals als bereits bestehend erwähnt. Die Zittauer Johanniterkommende besaß das Patronatsrecht, der Hauptpfarrer übte die kirchliche Oberaufsicht in der Stadt aus. Ein Komtur ist erstmals für 1303 belegt, die Kommende gehörte zum Bistum Prag. Die Johanniter hielten sich in Zittau bis 1570, doch bereits seit 1521 predigte der Reformator und Lutherschüler Lorenz Heidenreich in der Kirche, seit 1545 als Erster Pfarrer. 1570 wurde die Kommende aufgelöst. Die Stadt erwarb die Patronatsrechte für St. Johannis, die von nun an als erste Stadtkirche der lutherischen Gemeinde diente.

Im 14. Jahrhundert wurde St. Johannis zu einer dreischiffigen Kirche ausgebaut. 1485–1531 erweiterte man sie zu einer Hallenkirche, wobei ein viertes Schiff an der Südseite angefügt wurde. 1553–1559 wurde der Südturm errichtet, 1704–1706 der Nordturm. 1757 wurde die Kirche zerstört. 1764 beschloss man den Wiederaufbau, mit dem 1766 begonnen wurde. Zunächst sollte der Entwurf des Zittauer Oberbauschreibers Andreas Hünigen für einen barocken Neubau verwirklicht werden. Es kam zu mehreren Verzögerungen, sodass Hünigen das Werk nicht vollenden konnte. Seit 1796 leitete Karl Christian Eschke den Bau mit klassizistisch veränderter Planung. Aufgrund von Konstruktionsfehlern senkte sich seit 1798 der Südturm, doch wurde die Kirche bis 1804 noch weitgehend fertiggestellt. Ein dauerhaft befriedigender Zustand war damit jedoch nicht erreicht worden. Obwohl Dresdner Architekten für Gutachten über die statischen Probleme hinzugezogen wurden, blieben die Probleme zunächst ungelöst. Dies änderte sich erst, als Karl Friedrich Schinkel für die Aufgabe gewonnen werden konnte. Schinkel legte nach eingehender Untersuchung Pläne zu einem umfassenden Umbau der Kirche vor, die zugleich auch deren klassizistische Überformung bedeuteten. Diese Pläne wurden zwischen 1834 und 1837 umgesetzt. Die Bauleitung lag bei Carl August Schramm, der damals Privatbaumeister war. 1838 vollendete man den Nordturm. Zwischen 1871 und 1891 erfolgten Sanierungen am Außenbau, von 1899 bis 1911 weitere Ein- und Umbauten.

1992–1997 wurde das Äußere der Kirche erneuert, 1999 die Kassettendecke im Inneren. Der wieder mit einem Türmer besetzte Südturm wird seit 1996 als Aussichtsturm genutzt. 2012–2015 restaurierte man das Innere der Kirche einschließlich der Orgel. 2012 wurde die Kirche in die nationale Denkmalliste aufgenommen. St. Johannis wird heute als Gottes-, Kunst- und Konzerthaus genutzt.

Karl Friedrich Schinkel (Entwurf); Carl August Schramm (Ausführung): St. Johannis. 1834–1837. Innenansicht nach Westen.

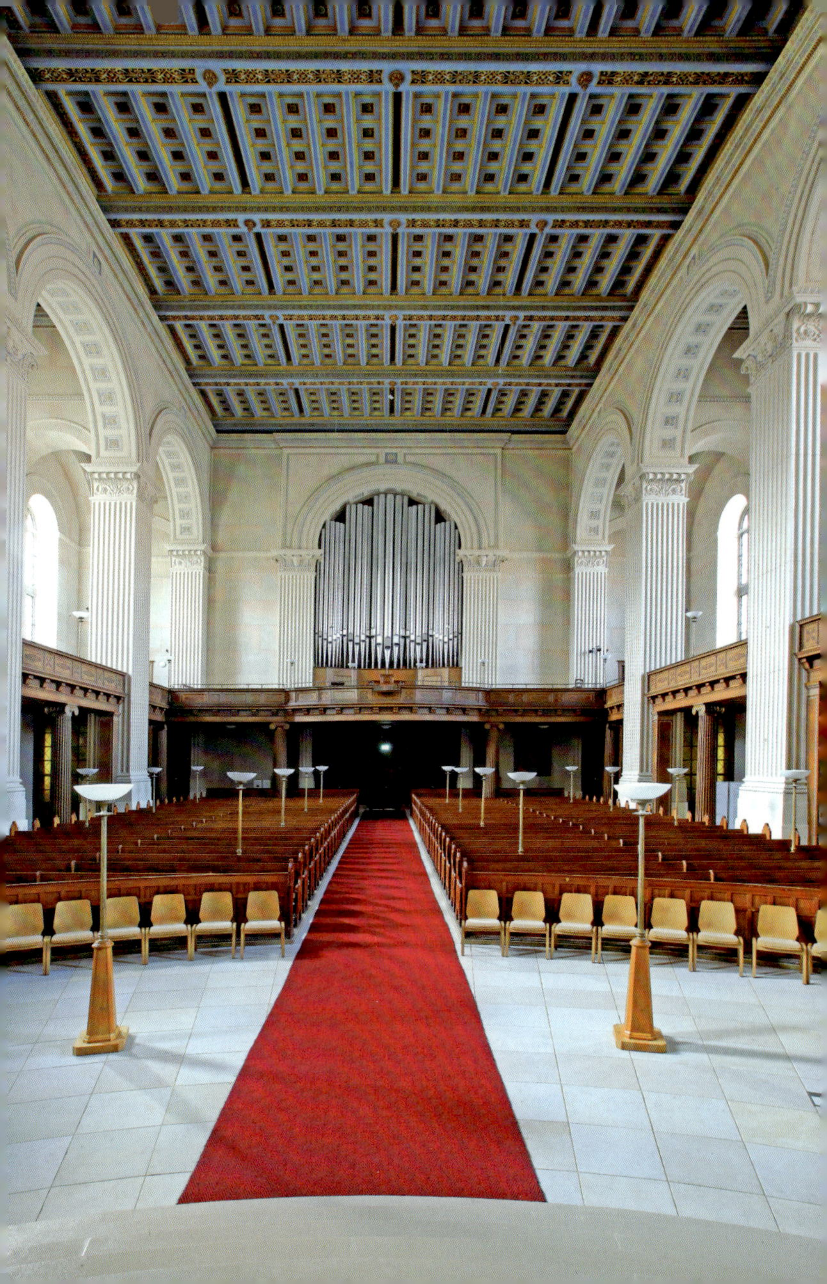

ST. JOHANNIS II

Johannisplatz 1

Architektur

Die Westfassade der Johanniskirche, deren Gestaltung über mehrere Jahrhunderte hin erfolgte, erlangte stadtbildprägende Bedeutung. Im 14. Jahrhundert bestand vermutlich ein dreischiffiger Kirchenbau mit unvollendeter Doppelturmfront. Zwischen 1485 und 1531 wurde die Anlage weiter ausgebaut. 1559 konnte der Südturm vollendet werden; der Nordturm, dessen zwei untere Geschosse noch in das 14. Jahrhundert datiert werden, aber erst in der Barockzeit. Er wurde 1704 bis 1706 unter Verzicht auf die damals modernen barocken Formen zugunsten der im Barock angestrebten absoluten Symmetrie dem südlichen nachgebildet. Diesen barockgotischen Turm, erhalten bis zur Höhe des zweiten Oktogons (obere Balustrade), integrierte man in die seit 1766 neu errichtete Kirche. Den nach der Zerstörung der Kirche 1757 einsturzgefährdeten Südturm trug man 1758 ab.

Andreas Hünigen lehnte seinen Entwurf an die Dresdner Annen- und Kreuzkirche an. Er sah aber eine Doppelturmfassade mit gleich aussehenden Türmen vor, das heißt, auch der Nordturm hätte abgerissen werden müssen. Beide Türme sollten mit 72 Metern wesentlich höher und mit barocken Hauben abgeschlossen werden. Das Schiff war als Pfeilerhalle geplant, wobei das Langhaus an beiden Enden im Halbkreis schloss. Am 23. Juli 1766, dem Jahrestag der Zerstörung Zittaus, wurde der Grundstein für den Neubau an jener verhängnisvollen Ecke gelegt, an der sich später der Südturm neigen sollte. Hünigen begann 1778 noch den Turmneubau, den Karl Christian Eschke mit Planänderungen bis 1804 weiterführte. Der Turm blieb unvollendet. Er erhielt einen stumpfen oktogonalen Abschluss. Schinkel hat dann die Fassade nochmals gravierend verändert und ihr die heutige Gestalt gegeben. Der Nordturm wurde 1838 mit einem zweiten achteckigen Geschoss und einem spitzen Turmhelm abgeschlossen. Am Südturm wurden die Fensteröffnungen verkleinert. Schinkels wichtigster Beitrag an der Fassade ist deren Mittelteil, ein monumentales Rundbogenportal unter einem Dreiecksgiebel mit Akroterien.

Für die Außenwände des Langhauses hat Schinkel die Mauern des Barockbaues belassen. Über dem Hauptsims wurde eine Attika aufgeführt, die die neue Konstruktion des Dachstuhls trägt. Änderungen betrafen daneben die Fenster, die jetzt halbkreisförmig schließen, außerdem wurden die Fenster hinter der Apsis und in den Chorecken vermauert. Das Kirchenschiff ist außen durch korinthische Pilaster gegliedert. Die feine Putzquaderung geht auf Schinkel zurück. Die ursprüngliche Farbgebung war in Ocker gehalten und wurde in der zweiten Hälfte des 19. Jahrhunderts durch helles Grau ersetzt.

St. Johannis: Westfassade. Vollendet 1838.

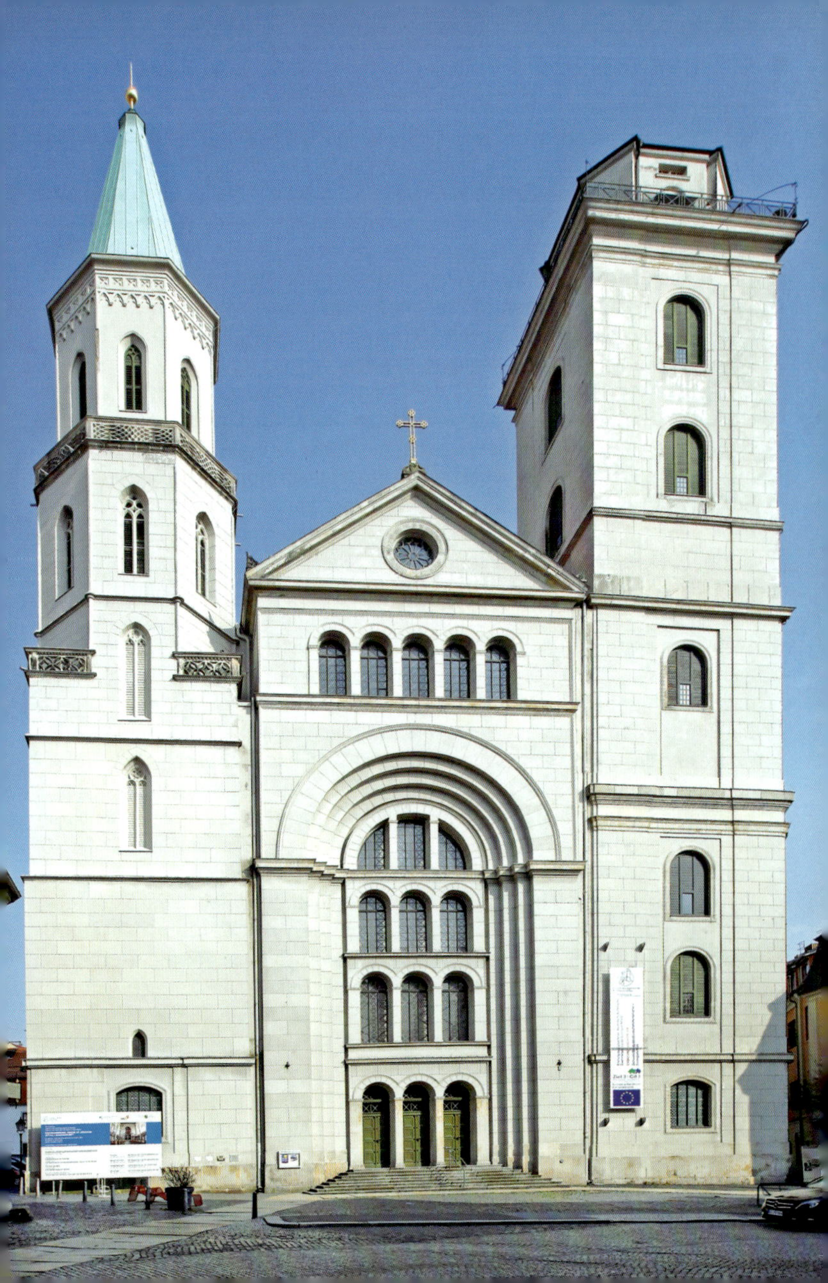

ST. JOHANNIS III

Johannisplatz 1

Innenraum und Ausstattung

Die dreischiffige Hallenkirche hat eine Länge von 52 und eine Breite von 32 Metern. In die Seitenschiffe wurden Emporen eingezogen, die Orgelempore entstand 1899. Im Innenraum verstärkte Schinkel die Pfeiler und verringerte die Dachlast u. a. durch die Einziehung einer leichten Holzkassettendecke. Die zunächst vorhandene zweite Empore wurde beseitigt. Für die Gestaltung des Innenraumes wählte Schinkel die korinthische und die ionische Stilordnung.

Das Apsisgemälde, das den Hl. Johannes unter einem durch einen Bühnenbildentwurf Schinkels bekannten Sternenhimmel zeigt, hat 1836 der Berliner Maler Bernhard Julius Rosendahl geschaffen.

Hinter dem Altartisch kam 1887 die Statue des segnenden Christus zur Aufstellung, eine Kopie des 1822 von Bertel Thorvaldsen für die Frauenkirche Kopenhagen geschaffenen klassizistischen Meisterwerkes. Die Zittauer Nachbildung von Franz Josef Schwarz erreicht mit einer Höhe von 3,60 Metern die Größe des Originals. Der zwölfstufige Altarunterbau, der den Altarplatz heraushebt, geht auf Schinkel zurück. Auch das Taufbecken aus Zinkguss hat er entworfen. Die Felder der Kanzel und der Kanzelempore bemalte der Greifswalder Maler Jakob Ludwig Buschkiel mit Szenen aus dem Neuen Testament. Die Orgel bauten 1837–1843 Johann Gotthold Jehmlich und Carl Stöckel aus Dresden. 1929/30 musste sie von der Zittauer Firma *Schuster* erneuert werden, wobei man Teile der älteren Orgel von 1843 übernommen hat. 2012/13 wurde die Orgel durchgreifend restauriert.

Die Buntglasfenster unter den Emporen wurden von den Kunstglaswerkstätten *Türcke und Co.* und *Richard Schlein* zwischen 1906 und 1912 geschaffen. Sie zeigen an der Südseite von links beginnend: 1. Jesus mit Maria und Martha in Bethanien; 2. Jesus und die Auferweckung der Tochter des Jaïrus; 3. Der barmherzige Samariter. An der Nordwand von rechts 4. das Emmauswunder; 5. Jesus und der ungläubige Petrus; 6. Jesus segnet die Kinder.

Von der Ausstattung der 1757 zerstörten älteren Kirche blieben die Skulpturen des Hl. Johannes des Evangelisten und des Hl. Wenzel (heute KHM Franziskanerkloster), das Große Zittauer Fastentuch von 1472 (heute Museum Kirche zum Heiligen Kreuz) sowie das Kleine Zittauer Fastentuch von 1573 (heute KHM Franziskanerkloster) erhalten. Außerdem befindet sich in der Kirche zu Ebersbach/OL noch der von Paul Hartmann mit reichen Schnitzarbeiten versehene Prospekt der barocken Orgel von 1685, die man 1738 verkaufte, als eine neue Orgel von Gottfried Silbermann erbaut wurde. Diese Silbermann-Orgel ging 1757 verloren. Teile von Altären kamen in die Zittauer Frauenkirche und in die Jonsdorfer Kirche.

Franz Josef Schwarz: Segnender Christus nach Bertel Thorvaldsen. 1887.

KOMMET HER ZU MIR!
Matth. XI, 28.

1837. 1887.

■ FRAUENKIRCHE I

Hammerschmiedtstraße 8

Geschichte

Die Frauenkirche liegt auf einer Anhöhe östlich außerhalb der Altstadt. Es wird vermutet, dass sie den Platz eines älteren slawischen Heiligtums besetzt hat. Angesichts der Bauformen der erhaltenen Chorpartie des Bauwerkes kann eine Entstehungszeit zwischen 1260 und 1280 angesetzt werden. Sie gehörte der Johanniterkommende, deren Komturhof in der Nähe lag und deren Angehörige hier auch Dienst taten. Es ist wahrscheinlich, dass sich die Johanniter, die erst 1291 in einer Urkunde erstmals erwähnt werden, bereits im Zusammenhang mit der Stadterhebung hier um 1255 ansiedelten und nachfolgend die Kirche errichteten. Einen Kirchenbau zur Zeit Ottokars II. und damit die Anwesenheit der Johanniter, legt das architekturhistorisch erschlossene Alter der Kirche nahe, auch wenn diese nicht ausdrücklich genannt werden. Möglicherweise bestand schon damals eine Beziehung zum Hospital, welches in einer Urkunde von 1303 von König Wenzel II. in geistlichen Angelegenheiten den Johannitern unterstellt wurde, also ebenfalls bereits zu einem früheren Zeitpunkt existierte. In einer Urkunde von 1355 wird das Haus *Unser lieben Frauen Kirche* genannt. In zwischen 1347 und 1355 ausgestellten Urkunden erscheint unter den Zeugen der Zittauer Komtur Nicolaus von Ratybor. Die Zittauer Kommende gehörte zum Priorat Böhmen.

1473 und 1535 nahm die Kirche durch Brand und Blitzschlag schweren Schaden und 1538 kam es zu einem Teilabbruch des ursprünglich größeren Baues. Das hierbei gewonnene Material wollte man zum Bau eines Tanzhauses verwenden, was König Ferdinand I. veranlasste, der Stadt eine Rüge zu erteilen. Daraufhin hat man die verbliebenen Ostteile der Kirche zusammengefasst und bis 1572 den im Verhältnis zur ursprünglichen Kirche stark reduzierten Bau neu gestaltet. 1619 wurden ein neuer Altar und eine Kanzel gestiftet, die Kirche ausgemalt. Die Lage der Kirche war während der kriegerischen Auseinandersetzungen von 1643 und 1757 von Vorteil, da die die Stadt belagernden Heere von hier aus Zittau unter Beschuss nahmen und das Bauwerk dadurch nicht von Zerstörungen betroffen war. 1715 erhielt die Kirche als Bekrönung einen Dachreiter, den die Zittauer Handwerker Christoff Schönfelder und Johann George Jähne fertigten. 1607 und 1897 wurde die Kirche restauriert und verändert. 1897 wurden Gestühl und Emporen bis auf die westliche abgebrochen und durch neue ersetzt. Als Zugang schuf man ein neugotisches Portal, die gotischen Fenster des südlichen Seitenschiffes wurden beseitigt und durch neue ersetzt. Der Innenraum erhielt eine neue farbliche Gestaltung. Die Ausmalung von 1619 hatte man bereits vor 1897 übertüncht. Gruftbauten, die an den Außenbau der Kirche anschlossen, brach man ab.

Frauenkirche: Chor. Um 1260–1280. Teilansicht.

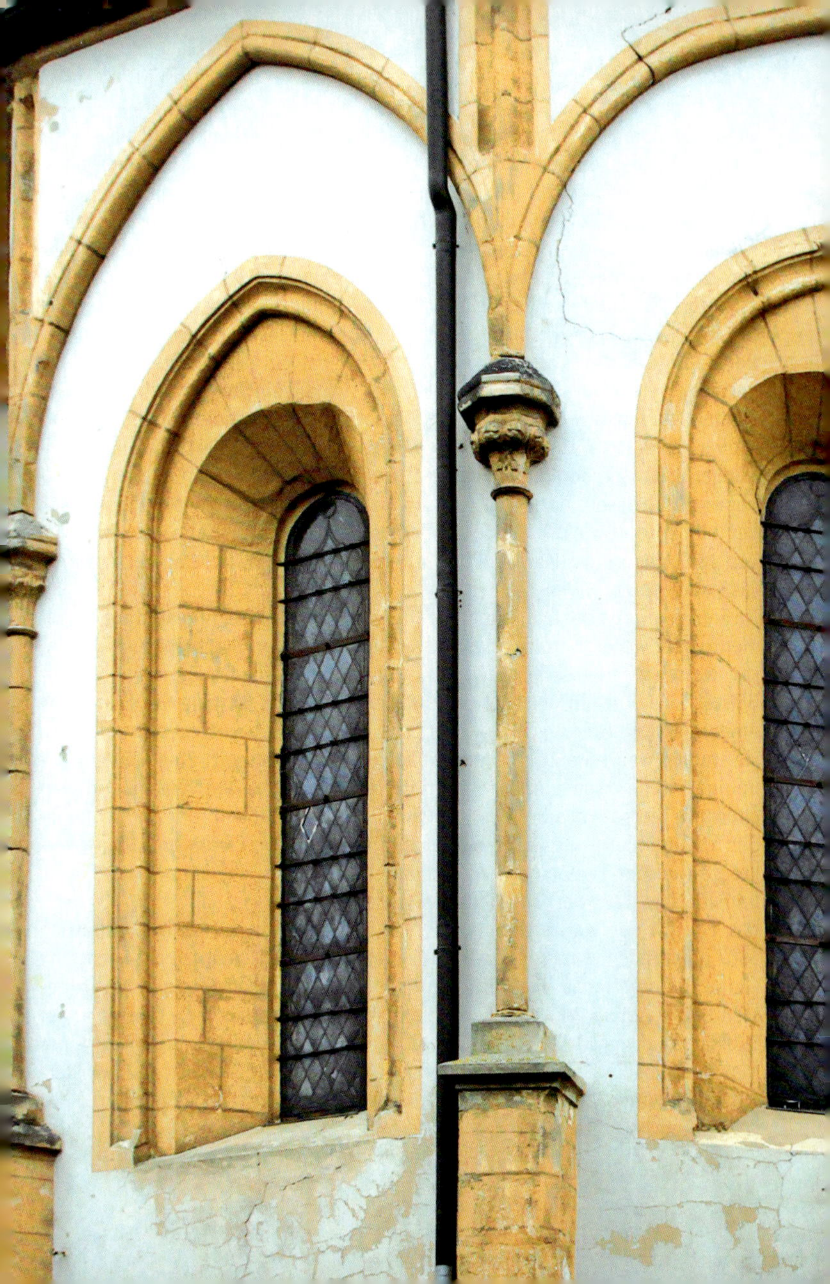

FRAUENKIRCHE II
Hammerschmiedtstraße 8

Architektur

Die Frauenkirche zählt zu den bauarchäologisch wertvollsten Denkmälern des Zittauer Landes, da sich an ihr noch Architekturelemente aus der Übergangszeit von der Romanik zur Gotik erhalten haben.

1702, 1854 und 1897 stieß man bei Grabungen vor der Kirche auf umfangreiche Mauerreste. Es wird vermutet, dass das Mittelschiff zwei weitere Gewölbejoche von der Größe des erhaltenen besaß. Die Kirche hatte demnach ursprünglich eine für die Entstehungszeit beachtliche Länge von etwa 42 Metern, ihr Grundriss bildete die Form eines lateinischen Kreuzes.

Der heutige Bau aus verputztem Bruchstein hat ein sehr breites Schiff von geringer Tiefe, an dessen Ostseite befindet sich der eingezogene Chor mit 5/8-Schluss. Außen ist der Chor durch spitzbogige Blendarkaden aus Dreiviertelsäulen mit Blattkapitellen auf hohen Postamenten gegliedert. Die Fensterlaibungen sind spitzbogig, die Fensteröffnungen selbst dagegen noch im Rundbogen geschlossen. Das Portal, dessen Maßwerk aus sogenannten Fischblasen gebildet wird, sowie die Fenster der Westseite sind neogotische Erneuerungen von 1897, ebenso das Maßwerk der Fenster der Südseite. Der Dachreiter wurde 1715 aufgesetzt.

Im Inneren weist der Chor ebenfalls Dreiviertelsäulen auf, hier sind die Postamente aber wesentlich niedriger als außen. Sie tragen Blattkapitelle, die Basen weisen ebenfalls Schmuck auf. Der Schlussstein des Gewölbes ist mit Blättern verziert. In der südlichen Mauer des Chores ist eine Sediliennische eingelassen, in welcher Sitze für Priester und Gehilfen untergebracht waren; sie stammt wahrscheinlich ebenfalls aus der Erbauungszeit. Eine kleine rundbogige Nische ist mit einem steilen dreieckigen Giebelfeld versehen, in welchem ein Vierpass das Ornament bildet. Der Triumphbogen ruht auf achteckigen Wandpfeilern. Die Kapitelle der Dreiviertelsäulen, Pfeiler und Dienste im kreuzgewölbten Hauptschiff zeigen gleiche bzw. ähnliche Formen wie die im und am Chor, Laubwerk in reichen Variationen.

Das zweijochige Kreuzgewölbe des südlichen Seitenschiffes ist vermutlich 1607 entstanden. Am Pfeiler zwischen diesem und dem Hauptschiff weist eine kleine Dreiecksfläche im Kapitell gotische Dreipassornamente auf, die frühesten in Zittau. Das Alter des nördlichen Schiffes ist unbekannt, dass es in der Substanz auf den Ursprungsbau zurückgeht, darf vermutet werden. In einer Nische des südlichen Kirchenschiffes, welche 1897 zugemauert, 1927 wiederentdeckt wurde, befindet sich eine 2008/09 restaurierte Wandmalerei des Epitaphiums des Franz Heintze aus dem Jahr 1627.

Michel Greger d. J. (?): Marienaltar. 1619, Madonna Anfang des 16. Jahrhunderts.

GLORIA IN ALTISSIMIS DEO
ET IN TERRA PAX HOMINIBVS
BONAE VOLVNTATIS

| MAGNIFICAT ANIMA | MARIA HONORANDA : NON ADORANDA | ET EXVLTAVIT SPIRITVS |
| MEA DOMINVM | | MEVS IN DEO SALVTARI MEO |

ANNO CHRISTI M.DC.XX HANC ARAM IN HONO
REM B. MARIAE V. PVERAS Q. SAMIAE IN MEMORIAM
MARIAE ALTERIVS VTI IN TOTIVS SINERI CIVIS ET LVNTAE AR
PAE RELIQVA IN ASS SVMTIBVS INSTAVRANDAM
EXORNANDAM ATQ. ERIGENDAM CVRAVIT

FRAUENKIRCHE III Hammerschmiedtstraße 8

Ausstattung

Der Altar der Kirche entstand 1619. Das von einem der Altäre der Johanniskirche übernommene Marienbild im Mittelschrein des Altares gehört zu den Ende des 14. Jahrhunderts aufgekommenen Strahlenkranzmadonnen. Die Gottesmutter ist mit einem blauen Gewand und einem vergoldeten Mantel gekleidet. Auf dem Arm hält sie das Jesuskind mit der Weltkugel. Sie steht auf einer nach unten gedrehten Mondsichel, hinter ihr die Strahlen der Sonne, die meist als Sonne der Gerechtigkeit, ein Symbol für Christus, gedeutet wird. Die Zacken der Himmelskrone der Maria sind als Rankenwerk ausgebildet, neben ihr schweben zwei prächtig gekleidete Engel. Auf den Altarflügeln verkörpern farbig gefasste Holzskulpturen die Verkündigung: Links steht Maria am Lesepult, rechts ein Engel. Die vier Felder der Wandlung zeigen Bilder mit den Evangelisten. Im Fries über dem Schrein steht „MARIAHONORANDA : NONADORANDA" – „Maria soll geehrt werden, nicht angebetet". Über dem Altarsims steht eine Bekrönung mit Knorpelwerk, die ein weiteres Bild rahmt. Diese Schnitzarbeit stellt die Anbetung der Hirten dar. Auf der Bekrönung befindet sich eine Christusfigur, links und rechts neben ihr Engel. In der Predella nennt eine Inschrift die Witwe des Tobias Sirer als Stifterin des Altars.

Über einem Sandsteinsockel, an welchem sich die Jahreszahl 1619 und die Signatur MG (Michel Greger) finden, erhebt sich die sechseckige Kanzel mit Schalldeckel. Sie ist mit qualitätvollen Intarsien und Schnitzwerk verziert. Den Schalldeckel bekrönt ein Engel mit Posaune, neben der Kanzel steht auf einer Konsole ein weiterer Engel. Die Kanzel ließ der Kirchenvorsteher Martin Reimer mit Geldern erbauen, die für ein späteres Studium seines im Alter von zwei Jahren verstorbenen Sohnes bestimmt waren. Hierauf weist die lateinische Inschrift über dem Durchgang zur Kanzeltreppe hin und auch die kleine Kinderfigur nimmt darauf Bezug.

Die Orgel auf der nördlichen Empore baute die Zittauer Werkstatt *A. Schuster und Sohn* 1928. Auf der Brüstung der Westempore haben sich fünf Bildfelder mit ornamental geschnitzten Rahmungen zwischen kleinen Säulen aus der Renaissancezeit erhalten. Sie zeigen jeweils die Familien der Stifter in Adorationshaltung um eine separat gerahmte religiöse Szene gruppiert. Von den ehemals mehr als fünfzig Epitaphien wurde der Großteil 1897 in das Stadtmuseum überführt. Im nördlichen Seitenschiff befindet sich ein um 1690 datiertes, von Johann Stuhlmacher (gest. 1800) wiederverwendetes Grab mit einem kunstvoll gearbeiteten schmiedeeisernen Gitter, welches vermutlich an der Wende vom 17. zum 18. Jahrhundert entstanden ist.

Grabmal (Stuhlmacher'sches Grabmal): Ziergitter. Um 1690. Detail.

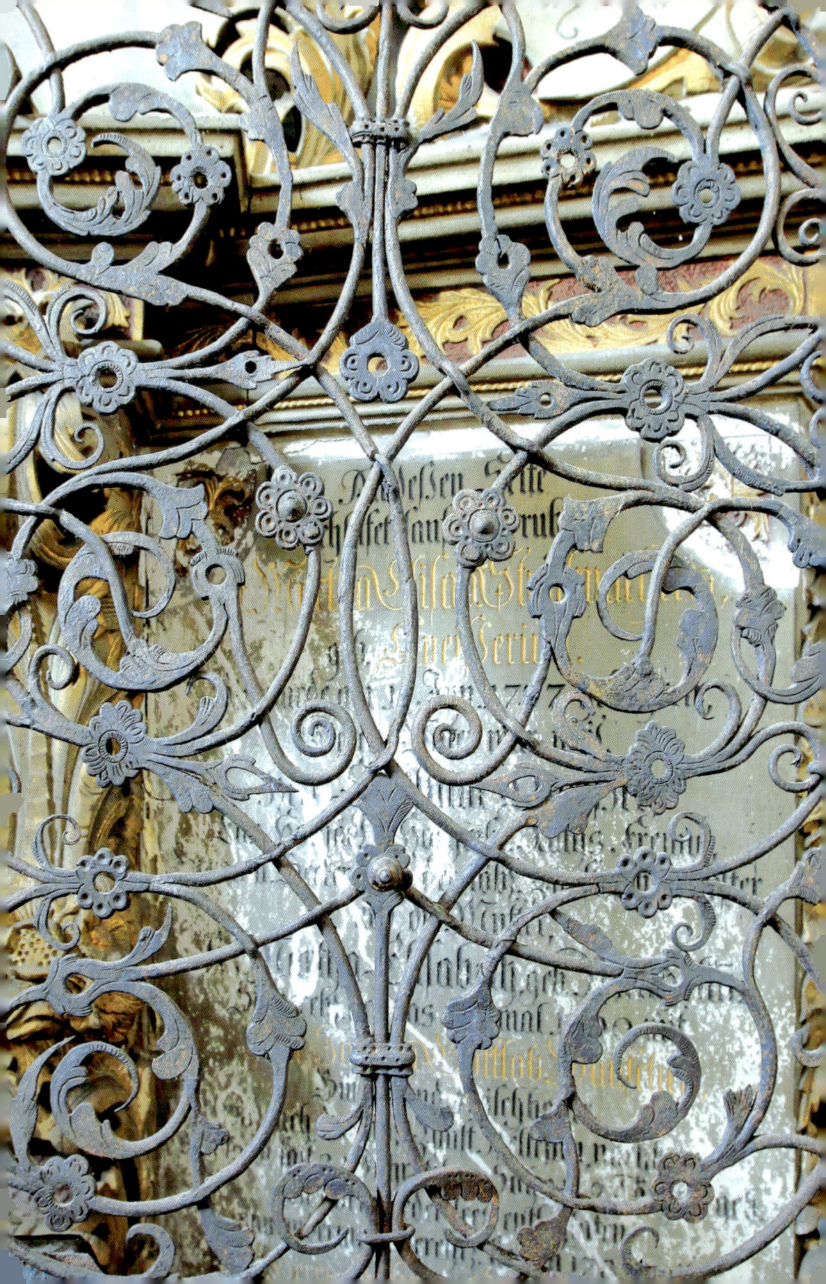

FRAUENKIRCHE IV
Hammerschmiedtstraße 8

Friedhof

Der Friedhof der Frauenkirche ist der größte der Stadt Zittau. An seiner Westmauer haben sich zwei alte Portale erhalten, von denen das kleinere 1655 errichtet wurde. Über dem in Rustikamanier eingefassten Torbogen steht eine lateinische Inschrift, die die Vergänglichkeit vergegenwärtigt: „Ein menschlicher Tag, der Wahrnehmung verborgen, ist erfüllt; wie in jedem, ist ebenso in mir etwas lebend, was gottgefällig sei, Tod ist Verderben, ach!" Auf der Rückseite finden sich die Initialen des Christian von Hartig und des Johann Eichler von Auritz. Das andere, größere Portal wurde 1695 geschaffen. Dieses Korbbogentor wird von Pilastern gerahmt, über dem Gesims steht ein Relief, das die Auferstehung zeigt. In den Zwickeln finden sich reliefierte Darstellungen des Todes. Die Inschriften auf dem Tor lauten: „Der Zeit folgt der Tod, dem Tode das Gericht. Gott! Laß nach Zeit und Tod uns sehn dein Angesicht!" und „Der Tod ist dir gewiß, Mensch, ungewiß die zeit, so sey zum Tode stetz in der Zeit bereit. a.".

Das älteste Grabdenkmal auf dem Friedhof ist jenes des Glockengießers Jakob Leubner (gest. 1561) an der Westmauer des Friedhofes. An der Westseite der Kirche befinden sich das Denkmal des George Voit (gest. 1588), das um 1600 entstandene der Barbara Hartranft und die Helleschen Denkmäler von 1602 und 1614 (?) sowie ein frei stehendes Grab in manieristischer Form, das um 1670 entstand (wiederverwendet von Karl Conrad, gest. 1896). Reichen skulpturalen Schmuck trägt das Grab des Georg Ernst Eichner (gest. 1703) an der Südseite der Kirche. Qualitätvolle Werke des Rokoko sind das Denkmal des Christian Gottlob Böhmer (gest. 1780) an der Südseite der Kirche (wiederverwendet von Familie Trenkler) und ein prachtvolles, durch Friedrich August Bernhard (gest. 1891) wiederverwendetes Grab mit reichem Skulpturenschmuck, das um 1750 entstanden ist. Aus der Zeit des Klassizismus stammt u. a. das Denkmal des Bürgermeisters Johann Traugott Weise (gest. 1832) am Chor der Kirche. Christian Adolf Pescheck (gest. 1859), Carl August Schramm (gest. 1869), Carl Gottlob Morawek (gest. 1896), deren Wirken eng mit der Stadt verbunden war, haben ihre Grabstätte ebenfalls auf dem Friedhof.

Die Skulptur eines trauernden Engels für das Grab des Malers Adolph Thomas (gest. 1878) schuf Robert Heinrich Ockelmann. Der Engel am Grabmal der Familie Posselt ist eine Arbeit von Franz Josef Schwarz. Nach einem Entwurf von Selmar Werner entstand 1904 für das Grab der Familie Zschachel ein Bronzegussrelief, welches den Todesengel zeigt, der einen Künstler holt. Das Grabmal des Karl Gustav Hiller (gest. 1913) wird von einer überlebensgroßen Bronzeplastik des Unternehmers dominiert.

Robert Ockelmann: Grabmal für Adolph Thomas. 1878.

Hier ruhet in Gott
K. GST. ADOLF THOMAS
Maler,
geb. d. 28. Sept. 1834 in Zittau,
gest. d. 16. Jan. 1887 in Dresden.

■ FRANZISKANERKLOSTER I

Klosterplatz 3-5
Klosterstraße 3

Geschichte

Bettelordensklöster wurden in der Regierungszeit Ottokars II. zum festen Bestandteil der königlichen Städte in den böhmischen Ländern und den österreichischen Besitzungen des Přemysliden. Als sich die Franziskaner 1244 in Zittau niederließen, übernahmen sie zunächst vermutlich bereits vorhandene Gebäude. Spätestens im Zusammenhang mit der Gründung des Konvents im Jahr 1260 (oder 1268) muss eine Bautätigkeit seitens des Ordens angenommen werden. Die schlecht überlieferte Gründungsurkunde nennt hierfür als Initiatoren die Herren von Leipa. 1293 wurde der Chor, 1313 die Sakristei geweiht. In der Zeit der Hussitenkriege exilierte das Prager Domkapitel nach Zittau und das Erzbistum Prag wurde 1421–1437 vom Franziskanerkloster aus verwaltet. Man nimmt an, dass die Kirche im 15. Jahrhundert, wohl im Zusammenhang mit der Anwesenheit des Domkapitels, zur zweischiffigen Halle erweitert wurde. 1488 hat der Mönch Vincentius die Gewölbe der Kirche bemalt. Im 15. Jahrhundert erfolgte der Anbau des Glockenturms.

Die Reformation bedingte den Niedergang des Klosters. 1543 übergab der Konvent das Kloster der Stadt, die im Gegenzug den Lebensunterhalt für die Mönche übernahm. 1554 starb der letzte Mönch Michael Reinstein. Danach blieb die Kirche zunächst ungenutzt, ab 1598 wurden lutherische Gottesdienste gehalten. Doch die Kirche verfiel zusehends: 1623 stürzte ein Teil des Gewölbes ein und im Dreißigjährigen Krieg diente sie als Pferdestall. Unter dem Bürgermeister Heinrich von Heffter erfolgten nach dem Krieg zwischen 1658 und 1662 die Instandsetzung und der weitere Ausbau der Gesamtanlage. Die Klosterkirche wurde zweite Stadtkirche.

Seit 1665 war die Ratsbibliothek der Stadt Zittau im Kloster untergebracht, ab 1709 im Barocksaal des Heffterbaus. Der Saal im Erdgeschoss des Heffterbaus diente zwischen 1690 und 1846 böhmischen Exulanten als Gemeinderaum. Der Ostflügel war nach einem Umbau 1705/06 von 1709 bis 1928 ein Armenhaus für Frauen. Nach der Zerstörung der Johanniskirche 1757 nahm bis 1834 die Klosterkirche den Platz der ersten Stadtkirche ein. 1840 wurde hinter einem Bücherregal in der Ratsbibliothek das Große Zittauer Fastentuch wiederentdeckt. Ab 1884 konnte das Erdgeschoss des Heffterbaus für museale Zwecke genutzt werden und ab 1924 auch der Barocksaal.

Zwischen 1945 und 1989 verfielen große Teile der Anlage. Der Heffterbau wurde 1977 baupolizeilich gesperrt. 1990 begann man damit, Heffterbau und Klosterhof grundlegend zu sanieren. Seit 1993 ist der Klosterhof wieder zugänglich, seit 2002 der Heffterbau. Das Zittauer Franziskanerkloster ist heute das besterhaltene Bettelordenskloster in der Oberlausitz.

Klosterkirche St. Peter und Paul: Ansicht von Südosten.

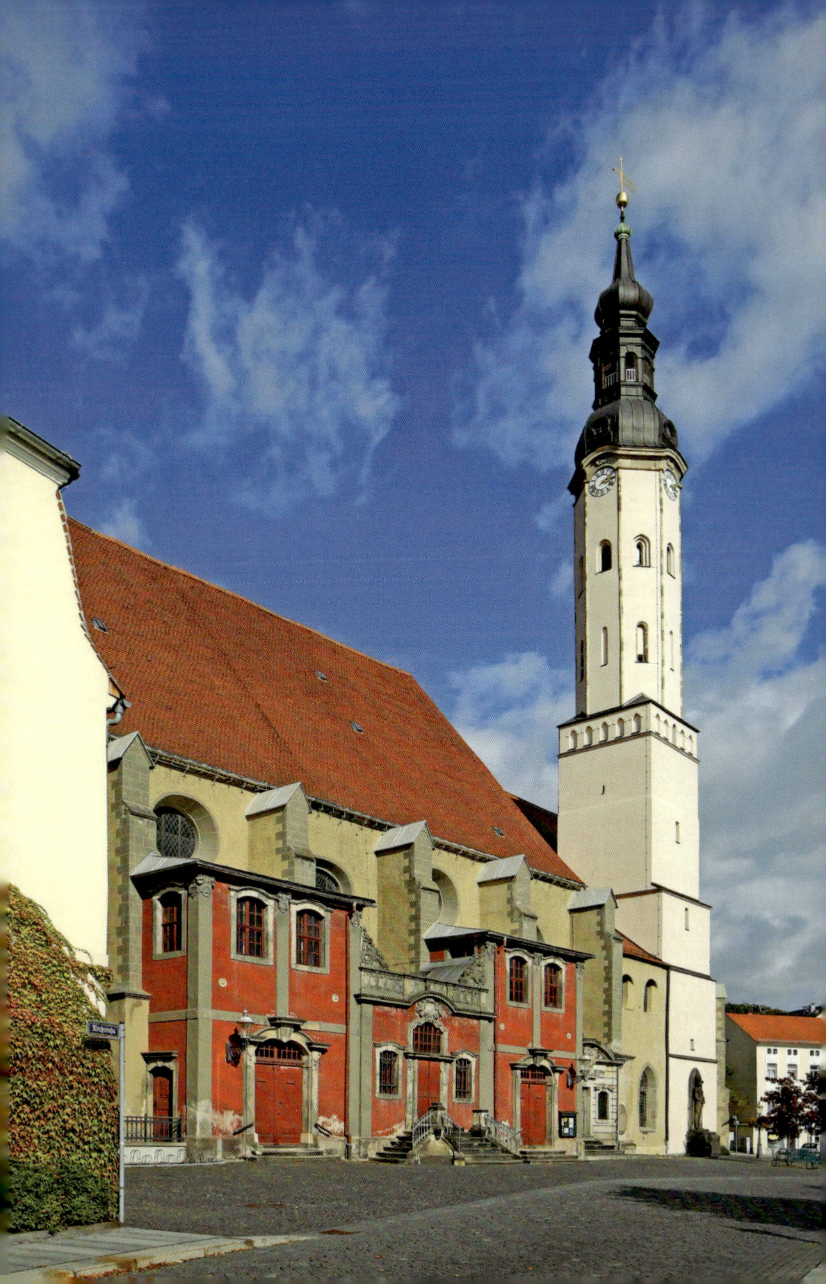

FRANZISKANERKLOSTER II | Klosterplatz 5
Klosterkirche St. Peter und Paul • Architektur und Ausstattung

Die Klosterkirche ist eine zweischiffige gewölbte Hallenkirche mit geradem Chorschluss und polygonalen Pfeilern im Schiff. Gotische Teile existieren noch an Chor und Sakristei sowie im westlichen Joch des Kirchenschiffes. Die Südseite der Kirche und der Chor weisen einfache Strebepfeiler auf. In den Pfeiler nächst dem Turm ist oberhalb eine Skulptur integriert, vermutlich ein Widderkopf. Mit diesem wird eine Sage in Verbindung gebracht, nach der beim Bau der Kirche ein Widder auf dem Baugerüst bis zu dieser Höhe empor kletterte. Auffällig sind die an das südliche Kirchenschiff angebauten barocken Logen. Die älteste stammt vom Patrizier Andreas Noack aus dem Jahr 1696. Die anderen Logen stammen von 1747; die Loge gegenüber der Kanzel wurde vom Rat genutzt, die mittlere von der Familie Grätz. Der fast 70 Meter hohe Glockenturm wurde im 15. Jahrhundert errichtet. Die barocke Haube schuf 1758 Andreas Hünigen.

Im Inneren der Kirche weist der Chor Kreuzrippengewölbe auf, das Schiff im ersten Joch ein Netzgewölbe, in den übrigen Jochen ebenfalls Kreuzgewölbe, die von polygonalen Pfeilern getragen werden. Die Gewölbeansätze ruhen auf skulpturierten Konsolen. Anstelle eines Lettners wurde nach dem Dreißigjährigen Krieg ein Triumphbogen eingezogen. Südlich am Chor befindet sich die mit einem Rippengewölbe versehene Sakristei, 1658 erstmals als *Niklaskapelle* bezeichnet. Sie geht noch auf das Ende des 13. Jahrhunderts zurück. Ein gotisches, reich profiliertes Portal hat sich im vierten Joch der Südseite des Schiffes erhalten. Es ist um 1480 entstanden.

Der Altar wurde 1668/69 von Georg Bahns, Hans Kunert, Hans Bubenik und Heinrich Prescher angefertigt. Der Altartisch stammt vermutlich aus gotischer Zeit. In der unteren Hälfte des Altars stehen zwischen je zwei gewundenen Säulen mit korinthischen Kapitellen Statuen der Kirchenpatrone Petrus und Paulus. Dazwischen ist das Altarbild mit der Auferstehung Christi eingefügt, welches 1675 von Hans Wilhelm Schober geschaffen wurde. Über den Aposteln befinden sich zwei Engel, der eine ein Kreuz, der andere das mosaische Gesetz haltend. Das obere Altarbild zeigt die Himmelfahrt und stammt ebenfalls von Schober. Bekrönt wird der Altar von der Figur des Schöpfers, von zwei Putten flankiert. Der protestantische Beichtstuhl hinter dem Altar stammt wahrscheinlich aus der ersten Hälfte des 17. Jahrhunderts.

Emporen und Gestühl wurden im Zuge der Umgestaltung unter Heinrich von Heffter eingebaut bzw. erneuert, Teile des Chorgestühls aus dem 15. Jahrhundert blieben erhalten.

George Bahns; Hans Kunert; Hans Bubenik; Heinrich Prescher; Hans Wilhelm Schober: Altar der Klosterkirche. 1668/69, 1675.

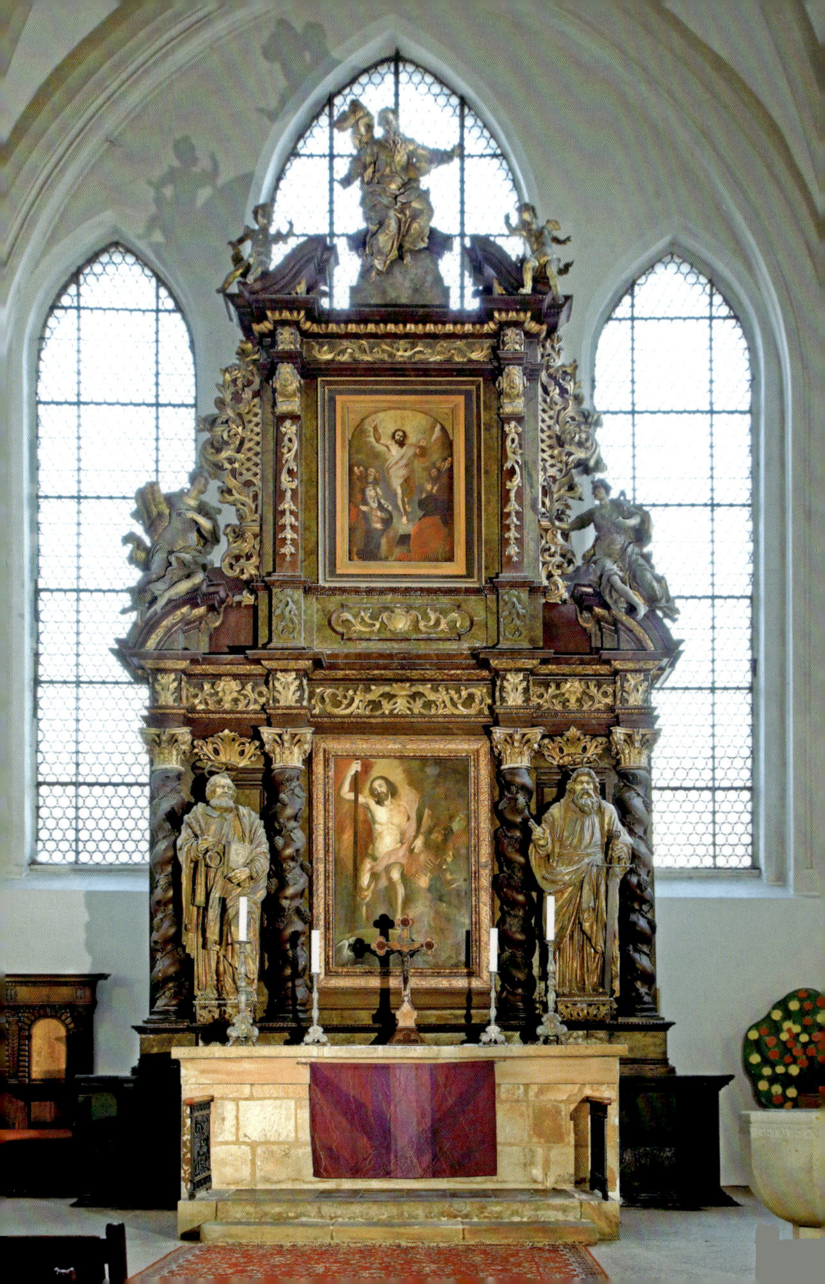

FRANZISKANERKLOSTER III | Klosterplatz 5

Klosterkirche St. Peter und Paul • Ausstattung

Die Kanzel in der Mitte des nördlichen Kirchenschiffes wurde 1668 von Georg Bahns und Hans Bubenik gefertigt. Der bis über die Höhe der Empore geführte steinerne Bau ist an den Seiten durch Putzquaderung gegliedert. An den Ecken befinden sich Halbsäulen auf Postamenten, darüber Obelisken. Der ganze Bau wird von einem vorgeblendeten Volutengiebel bekrönt, auf den Voluten und im oberen gesprengten Dreiecksgiebel stehen auf Postamenten Obelisken. Der Kanzelkorb und der Schalldeckel sind Holzschnitzarbeiten. Der fünfeckige Kanzelkorb wird durch Halbsäulen und reiche Ornamentik gegliedert, in den Bogennischen stehen Skulpturen von Jesus und den Evangelisten. Auf die Innenseite des Schalldeckels ist eine Taube mit Strahlen gemalt, außen sitzen auf den Ecken geflügelte Engelsköpfe. Auf dem Schalldeckel bildet ein Kruzifix den Abschluss.

Ein Meisterwerk manieristischer Schnitzkunst ist die zur Empore führende Tür mit reich ornamentiertem Rahmen an der Ostseite des südlichen Seitenschiffes. Sie stammt von Hans Bubenik. Daneben öffnet sich an der Südwand das reich verzierte, vergitterte Innenfenster der Noack'schen Betloge.

Georg Weindt aus Schluckenau baute 1661/62 die Orgel. Sie wurde 1738 und 1788–1791 erneuert. Vom letztgenannten Umbau stammt der erhaltene Prospekt, der vom Zittauer Meister Valentin Engler gefertigt wurde. Das Orgelwerk schuf Andreas Schuster 1884.

An der Nordwand des Chores befinden sich die Epitaphien der Dorothea Juliana Hertzog (gest. 1723) und des Gustav Friedrich Schmeiß von Ehrenpreißberg (gest. 1696). Letzteres ist ein qualitätvolles Bronzewerk und wurde vom Stück- und Glockengießer Joachim Hannibal Brosse in Görlitz gegossen. An der Südwand befinden sich die Epitaphien des Pastors Gottfried Benjamin Martini (gest. 1733) und seiner Tochter Johanna Dorothea Böttiger (gest. 1758). Das Bild der Böttiger ist von J. Thomas Eyselt signiert. Eyselt (oder Eisler) war Porträtmaler in der böhmischen Stadt Gabel. Von ihm hat sich im Kloster Marienthal bei Zittau ein weiteres Gemälde mit dem Hl. Bernhard von Clairevaux erhalten.

Die Klosterkirche hat einiges von ihrem kunsthistorisch bedeutsamen Bestand verloren, vor allem im 19. Jahrhundert. So hat man beispielsweise zahlreiche Epitaphe entfernt und die Emporenmalereien übertüncht. Die sich ursprünglich im Chor befindlichen Buntglasfenster der *Königlich Sächsischen Hofglasmalerei Carl Ludwig Türcke* von 1882 mit der Darstellung der Kirchenpatrone wurden 1974 ausgebaut.

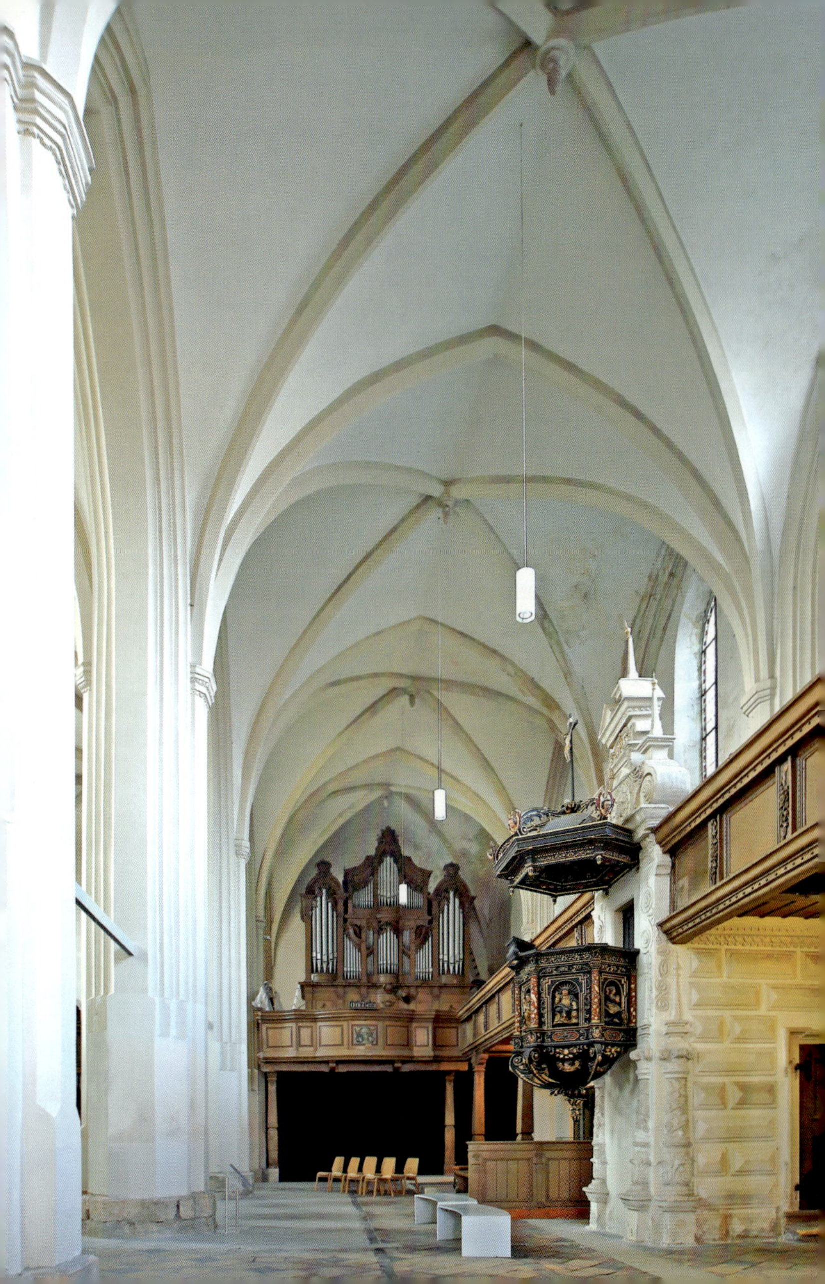

FRANZISKANERKLOSTER IV | Klosterstraße 3
Kreuzgang, Kapitelsaal, Dormitorium

Von der mittelalterlichen Klausur haben sich an der Nordseite der Kirche und insbesondere im Ostflügel der Anlage Teile erhalten. An der Nordseite des Chores der Klosterkirche lehnt sich ein dreijochiger gewölbter Raum an, der Teil des Kreuzganges ist. Daran schließt am Kirchenschiff der Kreuzgang an, wovon zwei Joche überdauerten. Dort befindet sich das Grabdenkmal der Anna von Duba (gest. 1449). Im Ostflügel finden sich sechs weitere Kreuzgangjoche sowie der Kapitelsaal mit Vorsaal. Diese beiden Räume verfügen über ein Sterngewölbe aus Backstein, das jeweils auf einem Pfeiler ruht. Die Konsolen stammen teilweise noch aus dem 14. Jahrhundert. Der West- und der Nordflügel des Kreuzgangs blieben nicht erhalten, wurden aber durch Grabung nachgewiesen. Am Außenbau des Ostflügels findet sich ein barockes Portal, das 1706 im Zusammenhang mit der Einrichtung des Frauenhauses entstand. Zwischen den Ansätzen des gesprengten Segmentgiebels befindet sich eine Inschriftenkartusche, welche von der damaligen Erneuerung berichtet. Nach der Zeit des Frauenhauses baute man den Flügel bis 1934 für die museale Nutzung um, den Zugang bekrönt seit 1936 ein Relief mit dem Zittauer Wappen.

Im Obergeschoss des Ostflügels, angelehnt an der Nordseite des Chores der Kirche, hat sich ein großer tonnengewölbter Raum erhalten, in welchem seit 1665 die Ratsbibliothek untergebracht war. Den größten Teil des Obergeschosses nimmt das Dormitorium der Mönche mit den für Franziskanerklöster typischen, von einem Mittelgang abgehenden Mönchszellen ein. Der Gang ist ca. 37 Meter lang und bei 4 Metern Breite 6,30 Meter hoch. Er wird von spitzbogigen Blendarkaden gegliedert. Von diesem Gang aus sind die kleinen, ca. 2 x 3 Meter messenden Zellen zugänglich.

Im größten Raum des Dormitoriums, der ca. 2 x 9 Meter misst, wurden 2007 an der Südwand mittelalterliche Wandmalereien entdeckt. Sie wurden bis 2009 freigelegt und konserviert. Die Darstellung ist für ein Kloster ungewöhnlich: Im Mittelpunkt steht das Thema des Jungbrunnens. Die zeichnungsartige Malerei zeigt Angehörige verschiedener Stände, die sich auf gewöhnliche und ungewöhnliche Weise zu dem im Mittelpunkt stehenden Jungbrunnen bewegen. Neben dem Bild ist eine mit gotischen Minuskeln beschriebene Schrifttafel zu sehen. Diese Malereien entstanden um 1460/80. Vermutlich hat man den Jungbrunnen nach kurzer Zeit wieder übertüncht. An den übrigen Wänden fanden sich Reste einer repräsentativen barocken Dekorationsmalerei, die illusionistisch einen Wandvorhang darstellt. Wahrscheinlich ist sie im Rahmen der Umbauarbeiten am Kloster 1705/06 entstanden.

Franziskanerkloster: Kreuzgang.

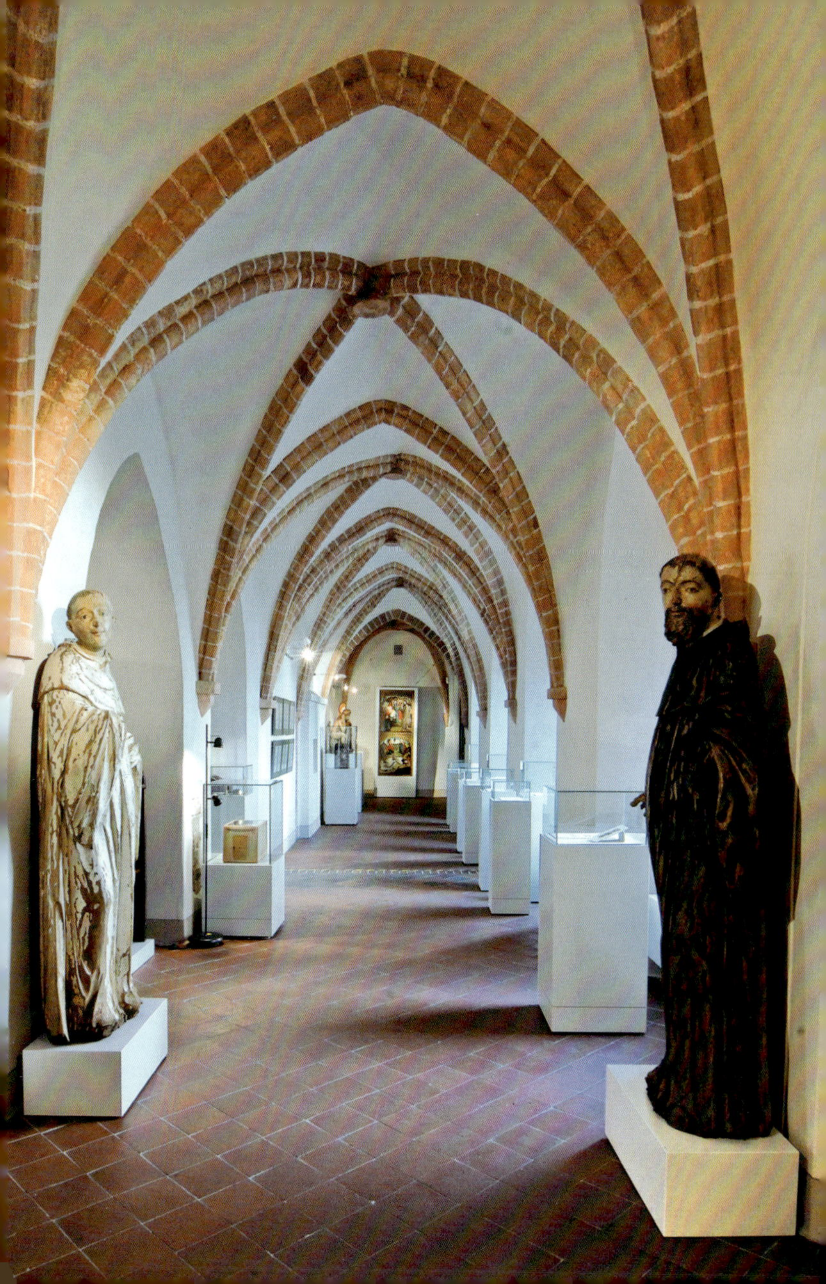

■ FRANZISKANERKLOSTER V | Klosterplatz 3

Hefftbau

Der Westflügel des Klosters wird heute nach Heinrich von Hefter benannt, dem Erneuerer der Klosteranlage nach dem Dreißigjährigen Krieg. Es handelt sich dabei um einen dreigeschossigen Bau über rechteckigem Grundriss mit einem Treppenturm an der Westseite. Die Nordseite des Baus wird vom Hefftergiebel abgeschlossen, einem Werk der Spätrenaissance. Der Volutengiebel ist durch sechs, vier und zwei übereinander stehende Fenster und ionisierende Halbsäulen auf verkröpften Gesimsen gegliedert. Auf den Voluten und oben in der Mitte stehen auf Postamenten kleine Obelisken. Der Giebel wurde vom Bautzener Dombaumeister Martin Pötzsch geschaffen und ist ein Hauptwerk der Renaissance im Zittauer Land.

Der große Saal im Erdgeschoss geht noch auf das Mittelalter zurück. Hier wird das ehemalige Refektorium der Mönche oder die Barbarakapelle vermutet. Von 1690 bis 1846 nutzten böhmische Exulanten diesen Raum für ihre Gottesdienste. An den Wänden sind noch die Spuren von Umbauten zu erkennen. Die Holzverkleidung der Mittelsäule des Raumes stammt von 1794. 1881 wurden im Zusammenhang mit der Umgestaltung zum Museumsraum Reste von Seccomalereien entdeckt. Sie zeigen Engel mit Pfauenaugen auf den Flügeln. Die Malereien wurden im Jahre 2002 restauriert. Das Erdgeschoss des Heffterbaus dient seit jenem Jahr wieder musealen Zwecken.

In die oberen Geschosse führt eine Wendeltreppe in einem beigefügten oktogonalen Treppenturm mit kleiner Haube. Die Treppe aus Eichenholz stammt aus der Zeit des Umbaus unter Hefter. Der Raum des ersten Obergeschosses, dessen Substanz zum Teil vermutlich noch auf spätgotische Zeit zurückgeht, blieb unvollendet und schmucklos.

Im zweiten Obergeschoss befindet sich der 1709 geweihte Bibliothekssaal, ein Höhepunkt profaner barocker Innenarchitektur in der Oberlausitz. Der stützenlose Raum wird durch verkröpfte ionisierende Pilaster gegliedert.

Das ovale Deckengemälde zeigt Pandora vor den olympischen Göttern. Zeus hatte sie von Hephaistos erschaffen, von Aphrodite mit Schönheit, von Athene mit Klugheit ausstatten lassen. Sie sollte in einem Gefäß Übel unter die Menschen bringen, weil Prometheus für diese das Feuer geraubt hatte. Das Gemälde ist das Hauptwerk von Nikolaus Prescher. Als Vorlage für das Deckengemälde diente ihm ein Kupferstich Johann Jakob von Sandrarts von 1679. Die vier kleineren Deckengemälde stellen die vier Tugenden Wahrheit und Gerechtigkeit, Religion und Hygieia dar.

Nikolaus Prescher: Pandora vor den olympischen Göttern. Deckengemälde im Barocksaal des Heffterbaus. 1709. Detail.

Heffterbau: Barocksaal. 1709.

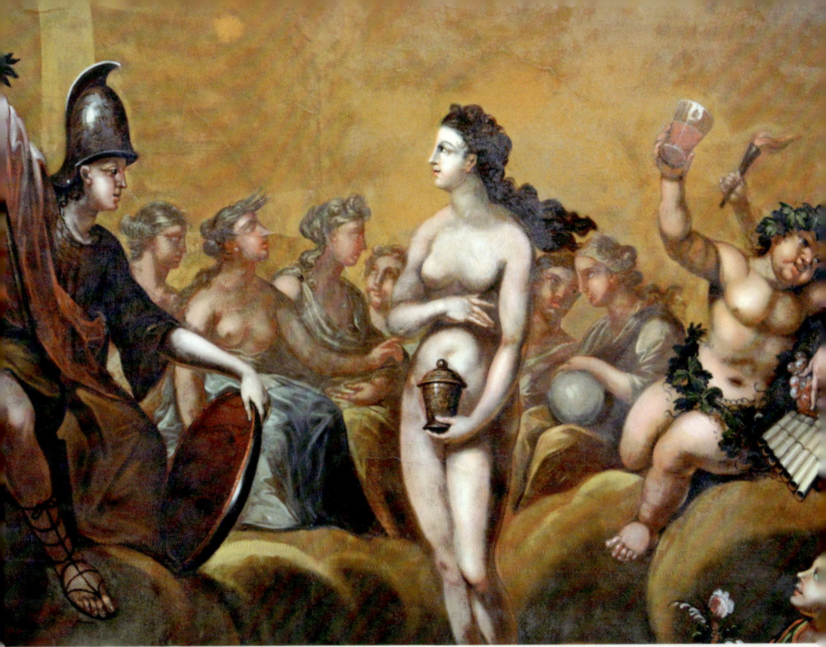

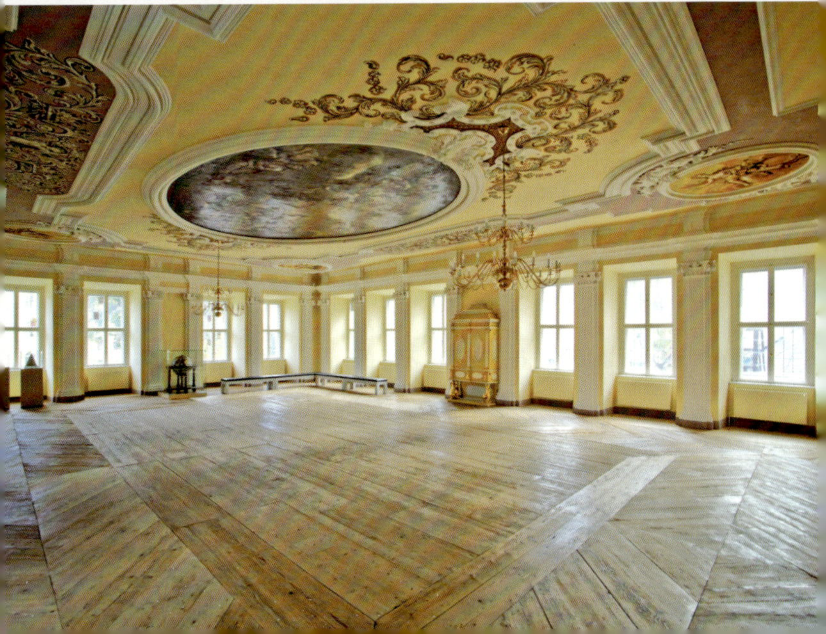

■ FRANZISKANERKLOSTER VI | Klosterstraße 3

Klosterhof

Der Kreuzgang des Klosters war im Dreißigjährigen Krieg an seiner West- und Nordseite zerstört worden. Über dieses Geviert, welches durch Grabung erschlossen wurde, ging man deutlich hinaus, als bedeutende Zittauer Geschlechter zwischen ca. 1690 und 1760 das Areal zwischen Kirche, Heffterbau und Ostflügel des Klosters als Friedhof nutzten. Es entstand ein ummauerter Platz von ca. 42 x 22 Metern, dessen Regelmäßigkeit lediglich im südöstlichen Bereich die dort bestehenden klösterlichen Bauten unterbrechen. Es kam zur Anlage von Erbbegräbnissen in Gestalt von 22 barocken Grufthäusern, wovon 16 noch vorhanden sind. Dieses Ensemble ist allein hinsichtlich seiner Geschlossenheit sowie der Anzahl der Bauten von Bedeutung.

Die ältesten Grufthäuser stammen aus den 1690er-Jahren (Junge I/Knispel 1690/95, Nesen 1691, Stöcker 1692, Besser 1696, Moser/Böttger 1701). An der Nordseite des Hofes finden sich die hinsichtlich ihrer Grundfläche größten Häuser, darunter als eines der ältesten die Anlage des Patriziers und Stadtrichters Johann Friedrich Junge (gest. 1718), die um 1690/95 entstanden ist. Das von einer toskanischen Säulenordnung gerahmte Korbbogentor zeigt in den Bogenzwickeln und dem verkröpften Gesims eine reiche skulpturale Gestaltung, im Giebelfeld eine von Löwen flankierte Kartusche. Im Innern haben sich zwei gleichfalls prächtig gearbeitete barocke Grabsteine erhalten.

Die Fassaden dieser Bauten wurden in der Mehrzahl mit aufwendigen Portalarchitekturen durchgebildet. Davon abweichend ist die Fassade des Grufthauses Hennig von 1704 durchweg als künstliche Felslandschaft gestaltet, in die verschiedene Tiere und Pflanzen, Knochen und Totenschädel eingearbeitet sind. Im Schlussstein des Tores erscheint das Haupt der Medusa. Das Grufthaus Kühn/Domsch von 1723 zeichnet sich durch üppigen Skulpturenschmuck aus. Die Front weist ein Korbbogentor mit prachtvoller schmiedeeiserner Tür auf. Sie wird durch korinthische Säulen, Lisenen, Gebälk mit Balustrade und Attika gegliedert. Putten und Engel bekrönen die Gruft.

Am Grabmal des Christian Besser (gest. 1734) im Grufthaus Besser (1696) steht an zentraler Stelle die Statue des Gottes Hermes. Dies ist insofern eine Besonderheit, da im Kontext christlicher Begräbnisse im Barock Figuren antiker Götter eher selten auftraten. Obwohl Besser ein Handelsherr war, tritt der merkantilistische Aspekt des Gottes bei seinem Grabmal in den Hintergrund. Hermes ist an dieser Stelle vielmehr als Führer der toten Seelen in die Unterwelt (Hermes Psychopompos) zu sehen. Auf dem Friedhof befindet sich auch das Grabmal des Gärtners Carl Gottlob Morawek (gest. 1896; bestattet auf dem Frauenfriedhof), der wichtige lokalgeschichtliche Schriften verfasst hat.

Franziskanerkloster: Grufthaus Kühn/Domsch. 1723.

Restaurirt   Erb-Begräbniſs der Familie DOMSCH.   1856.

■ FRANZISKANERKLOSTER VII | Klosterstraße 3
Museum • Geschichte

1543 übereigneten die letzten Franziskaner nicht nur das Kloster der Stadt, sondern auch dazugehörige Kleinodien und Bücher, darunter die Missale, die heute zum bedeutendsten Besitz der Bibliothek zählen. Bereits damals begann man, neben Büchern auch Raritäten zu sammeln. Im Jahr 1564 kam eine von Paul Fabricius gefertigte tragbare Sonnenuhr in die Sammlung. Dieses Jahr markiert den Beginn der Raritätensammlung, die zusammen mit der Bibliothek in der Folge durch Erwerbungen, Geschenke und Legate stetig wuchs. 1602 erstellte der Rektor Melchior Gerlach den ersten Bestandskatalog für die Bibliothek, die 1607 im Väterhaus der Cölestiner unterkam und ab 1665 in einem tonnengewölbten Raum an der Nordseite der Klosterkirche untergebracht war. Als dieser Raum zu klein wurde, regte der Pädagoge und Bibliothekar Christian Weise, der 1678–1708 dem Zittauer Gymnasium als Rektor vorstand, die Schaffung eines repräsentativen Aufbewahrungsortes im Kloster an. Für die Verwirklichung dieser Idee setzte sich vor allem der Jurist Carl Philipp Stoll ein. 1709 wurde es möglich, im Heffterbau einen großen barocken Bibliotheks- und Museumssaal einzurichten. 1731 machte der Stadtrat die Bibliothek und die Kuriositätensammlung öffentlich zugänglich, nur zwei Jahre nachdem August II. das Grüne Gewölbe im Dresdner Residenzschloss ebenfalls für Besucher geöffnet hatte. Zittau besitzt damit die älteste kommunale Kunst- und Altertümersammlung Sachsens.

Der Zittauer Theologe Christian Adolph Peschek gilt als eigentlicher Begründer des Museums. Seine umfangreiche Sammlung zeigte er 1854 erstmals im Rathaus der Öffentlichkeit. Das gilt heute als Gründungsjahr des Museums. 1860 entschloss man sich zur Vereinigung der Peschek-Sammlung mit der der Bibliothek, 1876 eröffnete das neu eingerichtete Historische Museum im Heffterbau. Durch Schenkungen wurde der Bestand ständig vergrößert. Großzügige Um- und Erweiterungsbauten für einen Museumskomplex im Franziskanerkloster, für die Hans Max Kühne die Pläne lieferte, verhinderte der Erste Weltkrieg. Ab 1924 konnte der Barocksaal für museale Zwecke genutzt werden, seit 1934 der Ostflügel. Problematisch war die Sperrung des Heffterbaus ab 1977, wodurch 800 Quadratmeter Ausstellungsfläche verloren gingen. 1990–2002 wurde dieser Bereich umfassend saniert. Der Ostflügel erfuhr an seiner Nordseite Umbauten, die seit 2005 die Präsentation des Kleinen Zittauer Fastentuches ermöglichen. Einen wichtigen Zuwachs verzeichnete die Kollektion durch die Schenkung der *Sammlung Wolfgang Sternling*. Das Kulturhistorische Museum Franziskanerkloster zählt heute zu den wichtigsten Museen der Oberlausitz.

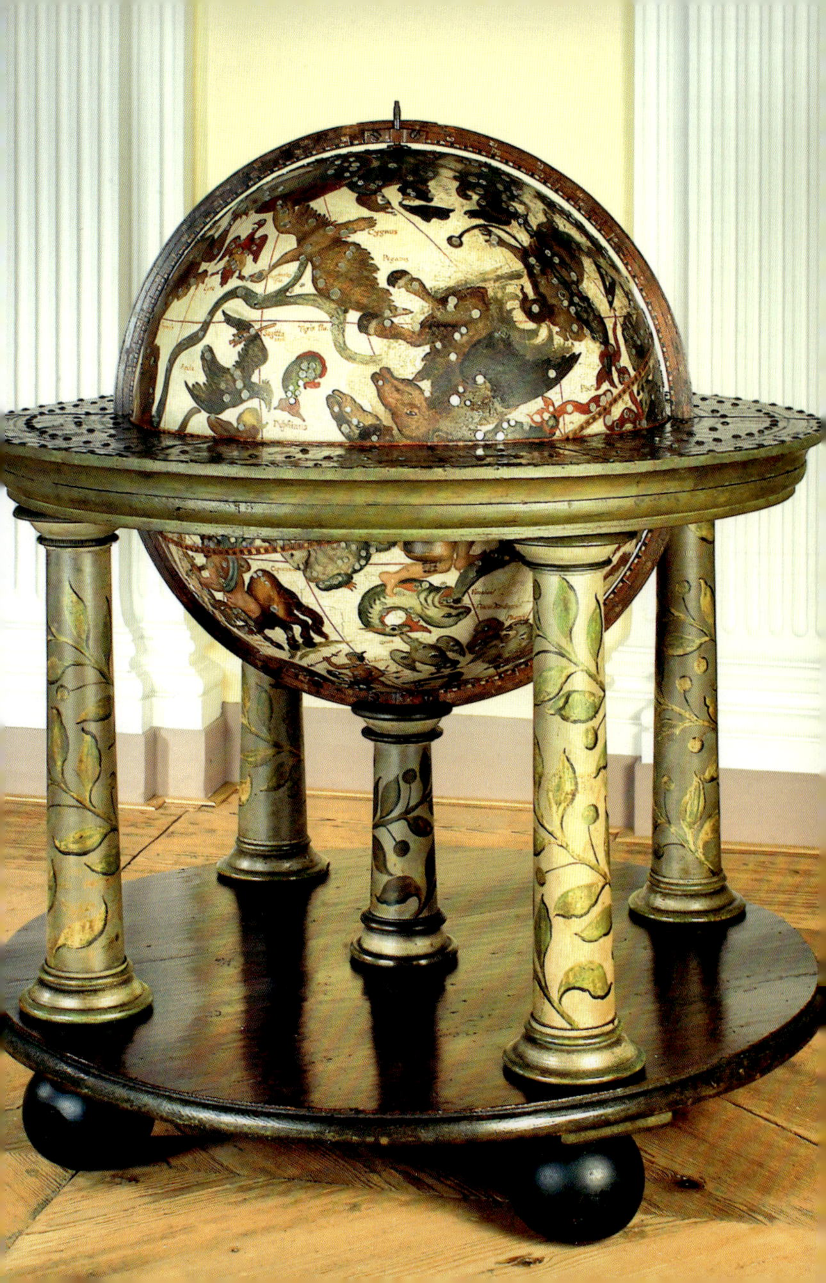
Cygnus
Pegasus

■ FRANZISKANERKLOSTER VIII | Klosterstraße 3

Museum • Sammlung: Gemälde

In der Gemäldesammlung findet sich als eine der ältesten Arbeiten die Tafel eines spätgotischen Flügelaltars vom Ende des 15. Jahrhunderts, die wahrscheinlich aus der Klosterkirche St. Peter und Paul stammt. Die Renaissance vertritt das um 1520 entstandene Diptychon *Kaiser Maximilian I. als Lebender und Toter* des Monogrammisten A. A. Einem Künstler aus dem Umkreis Lucas Cranachs d. Ä. wird das auf 1554 datierte Bildnis *Maria mit Kind und Johannesknaben* zugeordnet. Die Schöpfer zahlreicher Werke sind unbekannt: *Bildnis des Bürgermeisters Paul Fritzsch* und *Bildnis der Anna Margareta Fritzsch, geborene Kemmel* (beide um 1560); die älteste Ansicht der Stadt *Die Stadt Zittau von Süden* (1569); das Bild *Matthias als König von Böhmen (1557–1619)*, 1611 nach einem Werk des Hans von Aachen gearbeitet; *König Gustav Adolf von Schweden* (1. Hälfte 17. Jahrhundert); *Bildnis des Kaufmanns Johann Gundelfinger* (um 1620); *Kurfürst Johann Georg I.* (Mitte 17. Jahrhundert). Innerhalb des Bestandes barocker Gemälde finden sich Adriaen van de Veldes *Herde am Wasser* (um 1675), das Bildnis Christian Weises (um 1700) von einem unbekannten Meister sowie die Porträts des Andreas Noack (nach 1701) und der Anna Maria Noack (Ende 17. Jahrhundert; Leihgaben aus Privatbesitz), die aus der Loge der Familie Noack an der Klosterkirche stammen. Ein unbekannter Maler schuf das Werk *Kurprinz Friedrich August II. von Sachsen mit dem dänischen Elefantenorden* (um 1710); die Malerin Christiana Dorothea Prieber das *Bildnis des Magister Gottfried Hoffmann* (um 1710); Louis de Silvestre d. J. (?) *Kurfürst Friedrich August II. als Kurprinz* (1. Hälfte des 18. Jahrhunderts). Aus der ehemaligen Böhmischen Exulantenkirche im Heffterbau erhielten sich Porträts von den dort wirkenden Pastoren Adam Simonides (1726), Johann Jary (um 1740) und Johann Borott (um 1820). Von Franz Anton Brosch stammen drei Gemälde, welche Ansichten der Stadt und der Umgebung zeigen (alle um 1750). Das *Bildnis eines Jünglings* (letztes Viertel des 18. Jahrhunderts) ist ein Werk Johann Eleazar Zeißigs (Schenau). Ein unbekannter Meister schuf das *Bildnis Kurfürst Friedrich August III. (der Gerechte) von Sachsen* (um 1770). Die Malerei des 19. und 20. Jahrhundert ist u. a. vertreten durch die Werke von Carl Gottlieb Rolle, Louis Saupe (*Der Dichter Moritz Horn*, um 1855); sowie von Adolph Thomas. Daneben besitzt das Museum Arbeiten von Rudolf Schramm-Zittau, Hans Hertzing (*Das Kloster zu Zittau*, 1919), Hermann Preußker, Max Arthur Stremel, Willi Müller-Lückendorf, Veit Krauß, Karl Wilhelm Schmidt (*Liebespaar im Kornfeld*, 1962), Max Langer, Hans Lillig, Georg Grulich, Godwin Weber und Dirk Pradel.

Adolph Thomas: Bildnis eines jungen Mädchens. 2. Hälfte des 19. Jahrhunderts. Öl auf Leinwand, 53 x 36 cm.

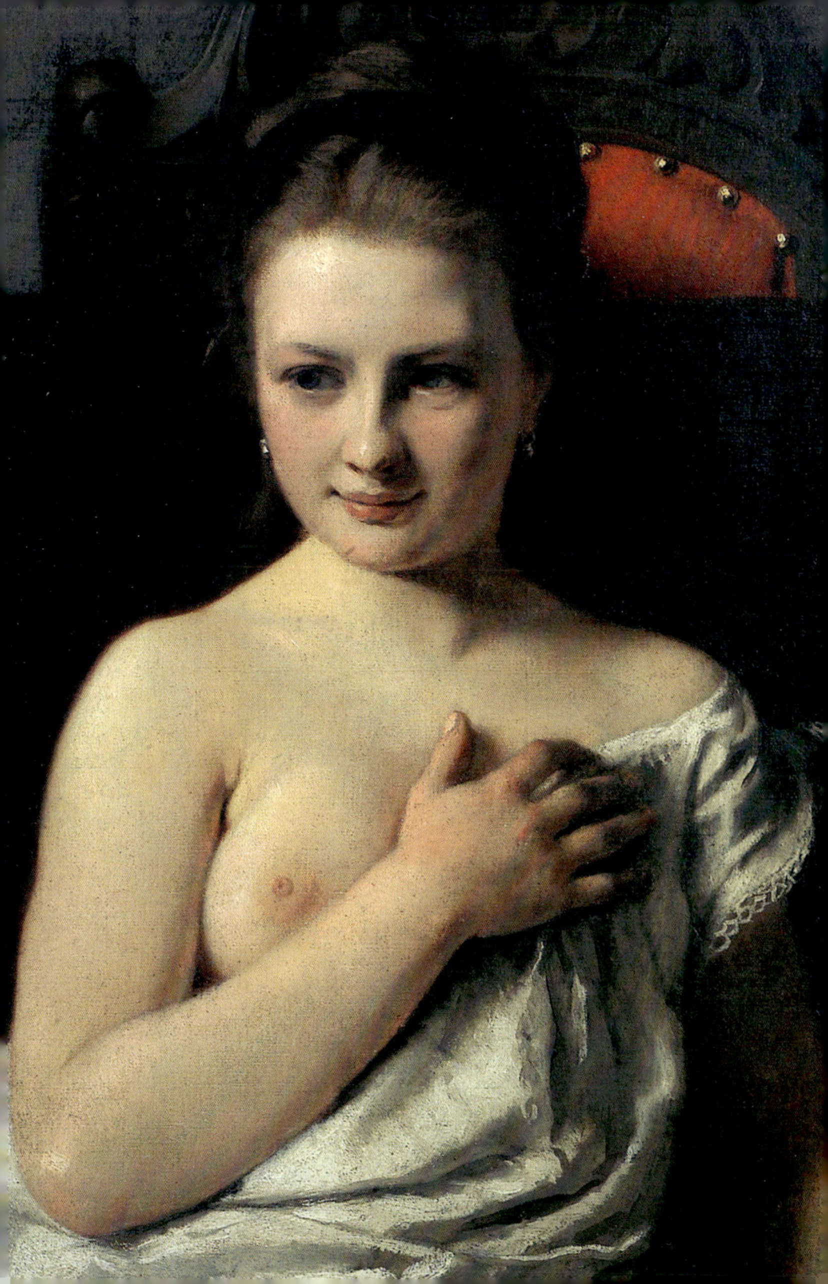

FRANZISKANERKLOSTER IX
Klosterstraße 3

Museum • Sammlung: Skulpturen

Die Skulpturensammlung bewahrt vor allem Werke aus Zittau, der Oberlausitz und Böhmen. Zwei um 1300 entstandene frühgotische Sandsteinfiguren des Hl. Wenzel und des Hl. Johannes des Evangelisten stammen von der alten Johanniskirche Zittau. Ein Schlussstein mit dem Fragment eines Böhmischen Löwen wird in das 14. Jahrhundert datiert, daneben erhielt sich eine steinerne Sakramentsnische von 1517. Die Skulptur *Christus als Auferstandener* entstand in der Oberlausitz in der 2. Hälfte des 16. Jahrhunderts.

Aus der Kirche zu Kleinschönau stammen Holzskulpturen einer fragmentarisch erhaltenen Madonna (um 1430/50), der Hl. Maria Magdalena, der Hl. Margaretha und einer Pieta (um 1450) sowie des Hl. Martin auf dem Pferd (2. Hälfte des 15. Jahrhunderts). Oberlausitzer Werke sind auch die 1495 datierbare Madonna mit Kind und der Hl. Nikolaus (Werkstatt des Marienkrönungsaltares der Justkirche Kamenz?). Aus dem Gebiet von Ostritz stammt die Madonna mit Kind (um 1500/10). Von einem Altar aus der Kirche Bertsdorf stammen die zusammengehörigen Figuren der Hll. Wenzel, Veit und Adalbert (?), vermutlich aus der Zeit um 1510. Diese Trias der böhmischen Landesheiligen, die den engen Bezug der Lausitzen zu Böhmen widerspiegelt, ist in der Oberlausitz singulär. Um 1520 entstanden die Skulpturen der Hll. Petrus und Paulus aus der Kirche Oberseifersdorf.

Zum Bestand barocker Holzskulpturen gehören der Apostel aus Bürgstein (Anfang 17. Jahrhundert); die Figuren des Hl. Longinus und des Evangelisten Johannes aus Kloster Marienthal (Mitte des 17. Jahrhunderts) sowie das Werk *Maria mit dem Kind als Weltenherrscher* (17. Jahrhundert?). Aus der Laurentiusbasilika in Gabel stammen die Statuen eines Mohren und eines Türken mit reicher farbiger Fassung, die um 1720 entstanden sind. Vom ehemaligen barocken Hochaltar der Klosterkirche St. Marienthal kommen die Figuren des Hl. Benedikt von Nursia und des Hl. Bernard von Clairevaux, Werke aus der Zeit um 1730. Die Figur des Apostel Johannes (1. Hälfte des 18. Jahrhunderts) stammt aus dem Kloster St. Marienstern. Böhmischer Provenienz ist eine Holzstatuette mit farbiger Fassung, die den Hl. Wenzel darstellt und um 1740 entstanden ist. Der Auferstehungschristus aus Reichenau ist auf den Anfang des 18. Jahrhunderts datierbar, ein Verkündigungsengel aus Nordböhmen (?) in die Mitte des 18. Jahrhunderts.

Unter den jüngeren Werken finden sich die Bronzeplastik *Mutter mit Kind* (1936) von Peter Pöppelmann und *Die Schlittschuhläuferin* (1939) von Johannes Richter.

Hl. Wenzel. Figur eines Altarschreins, Zittau, Oberlausitz oder Böhmen (?). Um 1510. Lindenholz, geschnitzt, Reste farbiger Fassung. Aus der Kirche Bertsdorf bei Zittau.

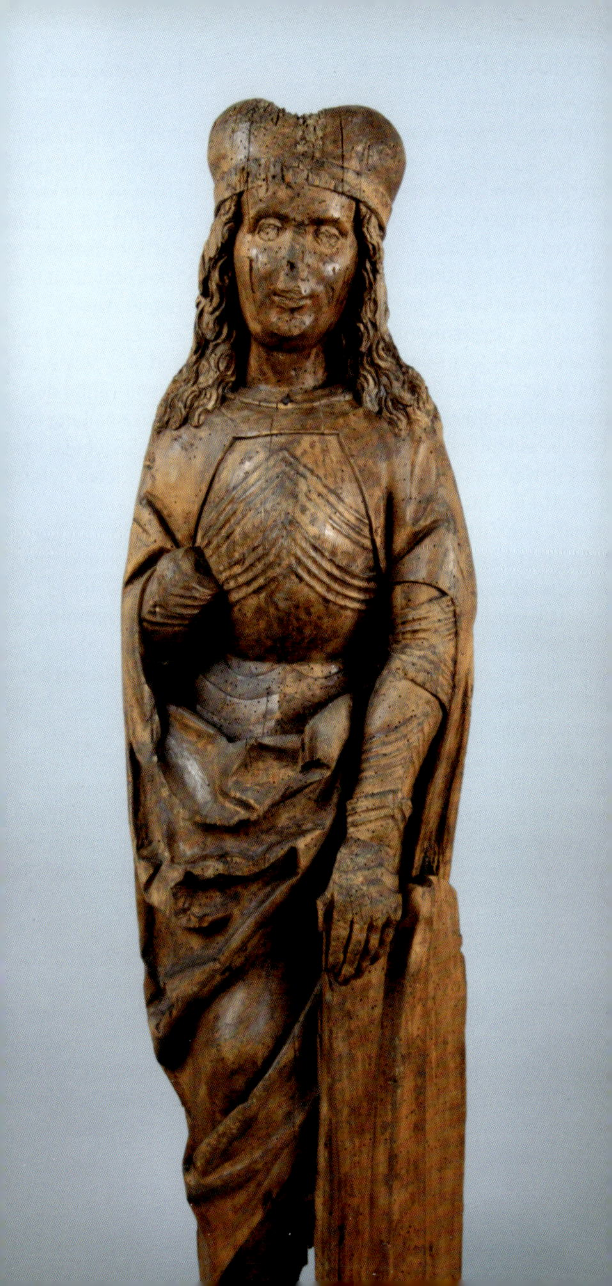

FRANZISKANERKLOSTER X

Klosterstraße 3

Museum • Sammlung

Große Teile der Zittauer Ratsbibliothek und der Raritätensammlungen, insbesondere der Numismatik, Gemälde, Zeichnungen, Grafiken und speziell mit Zittau verbundene Artefakte blieben erhalten. Ein Höhepunkt der Präsentation ist die 2009 eingerichtete Zittauische Kunstkammer von 1709 im Barocksaal des Hefftherbaus, die den Charakter des barocken Raritätenkabinetts widerspiegelt. Von der ursprünglichen Ausstattung des Saales erhielt sich ein zweitüriger Stollenschrank von 1709. In der Kunstkammer werden u. a. der Himmelsglobus des George Engelmann (1696), ein chinesischer Tragaltar mit drei Idolen und einem Priester (Ende des 17. Jahrhunderts) sowie ein japanischer Tragaltar mit Amida-Buddha, auf einer Rose sitzend (Ende des 17. Jahrhunderts) ausgestellt. In der 2004 eingerichteten Schausammlung im Hefftherbau wird u.a. ein intarsierter Kabinettschrank (um 1600; Süddeutschland) präsentiert. Ein weiterer Kabinettschrank ist um 1720/40 in Zittau gefertigt worden, er weist eine Intarsienplatte mit einer Stadtansicht auf.

Speziell mit der Zittauer Stadtgeschichte verbunden sind das Kornmaß aus Sandstein (Mitte des 16. Jahrhunderts), das ehemals vor dem Rathaus aufgestellt war, die Schnellwaage von 1683 und das Stadtmodell, welches 1900–1904 von Friedrich Ernst Winkler verfertigt wurde. Ein außergewöhnliches Schaustück ist der erhaltene Feldaltar des Zittauer Rates von 1512. Ein eigenes Sammlungsgebiet umfasst die Zittauer Fayencen mit charakteristischem kupfergrünen und manganviolettem Dekor auf weißen bis grüngrauem Grund aus dem Zeitraum von 1657–1789.

Zu den Exponaten des Museums zählen auch zahlreiche Kachelöfen aus der Zeit vom 16. bis zum 19. Jahrhundert, darunter ein Renaissanceofen aus der zweiten Hälfte des 16. Jahrhunderts mit gusseisernem Feuerkasten mit der Ansicht einer Stadt (Braunschweig?) und Bildkacheln, die die Evangelisten darstellen, ein prachtvoller Rokokoofen (um 1740/60), ein frühklassizistischer Säulenofen (um 1800) sowie ein Ofen in Jugendstilformen, der 1902 auf der Oberlausitzer Gewerbe- und Industrieausstellung gezeigt wurde.

Im Obergeschoss des Ostflügels (Dormitorium) werden im Rahmen der Dauerausstellung *Zittauer Lebensräume* in 14 ehemaligen Mönchszellen Möbel und Objekte der Alltagsgeschichte aus verschiedenen Epochen gezeigt, darunter die Schenkkanne der Maurer und Steinmetzen zu Zittau von 1562, ein Meisterwerk deutscher Zinngießerkunst des 16. Jahrhunderts. In den Kellergewölben unter dem Ostflügel werden Instrumentarien mittelalterlicher Gerichtsbarkeit bewahrt, darunter drei Richtschwerter der Stadt, wovon eines 1763 entstanden ist.

Zittauer Fayence. 1672.

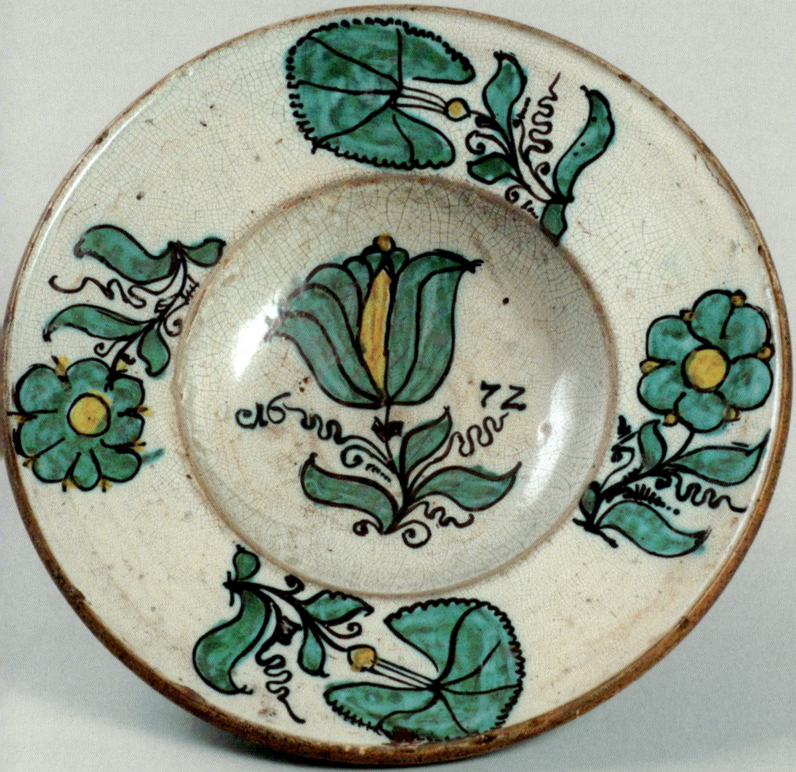

■ FRANZISKANERKLOSTER XI | Klosterstraße 3

Museum • Sammlung: Epitaphien

Besondere Bedeutung kommt dem Bestand der mehr als 70 Epitaphien zu. Diese vom 14. bis zum 18. Jahrhundert neben den eigentlichen Grabdenkmälern gebräuchlichen Gedächtnismäler, die in und an Kirchen an exponierten Stellen an Verstorbene erinnerten, waren zumeist hervorragende Werke des lokalen Kunstschaffens und Handwerks. In Zittauer Kirchen blieben zahlreiche Beispiele erhalten. In der zweiten Hälfte des 19. Jahrhunderts gelangte ein Großteil davon – vor allem aus der Frauenkirche – in das Museum. Bis 2017 sollen die Epitaphien, die lange Zeit vom Verfall bedroht waren, restauriert werden.

Die frühesten Denkmäler entstanden in der zweiten Hälfte des 16. Jahrhunderts. Dazu zählen das Epitaphium der Christina Nebenmich (gest. 1563), der Barbara Bartel (gest. 1568), des Matthias Schemisch aus dem Jahr 1586, des Adam Liebischer (gest. 1591), des Michael Francke (gest. 1595) sowie das Epitaphium des Barthel Möller von 1598.

Im Verlauf der Zeit passte sich der Aufbau der Epitaphien an die Gestaltung protestantischer Altäre an. Ein Beispiel dafür ist das Denkmal des Michael Weise von 1615 mit einem dreiteiligen Aufbau, deren Basis eine Inschriftentafel bildet, über der ein Bild mit der Familie des Verstorbenen angebracht ist. Im Zentrum des Epitaphiums steht das Hauptbild, hier mit der seltenen Darstellung des Wappens Christi, welches von zwei geschnitzten Figuren des Mose und eines Hohepriesters flankiert wird. Darüber lagert ein verkröpftes Gesims. Als Bekrönung erscheint ein kleineres, von allegorischen Figuren flankiertes Bild, das die Erhöhung der Schlange thematisiert. Mit einer Höhe von 3,50 Metern erreicht das Epitaphium beträchtliche Ausmaße. Zu den qualitätvollen Arbeiten der ersten Hälfte des 17. Jahrhunderts zählt daneben das Epitaphium der Ursula Lausmann (gest. 1624), dessen zentrale Darstellung der Kreuzigung von einer Renaissancearchitektur eingefasst ist (1,85 x 1,20 Meter). Ein aufwendiges Werk des Manierismus ist das 1670 entstandene Denkmal des Rudolf Schnitter (ca. 3,15 x 1,68 Meter). Im Mittelpunkt steht ein Ölbild mit der Kreuzigung, dessen Rahmung eine Architektur in reichen Formen bildet; mit Säulen, gesprengtem Giebel, Skulpturen und üppigem Knorpelwerk und die farbig gefasst ist.

Unter den barocken Epitaphien findet sich als eines der größten das der Familie Just von 1694 (2,98 x 1,85 Meter). In dessen Mittelpunkt steht eine von geschnitztem Rankenwerk und Palmblättern gerahmte große Tafel, auf der eine goldene lateinische Inschrift über die Familie Just berichtet.

Epitaphium des Michael Weise: Figur des Hohepriesters. 1615.

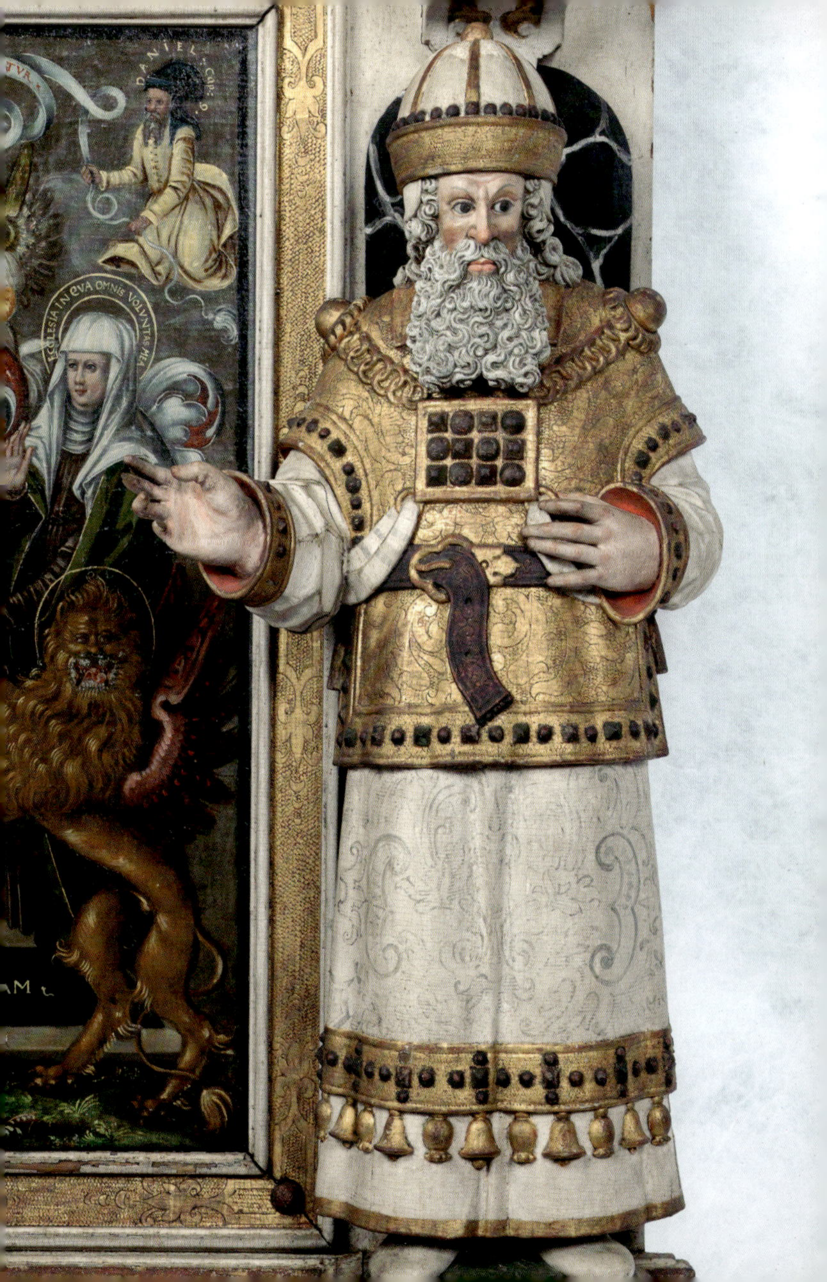
DANIEL
ECCLESIA IN EVA OMNIS VOLVNTAS MEA

FRANZISKANERKLOSTER XII | Klosterstraße 3

Museum • Sammlung: Kleines Zittauer Fastentuch

Das Kleine Zittauer Fastentuch wurde 1573 von einem unbekannten Meister für die Johanniskirche geschaffen. Es ist das einzige weltweit erhaltene protestantische Fastentuch. Diese Tatsache ist vermutlich darauf zurückzuführen, dass die Reformation auf einem Sonderweg in das Gebiet des Sechsstädtebundes kam, der eine relative religiöse Toleranz zur Folge hatte. Vermutlich hat das Tuch zur Verhüllung eines 1572 fertiggestellten Altares gedient. 1684 hat man es das letzte Mal in der Kirche verwendet. In den 1930er-Jahren wurde es Bestandteil der Ausstellung des Museums. Nach dem Zweiten Weltkrieg hat man es allerdings nur noch selten gezeigt. 1994 wurde es von der Schweizer *Abegg-Stiftung* in Riggisberg bei Bern gereinigt und 2001 konserviert. Seit 2005 wird es dauerhaft im KHM Franziskanerkloster ausgestellt.

Das mit Temperafarben bemalte Leinentuch erreicht mit 4,31 x 3,49 Metern beachtliche Ausmaße. Die Darstellung hat ihr Vorbild in einem damals verbreiteten Kupferstich von Lambard Lombard: In einer inneren Rahmung wird die Kreuzigung dargestellt. Das Kreuz mit dem toten Christus wird von Maria Magdalena umfasst. Ein Engel fängt mit einem Kelch das Blut des Erlösers auf. Rechts neben dem Kreuz stehen Johannes und Maria. Oben rechts erscheint Gott mit Putten – diese Gruppe ist eine Nachbildung der Erschaffung Adams von Michelangelo Buonarroti in der Sixtinischen Kapelle in Rom (1512). Ein Schädel vor dem Kreuz steht symbolisch für das Grab Adams auf Golgatha. Der Himmel ist den Passionsberichten entsprechend dramatisch verdunkelt.

In den zweiten, größeren Rahmen sind die Passionswerkzeuge, die Arma Christi gemalt: Auf der rechten Seite ein Teufel, das Schwert, die Geißelsäule, das Gewand Christi, die Dornenkrone; auf der linken Seite das Schweißtuch der Veronika, Kanne und Schale von der Handwaschung des Pilatus, eine Lampe und ein Schwert, das Kreuz selbst mit dem daran hängenden Kopf des Judas, eine Leiter, drei Nägel und eine Zange. Am oberen und unteren Rand des Tuches finden sich Kartuschen mit lateinischen Schriftzügen. Hinter die obere ist die Lanze des Longinus und der Stock mit dem Essigschwamm gemalt. In der Kartusche steht: „ECCE AGNVS DIE ECCE QVI TOLLIT PECCATA MVNDI" - „Seht, das Lamm Gottes, das die Sünde der Welt hinwegnimmt" (Joh. I 29). In der unteren Kartusche: „SIC DEVS DILEXIT MVNDVM; VT FILIVM SVVM VNIGENITVM DARET VT OMNIS QVI CREDIT IN EVM NON PEREAT SED HABEAT VITAM AETERNAM: IOAN: II. - „Denn Gott hat die Welt so sehr geliebt, dass er seinen einzigen Sohn hingab, damit jeder, der an ihn glaubt, nicht zugrunde geht, sondern das ewige Leben hat" (Joh. III 16). Darunter findet sich die Jahreszahl 1573.

Kleines Zittauer Fastentuch. 1573. Tempera auf Leinen, 4,31 x 3,49 Meter.

ECCE AGNUS DEI ECCE QUI TOLLIT PECCATA MUNDI

SIC DEUS DILEXIT MUNDUM UT FILIUM SUUM UNIGENITUM
DARET UT OMNIS QUI CREDIT IN EUM NON PEREAT SED HA-
BEAT VITAM AETERNAM. IOAN III.

■ HOSPITALKIRCHE ST. JACOB I | Martin-Wehnert-Platz 1

Geschichte • Architektur

Das Hospital entstand außerhalb der Stadtmauern vor dem Böhmischen Tor an der nach Böhmen führenden Straße. König Wenzel II. übergab es im Jahre 1303 in weltlichen Angelegenheiten dem Stadtrat, in geistlichen Dingen den Johannitern. Man darf vermuten, dass die Anfänge der 1303 bereits bestehenden Institution im Zusammenhang mit den Anfängen der Johanniter in Zittau in der zweiten Hälfte des 13. Jahrhunderts liegen und dass zum Hospital von Anfang an auch eine Kirche oder Kapelle gehörte.

Kaiser Karl IV. gestattete den Bau einer Fronleichnamskapelle; für 1352, 1368 und 1396 sind Stiftungen belegt. In den Hussitenkriegen wurden Kirche und Hospital verwüstet, 1464 erneuert. Im Dreißigjährigen Krieg brannte das Hospital 1634 ab, die Ruinen nutzte man 1643 als Verschanzung. In der zweiten Hälfte des 17. Jahrhunderts und 1721 erneuerte man die Kirche. 1757 wurde sie kriegsbedingt erneut in Mitleidenschaft gezogen: Dachstuhl und Dachreiter brannten nieder. 1782 kam es zu einem Teileinsturz des Gewölbes. Von 1846 bis 1880 nutzte die neu entstandene Gemeinde der Katholiken die Kirche für Gottesdienste. Die Hochwasser der Mandau überfluteten das Gebäude mehrmals, bevor der Fluss reguliert wurde. 1913 veränderte Karl Trunkel die Nordseite der Kirche durch Hinzufügung eines Treppenturmes mit Vorhalle. 1991 wurde die Kirche grundlegend saniert; seit 1992 wird sie von der evangelisch-methodistischen Gemeinde genutzt. Südlich der Kirche waren die Wirtschaftsgebäude des Hospitals angesiedelt, die in späterer Zeit entstanden. Dazu gehört ein zweigeschossiges Haus über rechteckigem Grundriss mit Satteldach, welches um 1700 entstand. Das eigentliche Hospital, das sich nördlich an die Kirche anlehnte, blieb nicht erhalten.

Die Hospitalkirche ist ein einschiffiger Bau mit dreijochigem Kreuzrippengewölbe und geradem Chorschluss. Teile des Kirchenbaues, wie das Portal, entstanden vermutlich um 1300. An der Südseite der Kirche wurde ein kreuzgewölbter Raum – möglicherweise die Ende des 14. Jahrhunderts erwähnte Kapelle St. Martin – angebaut. An der Westseite hat sich ein frühgotisches Portal mit profilierten Gewänden mit Laubblattkapitellen erhalten, seitlich sind Pilaster angesetzt, im inneren Spitzbogen findet sich Maßwerk. Das Portal wird von einem mit Krabben besetzten Wimperg überfangen, der die Pilaster überschneidet. Der Zugang liegt heute deutlich unter dem Straßenniveau. Maßwerk weist außerdem das Fenster der Südseite auf, welches in das 14. Jahrhundert datiert wird. Der Turm mit haubenförmigem Helmdach wurde 1778 gebaut. Die Fenster des Turmes zeigen Verzierungen, die bereits dem Zopfstil angehören.

Hospitalkirche St. Jakob: Ansicht von Westen.

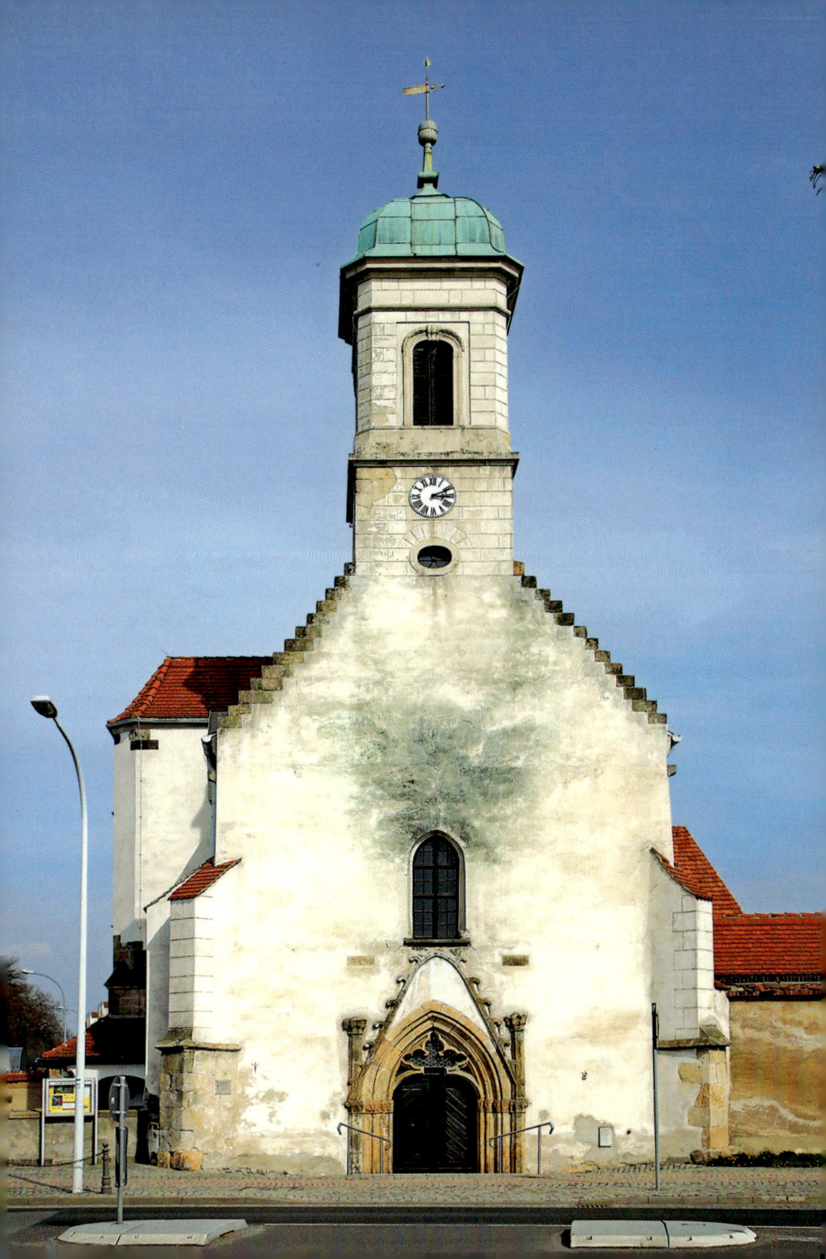

HOSPITALKIRCHE ST. JACOB II | Martin-Wehnert-Platz 1

Geschichte und Architektur

Von dem 1680 geschaffenen manieristischen Altar mit dominanter schwarzgoldener Fassung haben sich Teile erhalten. Am Sockel findet sich eine Dedikationsinschrift des Ratsherrn Gottfried Eberhard und seiner Frau Maria, geb. Schnitter. Die Predella ist mit einer Abendmahlsdarstellung bemalt. Das Altarbild stellt den Traum Jakobs von der Himmelsleiter dar. Es wird seitlich von grün gefassten, gewundenen Säulen mit Weinlaub gerahmt, hinter denen sich üppiges Knorpelwerk entfaltet. Zwischen den Ansätzen eines gesprengten Giebels zeigte ein Medaillon den Kampf Jakobs mit dem Engel, bekrönt wurde das Werk von der Darstellung Jahwes. Aus derselben Zeit wie der Altar stammt die Kanzel mit Schalldeckel. Ihre drei Brüstungsfelder in vergoldeter Rahmung sind mit dem Schöpfergott, Christus und dem Heiligen Geist bemalt. Zwischen den Feldern stehen gewundene Säulen mit vergoldeten korinthisierenden Kapitellen.

1617 wurden an drei Seiten Emporen eingezogen, die mit Grisaillemalereien verziert sind: die Orgelempore mit der Verkündigung an Maria, der Geburt Jesu, der Anbetung der Könige, Taufe und Versuchung Jesu, Jesu und Nikodemus. Die Südempore zeigt das Jüngste Gericht, den Einzug in Jerusalem, die Vertreibung der Wechsler aus dem Tempel, das letzte Abendmahl, Jesus in Gethsemane, die Gefangennahme Jesu, Jesus vor dem Hohen Rat, Jesus vor Pilatus sowie die Geißelung. Da sich am Stuhl des Pilatus das Monogramm „HS" befindet, wurden diese Malereien möglicherweise von dem in Prag geborenen Künstler Hans Sperber geschaffen. Die Nordempore zeigt die Dornenkrönung, Kreuztragung und Kreuzigung, Grablegung und Auferstehung, die drei Marien am Grabe sowie das Emmauswunder. An der Vorsteherempore findet sich die Himmelfahrt. An die Nordempore schließt sich gegen Osten die Empore für die Hospitalvorsteher an, deren ursprünglicher Aufsatz mit Fenstern nicht erhalten ist. Die runden Bilder an dieser Empore sind Emblemata. Einige Bilder, die qualitativ besseren, wurden vermutlich beim Umbau 1721 neu geschaffen. Hierzu zählen die Bilder der Orgelempore welche die Himmelfahrt und das Jüngste Gericht darstellen. Dem Ende des 18. Jahrhunderts scheinen drei der Emblemata (*Mundabor*, *Redimor* und *Coronor*) anzugehören. Ähnliche barocke Sinnbilder wurden von Christian Schmied 1723/37 für die Decke der Oybiner Kirche geschaffen, möglicherweise dienten die Darstellungen der Hospitalkirche dort als Vorbilder. Die teilweise erhaltenen Malereien im Gewölbe und an den Wänden werden in das 16. Jahrhundert datiert. An der Nordwand befindet sich eine fragmentarische lateinische Inschrift in einer Kartusche aus Rollwerk.

Hospitalkirche St. Jakob: Altar. 1680.

In DEI TO.M. honorem et utriusq; familiæ memoriam, Parentis sui
desideratiss: sui Du. GODOFREDI EBERHARDI, Reip. patriæ Senatoris, ac huius
xenodochij Curatoris fidelissimi, ultimam fluxit hoc Suis sumtibus
erigi et exornari curavit MARIA nata SULMERIA, Vidua, Pientis: Fanto. A. C. M.DC.LXXX.

KIRCHE ZUM HEILIGEN KREUZ (MUSEUM) I | Frauenstraße 23

Geschichte und Architektur

Der Baugrund der Kreuzkirche lag außerhalb der Stadtmauer in der Frauenvorstadt, unmittelbar neben dem Frauentor. Vermutlich wurde die 1410 geweihte Kirche ab ca. 1380 errichtet. Im Dreißigjährigen Krieg nutzten sie 1643 die Schweden als Schanze. Die Kirche brannte damals aus. Von 1651 bis 1654 konnte sie insbesondere durch Stiftungen der vornehmsten Familien der Stadt wiederhergestellt werden. 1793 ersetzte man das Gewölbe im Chor durch eine Gipsdecke, 1805/06 besserte man die übrigen Gewölbe aus. 1972 fand der letzte Gottesdienst statt, die Kirche wurde entwidmet. Kirche und Friedhof wurden Ziel von Einbrüchen und Vandalismus. Seit 1986 erfolgten Notsicherungsmaßnahmen, die in den 1990er-Jahren in eine grundhafte Sanierung und den Umbau zu einem Museum mündeten. 1999 konnte die Kirche mit der Eröffnung der Dauerausstellung des Großen Zittauer Fastentuches als Baudenkmal von nationalem Rang wieder öffentlich zugänglich gemacht werden.

Als Vorbild der Zittauer Einstützenkirche gilt die von Karl IV. gestiftete Klosterkirche der Serviten in der Prager Neustadt, Mariae Verkündigung bzw. Kirche der Jungfrau Maria auf der Säule genannt. Am Zittauer Bau finden sich Steinmetzzeichen der Prager Dombauhütte Peter Parlers.

Der Bau gliedert sich in drei Hauptteile: An den Langchor mit 5/8-Schluss fügt sich ein fast quadratisches Kirchenschiff mit rund 16 Metern Seitenlänge an. Der turmartige Anbau an der Nordseite des Chores birgt im unteren Geschoss die Sakristei. Zwischen der Nordwestecke und dem nördlichen Kirchenschiff ist ein kleiner runder Treppenturm angebaut. An der Südseite der Kirche befindet sich ein profiliertes gotisches Eingangsportal mit Kielbogen, Fialen und Krabben, an der Westseite ein weiteres gotisches Portal. Einfache Strebepfeiler stützen das aufgehende Mauerwerk. Das steile Walmdach mit Reiter wurde 1651/54 neu aufgesetzt.

Das Gewölbe des quadratischen Kirchenschiffes ruht auf einem einzigen, 12 Meter hohen polygonalen Mittelpfeiler. Das Sterngewölbe ist als sechsrautiges Dreistrahlschirmgewölbe ausgebildet. Vermittelnd zum Chor steht ein kräftiger Triumphbogen auf skulptierten Konsolen, die bärtige Männer mit Spruchbändern darstellen. Im Chor sind noch die Dienste für die verlorenen Gewölbe erhalten. In der Sakristei zeigt der Schlussstein des Gewölbes einen qualitätvoll gearbeiteten Christuskopf. Der einfache Steinaltar stammt aus der Erbauungszeit. Bei der Neugestaltung 1654 wurden die Fenster verkleinert, die Putzflächen geweißt und die Architekturglieder grün gefasst. An einem Chorfenster erhielt sich das Maßwerk, in dem die Handschrift der Prager Domhütte nachgewiesen wurde.

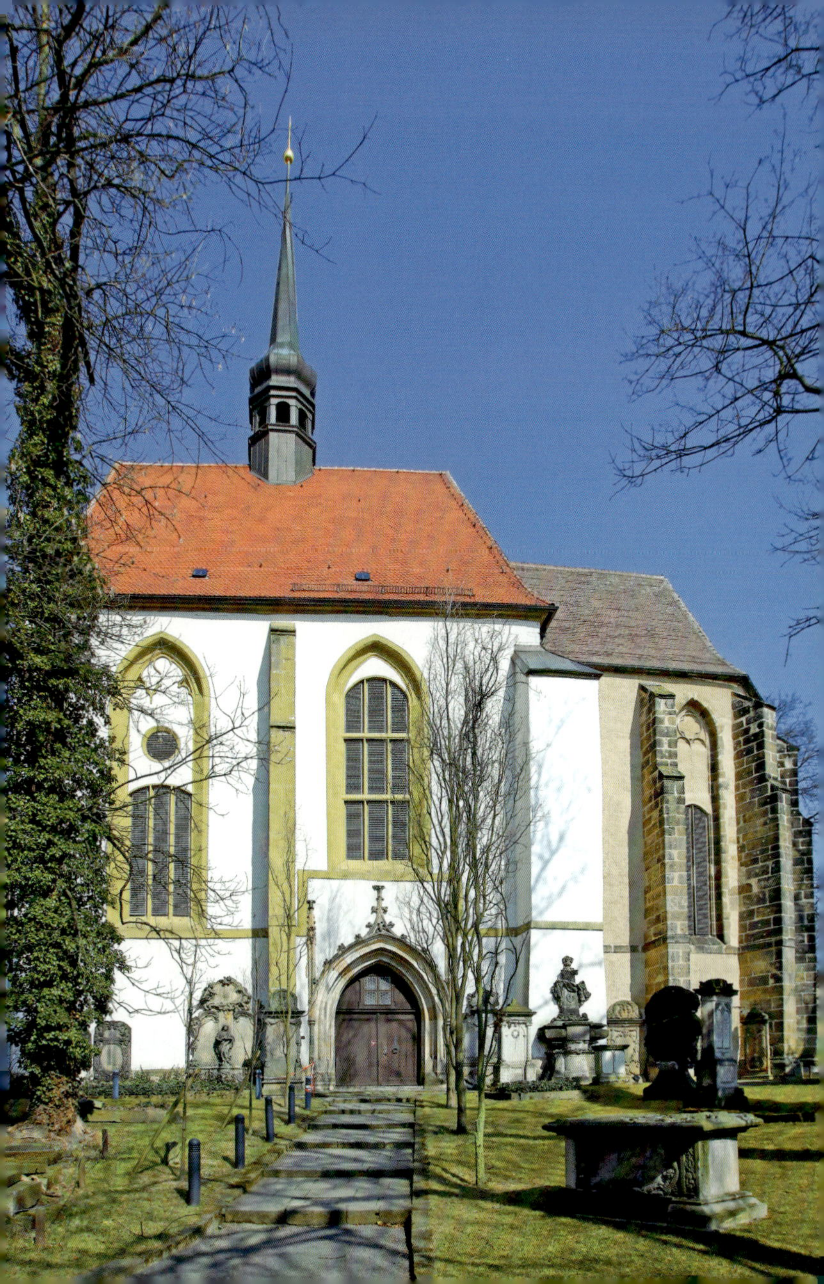

KIRCHE ZUM HEILIGEN KREUZ (MUSEUM) II | Frauenstraße 23

Ausstattung

Die Ausstattung wird geprägt von der manieristischen Erneuerung nach dem Dreißigjährigen Krieg. Gestühl, Emporen, Kanzel und Altar stammen aus dieser Zeit, sie sind überwiegend schwarz und golden bemalt. Der Altar ist wegen der Fastentuchvitrine nicht mehr sichtbar. Das Gesprenge stammt von George Bahns, das Altarbild mit der Kreuzigungsgruppe von Friedrich Kremsier (heute in der Sakristei). Gestiftet wurde der Altar vom Bürgermeister Johann Jacob von Hartig. Die Kanzel stiftete Johann Eichler von Auritz. Auf dem Schalldeckel steht eine Holzskulptur des Erlösers, am Kanzelkorb befinden sich in kleinen Nischen drei von ehemals vier Statuetten der Evangelisten.

Die Brüstungsfelder der Emporen wurden seit etwa 1680 mit religiösen Bildern, Beschriftungen und Epitaphien versehen. An der Nordempore findet sich das Denkmal der Maria Alert (gest. 1699) mit Gemälden zur Grablegung und Auferstehung; an der Westempore das Epitaphium des Christoph Pauli (um 1709), ein von einem geschnitzten Rahmen eingefasstes Gemälde, das Christus in der Glorie zeigt, daneben in ebensolchem Rahmen ein Bibelspruch. Insbesondere die Inschriften sind von hoher kalligrafischer Kunstfertigkeit.

In Schiff und Chor befinden sich zahlreiche Gräber mit Grabplatten, die ältesten im Chor stammen vom Arzt Gallus Emmenius (gest. 1599) und dem Pfarrer Johannes Vogel (gest. 1599). Das erste Epitaphium, das 1662 im Chor angebracht wurde, diente dem Gedenken des Bürgermeisters Georg Schnitter und war von George Bahns verfertigt worden (heute im KHM Franziskanerkloster). 1704 wurde das Epitaphium des Abraham Schurich an der Ostseite des Mittelpfeilers angebracht, welches neben einer zentralen Inschriftentafel Medaillons mit gemalten Porträts von Familienangehörigen zeigt, die von üppigem vergoldeten Schnitzwerk eingefasst werden. Etwa zu dieser Zeit entstanden auch das Denkmal des Heinrich Georg Leupold und seiner Frau Eleonore (gest. 1704) sowie das der Christiane Sabine Leupold (gest. 1707) an der Südwand des Chores. Ein prachtvolles Werk des Spätrokoko ist das Epitaphium des Christian Friedrich Krodel und seiner Frau Dorothea (gest. 1786) an der Westseite des Mittelpfeilers.

Im Zuge der Restaurierung der Kirche wurden Teile der mittelalterlichen Malereien freigelegt, die zwischen 1470 und 1490 entstanden sind. Die besterhaltene befindet sich an der Nordwand des Chores und zeigt Jesus als Schmerzensmann, vor ihm zwei Wappenschilder mit den Arma Christi. Darüber befindet sich eine Kreuzigungsgruppe aus derselben Zeit mit den Figuren des Christus am Kreuz, der Maria und des Johannes, die bedeutendste mittelalterliche Schnitzarbeit Zittaus.

Kirche zum Heiligen Kreuz: Gewölbe im Kirchenschiff. Nach 1380.

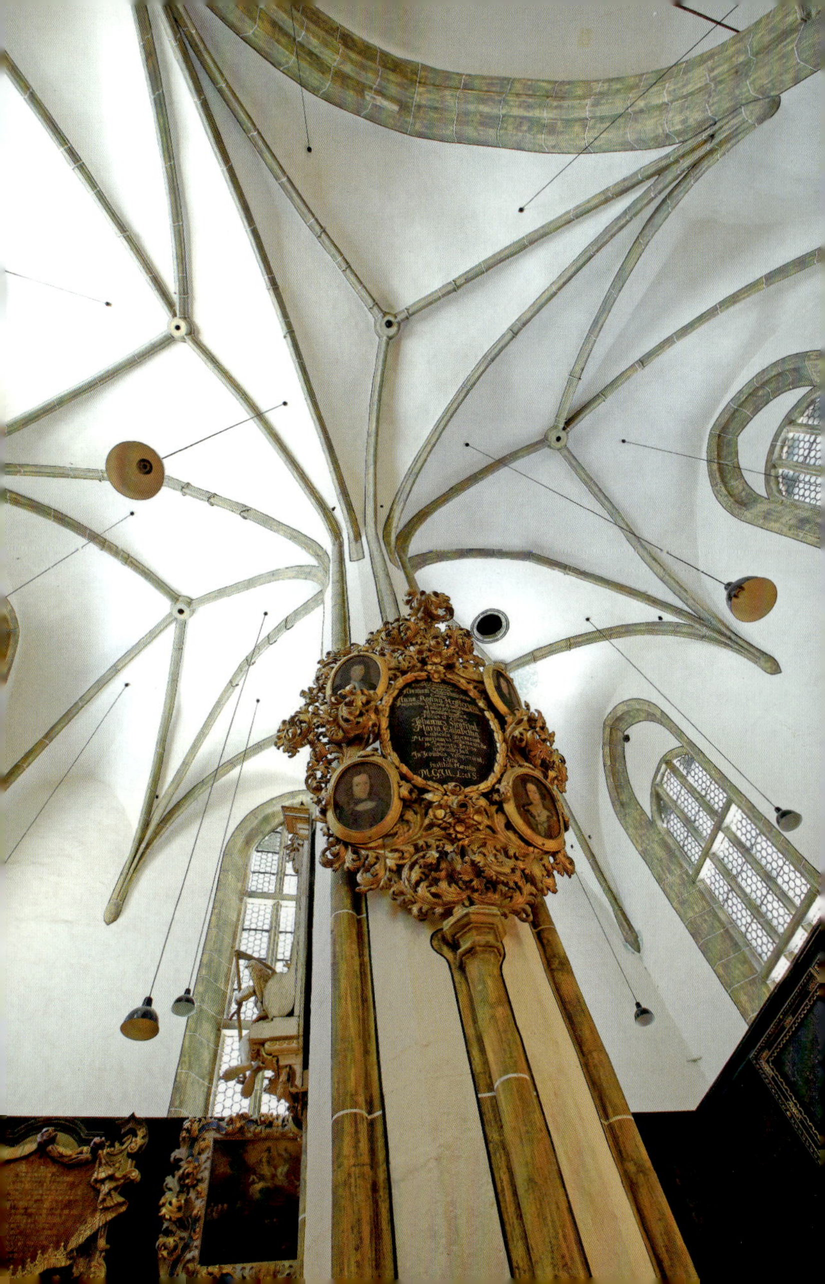

KIRCHE ZUM HEILIGEN KREUZ (MUSEUM) III | Frauenstraße 23

Großes Zittauer Fastentuch

Es wird vermutet, dass Fastentücher (lat. velum quadragesimale) im Zusammenhang mit den von dem burgundischen Kloster Cluny ausgehenden Reformen um das Jahr 1000 in Gebrauch kamen. Sie dienten der Verhüllung von Altären in der vorösterlichen Fastenzeit. Ursprünglich waren sie einfarbig und entwickelten sich später zu bestickten bzw. bemalten Bildträgern. Die monumentalen Feldertücher des 15. Jahrhunderts stellen den Höhepunkt dieser Entwicklung dar. Das Große Zittauer Fastentuch wurde 1472 von einem unbekannten Meister für die Johanniskirche geschaffen. Bekannt ist der Stifter des Velums, der Zittauer Gewürz- und Getreidehändler Jacob Gorteler. Er hat sich auf dem Tuch darstellen lassen (in der Bordüre unter Bild X/2). 1672 wurde das Große Zittauer Fastentuch letztmalig benutzt. 1840 entdeckte man es in der Ratsbibliothek wieder. 1842 erwirkte der Sächsische Altertumsverein zu Dresden die Erlaubnis, das Tuch im Dresdner Palais im Großen Garten ausstellen zu dürfen. Dort blieb es bis 1876. In der Zwischenzeit wurde in Zittau ein Museum gegründet, in dessen Bestand das Tuch bei seiner Rückkunft eingegliedert wurde. Dauerhaft gezeigt werden konnte es wegen des Fehlens entsprechend großer Räumlichkeiten allerdings nicht. Anfang 1945 wurde das Kunstwerk nach Oybin ausgelagert. Nach Kriegsende erbeuteten russische Soldaten das Tuch, denen es als Abdeckung für eine Badestube diente. Stark beschädigt gelangte es zurück in das Zittauer Museum. 1974 konnten erste Restaurierungsmaßnahmen durchgeführt werden. Nach 1989 ergaben sich neue Perspektiven. Die *Abegg-Stiftung* in Riggisberg in der Schweiz ermöglichte 1994/95 die unentgeltliche Restaurierung und Konservierung beider Zittauer Fastentücher. 1995 verhüllte das große Velum in der Fastenzeit in der Kölner Kirche St. Peter den Altar von Peter Paul Rubens. Seit 1999 wird es in der als Museum eingerichteten Kirche dauerhaft präsentiert.

Das Tuch mit 56 Quadratmetern Grundfläche besteht aus sechs Stoffbahnen von Leinen, die mit Temperafarben bemalt wurden. Auf 90 Bildfeldern, unter denen frühneuzeitliche niederdeutsche Beischriften in Versform stehen, wird die christliche Heilsgeschichte dargestellt: die Schöpfungsgeschichte; die Legenden von Adam und Eva, Kain und Abel, Noah; die Geschichten Abrahams, Jakobs und Esaus sowie Josephs; die fünfte Zeile beschließt das Alte Testament mit der Geschichte Mose. Die sechste Zeile zeigt zunächst die apokryphe Annenlegende, worauf die Jesusgeschichte folgt. Breiten Raum nimmt dabei die Passion ein, die am Ende der neunten Zeile mit der Kreuzigung endet. Die neunte Zeile zeigt Grablegung, Auferstehung, Himmelfahrt und Weltgericht.

Unbekannter Meister: Großes Zittauer Fastentuch. 1472. Tempera auf Leinen 8,20 x 6,80 Meter. Teilansicht mit den Bildfeldern 1–3 der Zeilen I–IV.

hatte hymel und erde got   Dor noch die elemente gemacht ...   ... schyt her den tag von der nocht

... dannen uß   wie Adam rüt und wie eva spant   wie eva yren kint gewynt

... sloff seynes vaters schwör   ... bauth den bern babilonie nider   Abrahe opfert melchisedech pro nobis

KIRCHE ZUM HEILIGEN KREUZ (MUSEUM) IV | Frauenstraße 23
Friedhof: Grabmäler

Möglicherweise wurde der Friedhof schon vom späten 16. Jahrhundert an von bedeutenden Zittauer Geschlechtern genutzt. 1659 umgab man ihn mit einer Mauer. 1730 wurde der Platz durch Flächen, die man durch die Zuschüttung des Wallgrabens gewann, erweitert. Um 1800 erbaute man die Tore an der Frauenstraße. Bestattungen fanden bis zum 19. Jahrhundert statt. Der Friedhof war in das Befestigungssystem der Stadt eingebunden und verfügte über eigene Bastionen, die nicht mehr existieren. Zahlreiche eindrucksvolle Grabmäler entstanden vor allem in der Zeit der Renaissance, des Barock, des Rokoko.

Zu den älteren Grabmälern zählt das der Barbara Mudrach (gest. 1634) in einfacher Form an der Nordseite des Chores, die Inschrift wurde in Großbuchstaben reliefiert. An der Südostmauer findet sich das Denkmal der Martha Ulrich (gest. 1669) mit gewundenen, die Inschrift rahmenden Säulen und der Darstellung von Kindern, die neben einem Totenkopf ruhen und Seifenblasen machen.

Bereits ein frühbarockes Werk ist das Denkmal Abraham Schurichs (gest. 1679) mit einer Reliefdarstellung des Kampfes Jakobs mit dem Engel, an der Südseite der Kirche. Ebenfalls dort befinden sich die Gräber von vier Kindern des Adam Erasmus Mirus (1696–1700) und der Stein des Johann Philipp Krodel (gest. 1705) mit einer reliefierten Darstellung der Auferstehung. Auf dem als Sarkophag ausgebildeten Grab des Gottfried Butschke (gest. 1706) steht ein von einem ionischen Kapitell mit Schmuckvase bekrönter Obelisk, an dem zwei Putten das daran befindliche Wappen des ohne männlichen Erben verstorbenen Butschke verhüllen.

Das Denkmal des Johann Heydrich und seiner Frau Anna Maria an der Südmauer (um 1739) steht bereits am Übergang zum Rokoko; ebenso das um 1740 geschaffene und von Carl Gottlieb Schubert wiederverwendete Grabmal, ein mit Rokokokartuschen bekleideter Obelisk und einer Statue des Glaubens (frei stehend). Das Denkmal des Johann Paul Otto (um 1750) mit den seitlich stehenden Statuen der Hoffnung und des Glaubens zeigt eine besonders reiche skulpturale Durchformung. Das Grab der Geschwister Grohmann (1752) an der Südseite der Kirche zeichnet sich durch eine üppige Ornamentierung aus, zwischen den Inschriften steht die Figur des Glaubens. In der Endphase des Rokoko, um 1771, entstand das Denkmal des Christian Eckardt und seiner Frau Anna am Chor der Kirche. Das um 1810 entstandene klassizistische Memorial der Christiane Rosine Schatte vor dem Grufthaus Schröer/Grätz hat die Form einer Urne, die von einem Uroboros umschlungen wird.

Denkmal der Anna Margarethe Schwerdtner (geb. Crusin; gest. 1690). An der Westseite der Kirche.

Hier Ruhet
die S. ANNA HAGER
geweßte S. Ehr. Müllerin
H. David Hermanns Eheg.
...eist Bey Löb. In P.P. Nob. Prim.
Collegiato und Kirchl. Decem. Viel. ...
Past. Prim. alhier Zu Ihres sel. ...
...
A° 1639. den 3. ... gebohren, A° 1659
verehliget von Gott mit 7 Kindern gel.
einet und nach 9 Jahr. Witwen
Standes im 55. Jahr ihres Alt.
A° 1696. den 2. Marti.
aus diesem Leben genommen.

KIRCHE ZUM HEILIGEN KREUZ (MUSEUM) V | Frauenstraße 23

Friedhof: Gruftbauten

Von hoher künstlerischer Qualität sind die Gruftbauten auf dem Friedhof der Kreuzkirche. Das Grufthaus Finck, das Grufthaus Graetz/Schröer (um 1728) sowie der Gruftbau Kanitz-Kyaw zu Hainewalde (1715) verkörpern auf dem Gebiet der barocken Sepulkralkunst einen Höhepunkt im Kurfürstentum Sachsen. Bei diesen Kleinbauten liegt der Schwerpunkt künstlerischer Gestaltung auf dem Eingangsbereich, dem letzten Tor, welches der Mensch auf Erden passiert. Von diesem Gedanken ausgehend, wurden die vielfach erhaltenen schmiedeeisernen Türen in besonders hoher künstlerischer Qualität gefertigt.

Das Grufthaus der Familie Mönch an der nordwestlichen Mauer entstand um 1710. Das Korbbogentor, das an Zittauer Hausportale erinnert, wird von toskanischen Pilastern gerahmt. Über dem Gesims befindet sich eine Attika, der ein Giebel mit Voluten und Segmentverdachung vorgelagert ist; darauf lagert die Figur des Todes, auf der Attika stehen Schmuckvasen.

Heinrich Grätz ließ um 1720 den größten Bau des Friedhofs ebenfalls an der nordwestlichen Mauer errichten. Nachdem die Gruft in den Besitz der Familie Schröer gelangte, wird sie auch Schröer'sche Gruft genannt. Die drei Bögen der Schauseite greifen das Motiv des römischen Triumphbogens auf. Der mittlere ist etwas größer und steht in der Art eines Risalits geringfügig vor, er wird durch die Kartusche mit dem Wappen der Schröer und dem über dem verkröpften Hauptsims stehenden Giebel mit großer Schmuckvase hervorgehoben. Die kleineren Eingänge werden außen von Hermenpilastern gerahmt, darüber stehen zwei kleinere Vasen. Im Inneren sind Grabmäler erhalten, darunter das des Friedrich Schröer (gest. 1743). Dieses aufwendige Rokokowerk, für das u. a. Materialien wie Marmor und Alabaster verwendet wurden, wird von einer Statue bekrönt, die die Hoffnung verkörpert. Die Fassade der um 1720 entstandenen Rosencrantz'schen Gruft an der Ostmauer zeigt eine strenge Gliederung, die durch ein schmiedeeisernes Tor in bewegten Formen durchbrochen wird. An den Pilasterkapitellen erscheinen geflügelte Totenköpfe.

Der qualitätvollste Bau ist die 1730 errichtete Gruft des Christian Finck an der nordwestlichen Mauer. Im Gegensatz dazu nähert sich das gleichzeitig erbaute Grufthaus Michael von 1731 der Formensprache des Barockklassizismus an. An dessen durch ionische Pilaster gegliederten Fassade durchbricht lediglich der Torbogen mit aufgesetzter Kartusche mit Monogramm und Jahreszahl die strenge Gestaltung. In den Interkolumnien stehen Statuen. Im Innern blieben die prächtigen Grabdenkmäler zum Teil noch mit farbiger Fassung erhalten. Zuletzt entstanden die klassizistischen Grufthäuser Apelt 1799 an der Ostmauer und Wagner/Schortmann um 1800 an der Südmauer.

Grufthaus Graetz/Schreer: Grabmal des Johann Friedrich Schreer (gest. 1743).

Dieses Todesdenkmahl Stein
erweiset dem Andencken
des
Hrn. Johann Friedrich Schröers
vornehmen Kauff u. Handels Manns
aus Oberlausitz, zu eigen Söhnen
des
Hrn. Friedrich Schröers
vornehmen Kauff u. Handels Manns
der Frauen rolgten Schröerin, Jungfern
Tochter, alſo auch des Hrn. Veronica
Fr. Christiana Sophia Neubauerin, welche
den 18. 30 Jahr ihres Alters höchstseelig
und Seelig, ihr Ehezeugen wie die Marg. 1657
und den 25. April 1743 gen. Ster. Tag
Amt Morgens begraben
Fr. Maria Eleonora Schröerin, gebohr.
Mittweida, als Mutt.
ohne einen wahren Trostadul seines ehl. Lieb
von 16. Jahre. So hat mans der ersten Ehe
zurückbracht seine, Nachkommen gedencket
die einzige übrigwerden, Fr. Tochter
Christiana Regina von Artemin
und zu ihre Geliebter
nebst
Hrn. Carl Naumann
vornehmen Kauff u. Handels Mann
in dem hochlöbl. Freyberg
die Ehre wieder errichtet zu Dresden
hochtrauend dankbegiebet
Dero Gütiges.

KIRCHE ZUM HEILIGEN KREUZ (MUSEUM) VI | Frauenstraße 23

Friedhof: Grufthaus Finck

Der Kaufmann Christian Finck wurde 1674 in Neustädtl bei Schneeberg im Erzgebirge geboren und kam 1699 nach Zittau, wo er Bürger wurde und 1705 Magdalena Regina Uhle heiratete, mit der er vier Kinder hatte. Finck starb 1756, seinen Grabbau hat er 1730 errichten lassen, wie eine Inschrift bezeugt. Der relativ kleine Bau weist eine stark bewegte, skulptural durchgeformte Fassade und reichen figürlichen Schmuck auf. Das Portal wird durch über Eck gestellte, vorspringende Pfeiler mit geteilten Volutenkapitellen gerahmt. Der vorhangartige Bogen über dem Durchgang wird durch Akanthusblätter und einen geflügelten Totenschädel akzentuiert. Darüber lagert ein stark verkröpftes Gesims, im Stich ein Schlussstein, der unbearbeitet blieb. Neben den Pfeilern stehen in Nischen auf Konsolen, deren Form ein Volutenkapitell bildet, zwei Frauenstatuen, die den himmlischen Ruhm darstellen. Die rechte mit Gottesauge und Glorie in den Händen, die linke auf eine Krone tretend; der Putto neben ihr macht Seifenblasen. Über dem Gesims werden die Pfeiler durch die Ansätze eines gesprengten Giebels bekrönt, auf denen Skulpturen lagern. Sie verkörpern den Tod. Dazwischen steht ein hoher Giebel, an dem sich seitlich Voluten aufrollen. Er wird durch einen Wellengiebel verdacht, auf dem ein Putto sitzt. Das Tympanon ist mit einem ornamentalen Schmuckrelief gefüllt. Seitlich des Giebelaufbaus ist eine Attika beigefügt, auf deren Enden Putten stehen. Das Bauwerk wird durch eines der qualitätvollsten schmiedeeisernen Gittertore geschlossen, die in Zittau geschaffen wurden.

Im Inneren des Grufthauses findet sich das Denkmal des Grabherrn, das einen Umfang von ca. 2 x 3 Metern hat. Es besteht aus einem sarkophagähnlichen Unterbau, auf dem zwei Giebelanschwünge lagern. Darauf sind Statuen platziert, die Liebe und Hoffnung versinnbildlichen und zwischen denen die Grabtafel steht. Bekrönt wird das Denkmal von Palmen und einer Krone. Die Inschrift ist dem Gedenken des Christian Finck, seiner Frau Magdalena Regina sowie seinen Kindern gewidmet. Zwei weitere Tafeln erinnern an Maria Sophia Finck, geb. Böhme (gest. 1746), die 1734 Christian Finck d. Ä. ehelichte und an Henriette Jacobine Finck, geb. Wintziger, Tochter des Zittauer Stadtrichters Johann Jacob Wintziger, die Christian Finck 1746 geheiratet hatte.

An der südwestlichen Wand steht das Grabmal der Tochter des Grabherren Christiane Sophie (verehelicht Schlütter; gest. 1746): Auf einem Postament, an dem sich eine reliefierte Landschaft findet, steht die lebensgroße, stark bewegte Frauenstaue; an ihrer linken Seite ein Putto mit Sanduhr, an ihrer rechten Seite die Grabtafel. Das aufwendige Grab stammt aus der Übergangszeit vom Barock zum Rokoko.

Grufthaus Finck. 1730.

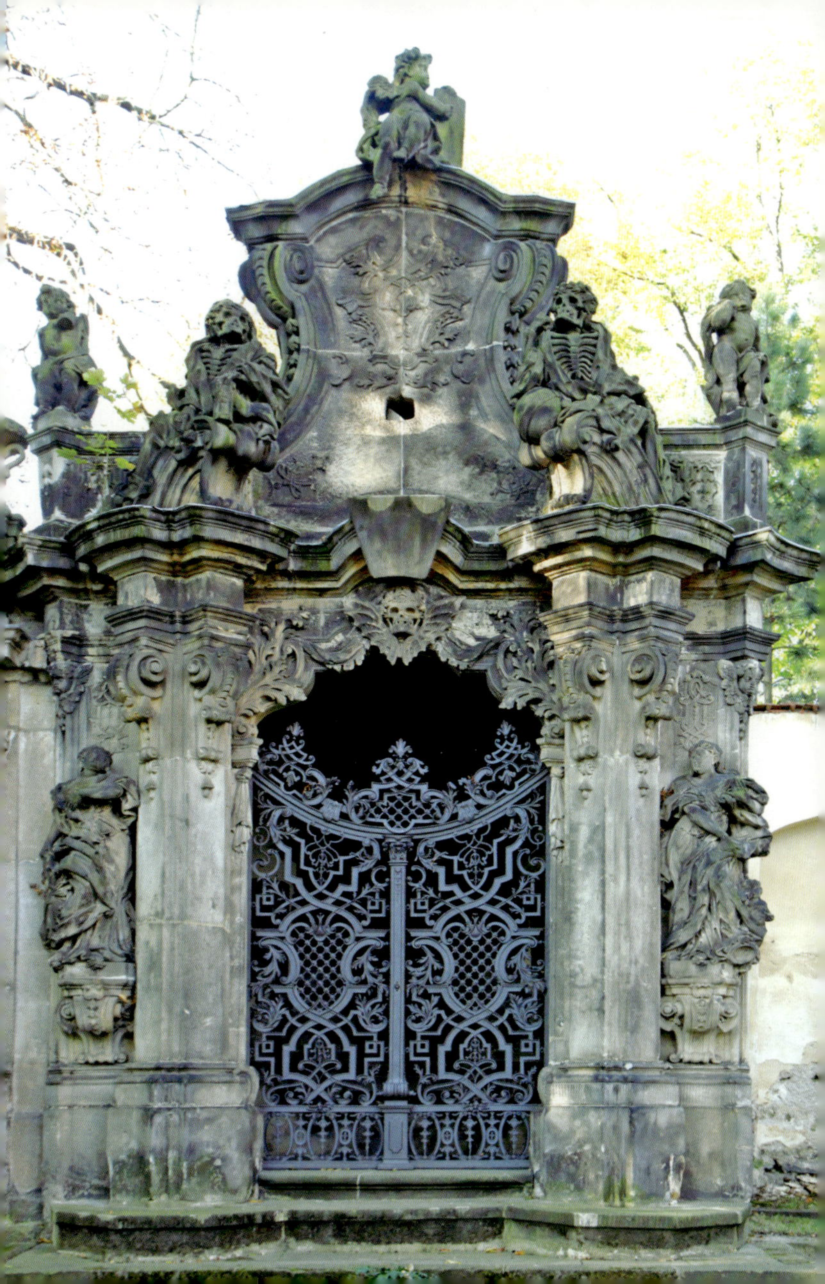

DREIFALTIGKEITSKIRCHE (WEBERKIRCHE) I | Innere Weberstraße 48

Geschichte • Architektur

Der Bau der Dreifaltigkeitskirche geht auf die Stiftung eines nicht näher bekannten Michael Langner Mitte des 15. Jahrhunderts zurück. Zunächst entstand ein hölzerner Bau, der an das Webertor angelehnt war. Im Jahr 1488 erfolgte der Baubeginn für die Kirche aus Stein. Seit 1508 wurde sie genutzt, Altäre aber erst 1518 geweiht. Nach der Durchsetzung der Reformation wurde sie Begräbniskirche. Die exponierte Lage am Webertor und die Einbindung der Kirche in das Verteidigungssystem der Stadt führte zu Beschädigungen im Dreißigjährigen Krieg. 1642 wurde die Kirche als Schanze verwendet. 1654 erfolgte eine Instandsetzung, 1659 die Aufsetzung eines neuen Dachreiters, 1701 der Anbau eines Treppenturmes. 1713–1718 baute man die Kirche um. Prägend wurde die 1889 durchgeführte Regotisierung durch Hugo Müller. Ab 2008 erfolgten Sanierungsarbeiten. Die Kirche dient heute der evangelisch-lutherischen Gemeinde. 2012 wurde auf dem Friedhofe für die Stadtteilarbeit der Kirchengemeinde St. Johannis ein neues Gebäude errichtet.

Der verputzte Bruchsteinbau mit einfachen Strebepfeilern weist auf der Ostseite einen Chor mit 5/8-Schluss auf. Die Westseite ist konvex geschlossen, vermutlich aus befestigungstechnischen Gründen. Unter dem Chorraum lag eine Krypta, die, stark verändert, seit 1889 als Sakristei dient. Der heute vermauerte Haupteingang befand sich ursprünglich an der Südseite und wurde 1889 an die Westseite verlegt und in neogotischen Formen gestaltet. Daneben entstand der zweite oktogonale Treppenturm. Neu geschaffen wurden außerdem das Maßwerk der Fenster und ein kleiner Zugang zur Sakristei auf der Südseite. Im Dachreiter befindet sich die älteste Glocke Zittaus, die 1493 von Peter Ponhut gegossen wurde. Am Unterbau der Kirche finden sich drei Sühnekreuze, eins mit einem Messer, zwei mit Säbeln, die im Zusammenhang mit der Sage von den Wettpfeilern stehen. Meister und Geselle sollen nach einer Wette je einen Pfeiler aufgemauert haben. Als der Geselle zuerst fertig war, tötete ihn der Meister. Er wurde daraufhin hingerichtet.

Das Innere wurde 1889 ebenfalls stark verändert. Der Kirchenraum ist mit einer Holzbalkendecke abgeschlossen worden. An drei Seiten wurden Emporen eingezogen, an der Westwand doppelt, wobei die obere die mehrfach veränderte Kohl-Orgel von 1864 trägt. Der Altar ist in einfachen Formen gehalten. Die Buntglasfenster im Chor fertigte die *Werkstatt Türcke und Schlein*. Sie zeigen Geburt und Taufe Jesu, das Pfingstwunder, Jesu in Gethsemane und die Auferstehung sowie die Propheten Jesaias, Jeremias, Hesekiel und Daniel. Im Chorraum befindet sich ein 2012/13 entstandenes Gemälde von Anja Ansorge, welches auf vier Tafeln die Schöpfung darstellt.

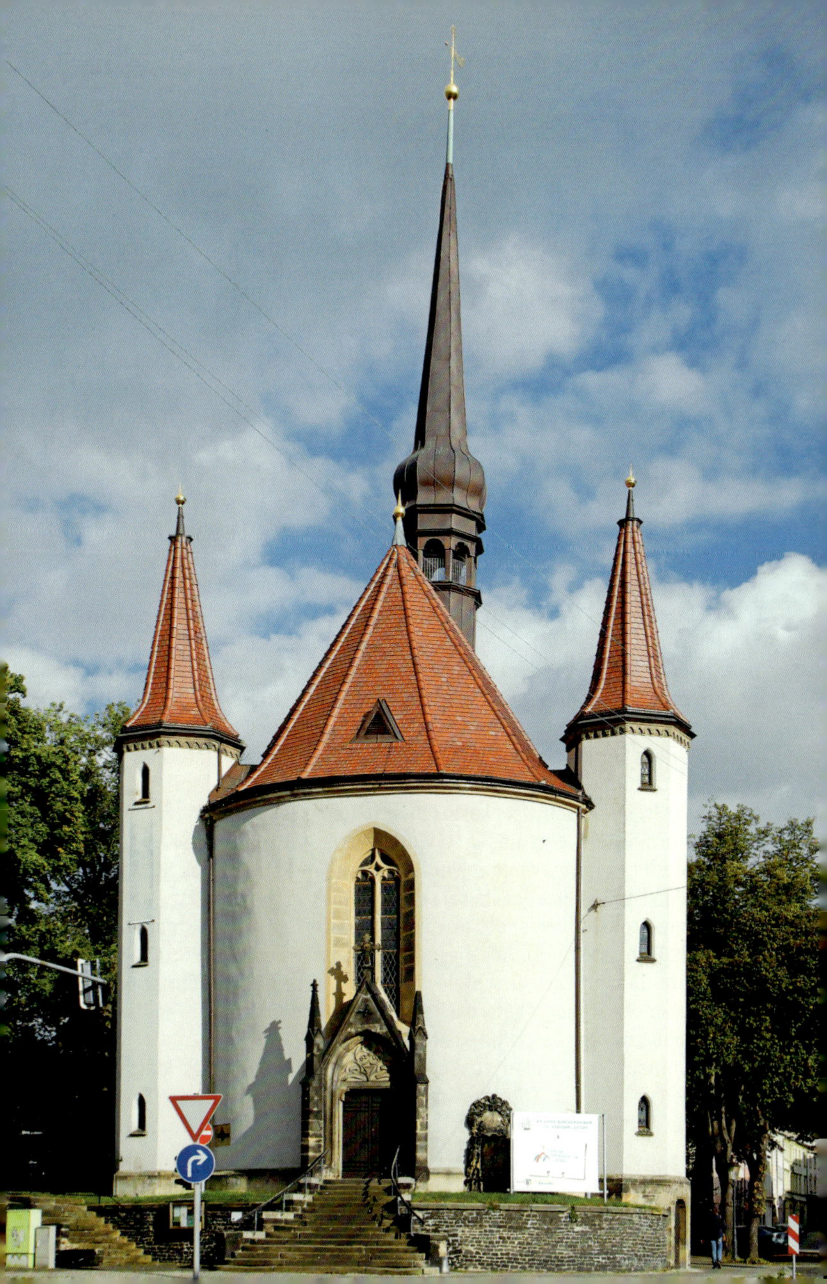

DREIFALTIGKEITSKIRCHE (WEBERKIRCHE) II | Innere Weberstraße 48

Friedhof

Der Friedhof liegt an der Nordseite der Kirche. Nachdem er 1515 mit einer Mauer umgeben wurde, nutzte in der Zeit der Renaissance der Zittauer Stadtadel den Ort als bevorzugten Begräbnisplatz. Weitere wertvolle Grabmäler stammen aus der Epoche des Barock und Rokoko.

An der östlichen Friedhofsmauer konzentrieren sich in langer Reihung die Grabmäler der Renaissance. Die ältesten stammen vom Ende des 16. Jahrhunderts. Die meist rechteckigen Grabplatten weisen neben Inschriften oftmals eine figürliche Darstellung der Verstorbenen und deren Familienwappen auf. Das älteste Grabmal ist vermutlich das des Martin Stoll, das um 1580 entstand. Das Denkmal der Martha Maschke (gest. 1586) zeigt im Hochrelief die Verstorbene mit ihrem als Kind verstorbenen Sohn (an der Nordwand der Kirche). Zahlreiche Denkmäler stammen aus der ersten Hälfte des 17. Jahrhunderts, darunter das des Sebastian Wilke (gest. 1626) mit figürlichem Bildnis (Ostmauer), der Frau Jacobitz (gest. 1640) mit halbfigürlicher Darstellung der Verstorbenen und ihrer Tochter über einem Inschriftenfeld. Nach der Mitte des 17. Jahrhunderts tritt die figürliche Darstellung zurück, z. B. am Denkmal der Anna Sophia Wintziger (gest. 1665; Westmauer), oder wird zugunsten von Inschriftenfeld und Wappendarstellung aufgegeben, wie am Grab des Gottfried Eichler von Auritz (gest. 1667; Ostmauer). In den 1670er-Jahren setzt der Übergang zu barocken Formen ein. Unter den barocken Grabmälern findet sich das des Tobias Horn und seiner Frau Anna Dorothea. Dieses frei stehende Werk, nach 1703 entstanden, zeigt beidseitig Reliefs: auf der einen Seite die Auferstehung Christi, auf der anderen Christus in der Glorie. Das Denkmal des Christian Gottlob Brandt (gest. 1716), steht ebenfalls frei, mit der Skulptur eines Engels, der Inschriftenkartuschen hält. In reichen Formen des Rokoko wurde ein um 1730 entstandenes Werk gearbeitet, das später von Heinrich August Steuer weiterverwendet wurde (Westmauer). Ähnlich aufwendig ist das Grünewald'sche Denkmal gestaltet, das um 1740 zu datieren ist (Westmauer). Eines der letzten Grabmäler des Rokoko ist das der Johanna Rosina Steinmetzin (gest. 1795; frei stehend). Aus dieser Zeit stammen auch zwei Grufthäuser: Um 1740 baute Johann Carl Hirschfeld für sich und seine Frau Christina Rosina, geb. Prieber ein Erbbegräbnis, das im 19. Jahrhundert von der Familie Thiemer übernommen wurde. Das zweite datiert von 1768.

Darüber hinaus entstanden zu Beginn des 19. Jahrhunderts klassizistische Denkmäler, darunter als frühestes das des Johann Friedrich Rothe (gest. 1799) und seiner Frau Eva Rosina (geb. Kayßer; gest. 1803) an der Westmauer.

Grabmal des Tobias Horn und seiner Frau Anna Dorothea. Nach 1703. Teilansicht mit Reliefdarstellung der Auferstehung Christi.

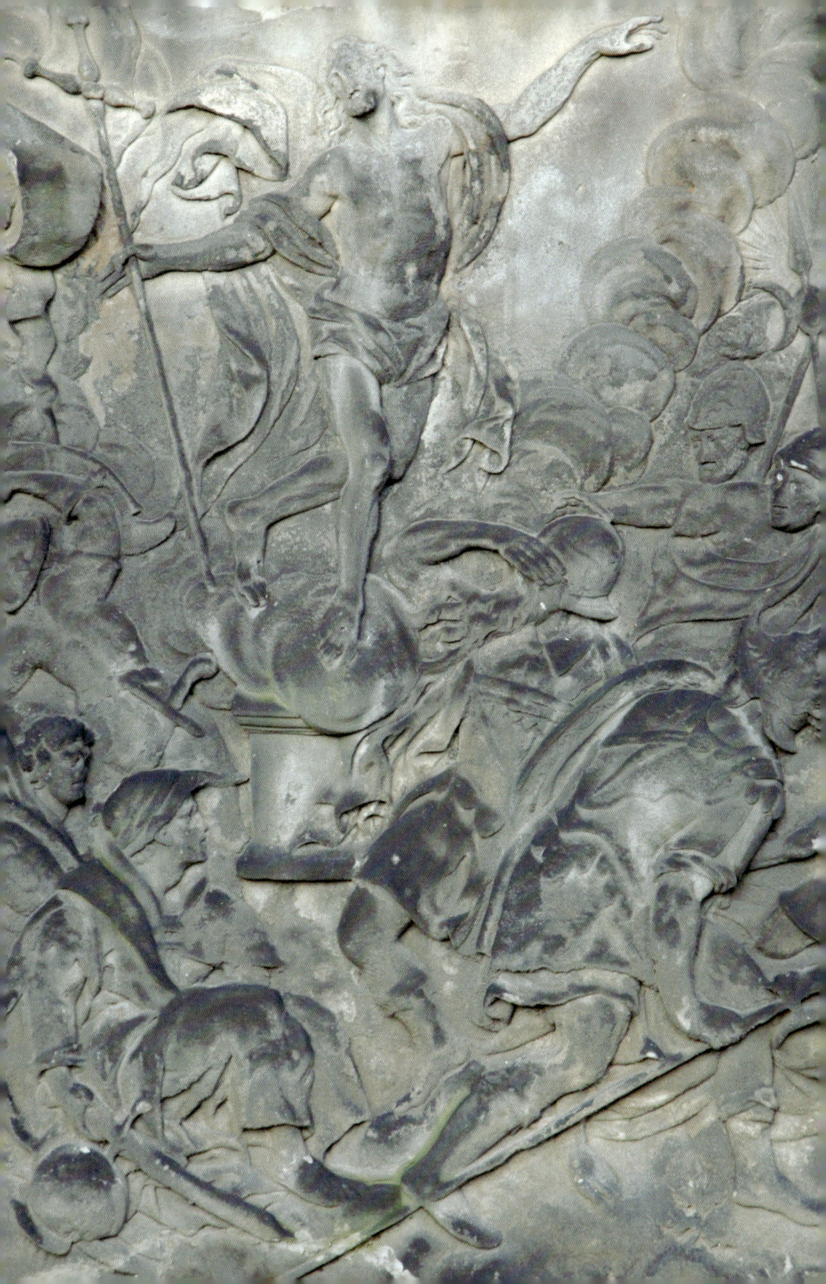

■ KATHOLISCHE KIRCHE MARIAE HEIMSUCHUNG I

Lessingstraße 18

Geschichte • Architektur

Bedingt durch die Ausbreitung der Reformation gab es in Zittau seit etwa 1570 keine Katholiken mehr. Mit der durch die Industrialisierung verursachten Zuwanderung und der allgemeinen Bevölkerungszunahme kamen erneut Katholiken in die Stadt. Für Gottesdienste nutzte man zunächst 1793–1796 die 1837 abgebrochene Waisen- und Zuchthauskirche. 1845 gründete sich eine katholische Gemeinde. Von 1846 bis 1880 wurden katholische Gottesdienste in der Hospitalkirche St. Jacob gehalten. Die Mandau überschwemmte bei Hochwasser regelmäßig den Kirchenraum, sodass die Gemeindeversammlungen schließlich in die Kapelle der 1868 durch Carl August Schramm neu erbauten katholischen Schule in der Lessingstraße verlegt wurden. 1873 erfolgte die Gründung einer Pfarrei. Das Domkapitel verzichtete auf eine Domherrenstelle, die dadurch gesparten Mittel verwendete man für einen Kirchenneubau in Zittau, dessen Grundsteinlegung im Jahr 1883 erfolgte. Die Pläne lieferte der Zittauer Architekt Hermann Knothe-Seeck, welcher auch Direktor der Baugewerkenschule war. 1890 weihte der Bautzener Bischof Ludwig Wahl die Kirche Mariae Heimsuchung. 1923 wurde die Kirche Mittelpunkt des neu gegründeten Dekanats Zittau. Zwischen 1970 und 1975 gestaltete man den Innenraum der Kirche nach den Maßgaben des II. Vatikanischen Konzils um. Dabei gingen die alten Wandmalereien verloren. In den Jahren von 1999 bis 2006 wurde der Bau umfassend saniert.

Die in neogotischen Formen aus Sandstein errichtete dreischiffige Hallenkirche mit Querhaus und hohem Westturm erreicht beachtliche Ausmaße. Der 72 Meter hohe Hauptturm ist der höchste der Stadt. Über dem Hauptportal befindet sich ein großes Maßwerkfenster mit Rose. Darüber steht auf einer Konsole unter einem Baldachin eine Statue der Maria von Franz Josef Schwarz. Zwei weitere Plätze für die Aufnahme von Statuen neben dem Fenster sind leer geblieben. Über der Marienstatue wird der Turm von zwei lang gestreckten, schlanken gotischen Fenstern gegliedert, über dem Sims mit Brüstung schließt ein steiler Helm mit Kreuzblume den Turm ab. Rechts und links an den Hauptturm sind zwei kleinere Treppentürme mit spitzen Helmen angelehnt.

Im Innern sind die Schiffe durch Kreuzrippen-, die Vierung mit einem Sterngewölbe geschlossen. Die Vierungspfeiler zeigen frühgotischen Querschnitt, die Gewölbe des Langhauses ruhen auf runden Säulen. Sie weisen Blattkapitelle in frühgotischer Form auf. Im Chor gliedert ein Blendtriforium unter den Fenstern die Wandfläche.

Hermann Knothe-Seeck: Katholische Kirche Mariae Heimsuchung. 1890. Teilansicht des Westturmes.

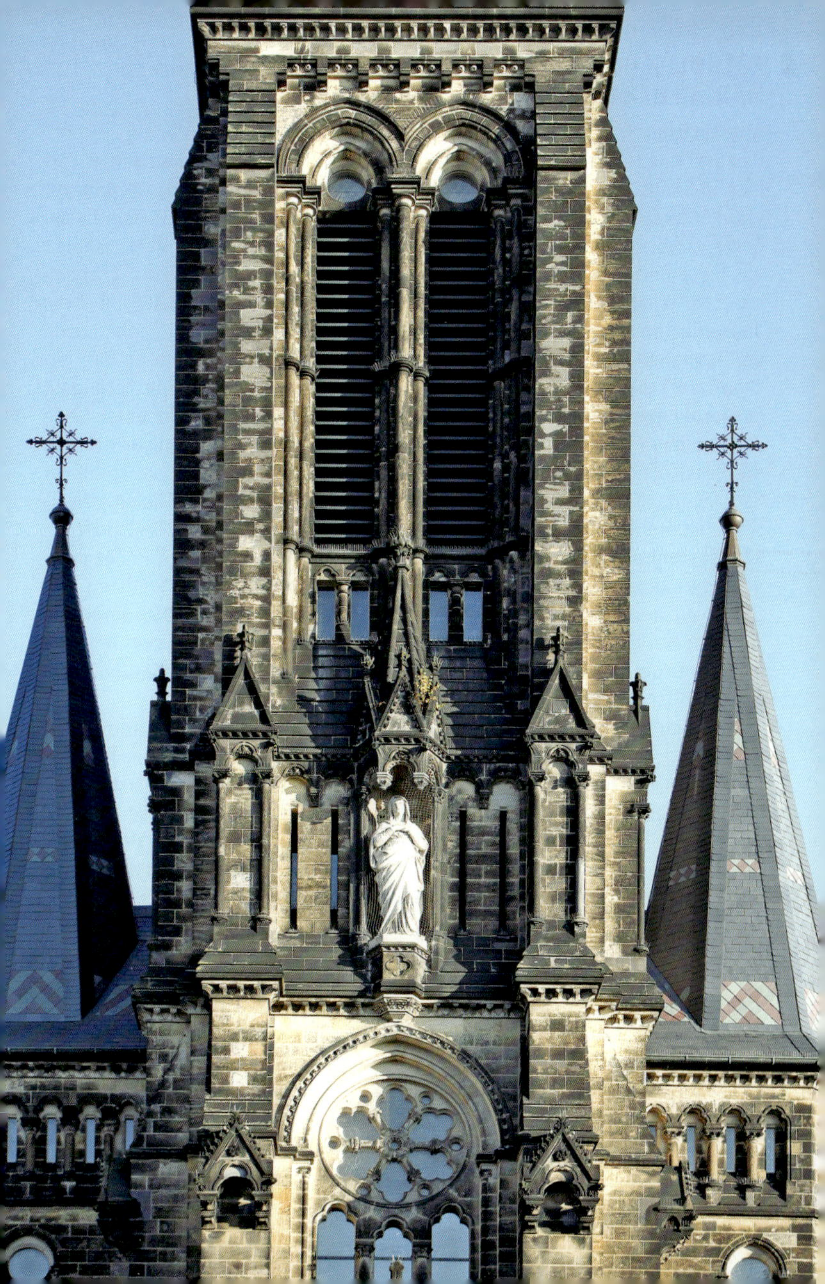

KATHOLISCHE KIRCHE MARIAE HEIMSUCHUNG II

Lessingstraße 18

Ausstattung

Der Sakramentsaltar, früher der Hauptaltar, ist in reichen neugotischen Formen in Sandstein und schwarzem Marmor ausgeführt. Der Altartisch ruht auf vier kurzen Säulen. Dazwischen befindet sich ein Steinrelief mit dem Lamm Gottes. Über dem Altar erhebt sich das Ciborium (Altarüberbau). Die Ecksäulen des Ciboriums weisen Kapitelle mit Eichenlaub auf, darüber sind mit Krabben besetzte Wimperge ausgebildet. Bekrönt wird es von einer großen, in Stein ausgeführten Skulptur des Erlösers am Kreuz, die den großen Triumphkreuzen der Romanik nachempfunden ist. Innerhalb des Ciboriums steht das geschnitzte Tabernakel in Gestalt eines Sakramentshauses. Auf den Türflügeln des farbig gefassten und teilweise vergoldeten Schreins ist auf der einen Seite das Lamm mit der Kreuzfahne dargestellt, auf der anderen der Pelikan, der sich die Brust öffnet und daraus seine Jungen nährt. Im Presbyterium steht der Sakramentsaltar, die Mensa lagert hier ebenfalls auf vier kurzen Säulen, dazwischen ist ein Relief mit der Darstellung des Kreuzes angebracht. Die steinerne Kanzel steht etwas erhöht und wird von Säulen gestützt. Die Seiten des polygonalen Kanzelkorbes weisen Reliefs mit den Symbolen der Evangelisten auf. Die *Orgelbauwerkstatt Jehmlich* erbaute 1890 eine Orgel, die 1960 durch ein Werk der *Werkstatt A. Schuster und Sohn* ersetzt wurde. Dabei hat man Teile der älteren Orgel weiterverwendet. Die Orgelempore ruht auf Säulen, ihre Brüstung ist mit Blendarkaden gegliedert.

Im Querschiff stehen die farbig gefassten Holzskulpturen des Hl. Antonius von Padua und Christus, sowie eine Sandsteinstatue der Maria mit dem Kind. In den Seitenschiffen hängen 14 Holzreliefs, die die Passion Christi darstellen.

Die erhaltenen Buntglasfenster fertigte die *Königlich Sächsische Hofglasmalerei Türcke und Schlein*. Innerhalb der Stadt stellen sie einen Höhepunkt des Wirkens dieser Werkstatt dar. Die Fenster des Querschiffes und des Chores zeigen Szenen aus dem Neuen Testament: im nördlichen Querschiffarm die Verkündigung an Maria, die Anbetung der Könige, die Flucht nach Ägypten; im Chor Christus in Gethsemane, die Marienkrönung; im südlichen Querschiffarm Jesus begegnet auf dem Kreuzweg der Maria, den ungläubigen Thomas, Christi Himmelfahrt, und das Pfingstwunder. Die übrigen Fenster weisen stilisierte vegetabile Ornamentik auf. An der Südwand des Kirchenschiffes unter der Orgelempore befinden sich drei Stifterfenster mit der Darstellung der Hll. Anna, Elisabeth und Bonifazius. Letzteres wurde vom Architekten Hermann Knothe-Seeck gestiftet. Gegenüber an der Nordwand zeigen drei Fenster den Hl. Franziskus, Christus und den Hl. Jakobus.

Katholische Kirche Mariae Heimsuchung: Innenansicht nach Osten.

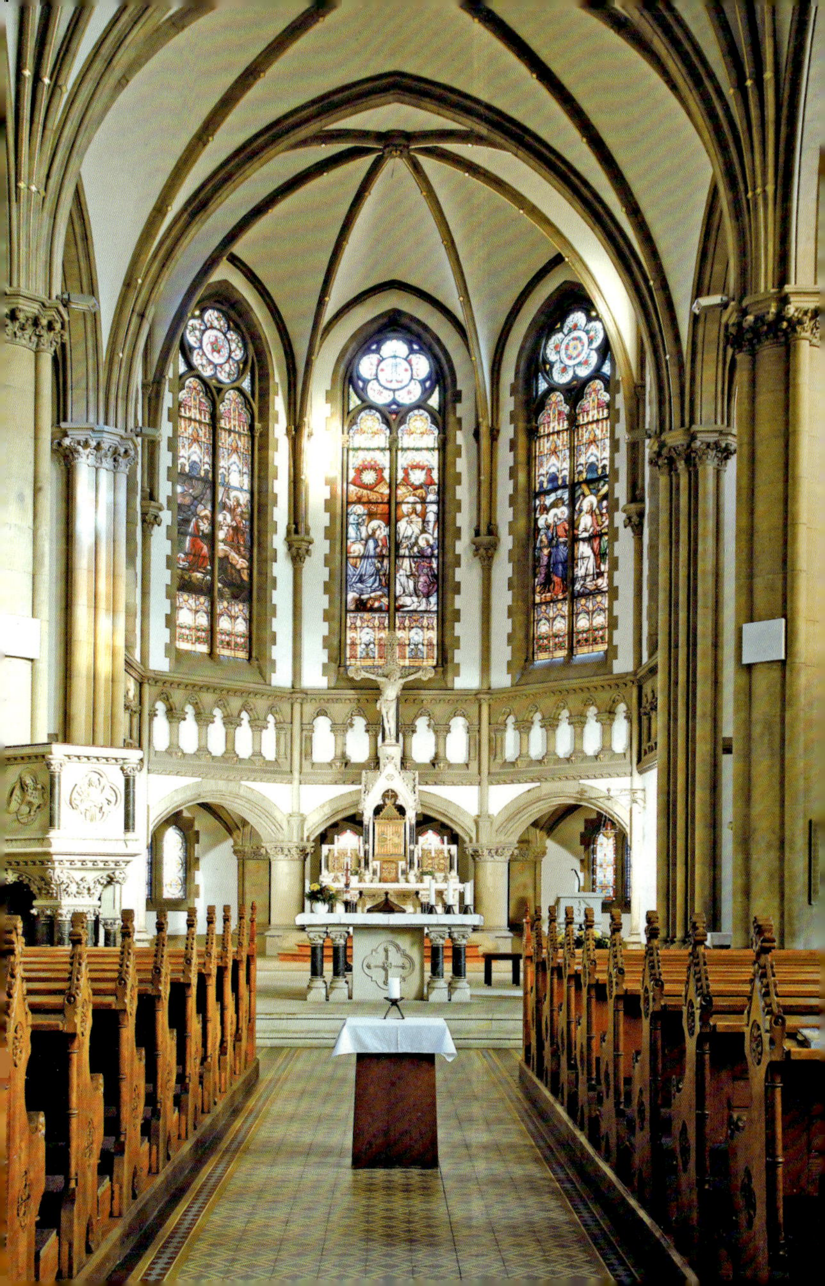

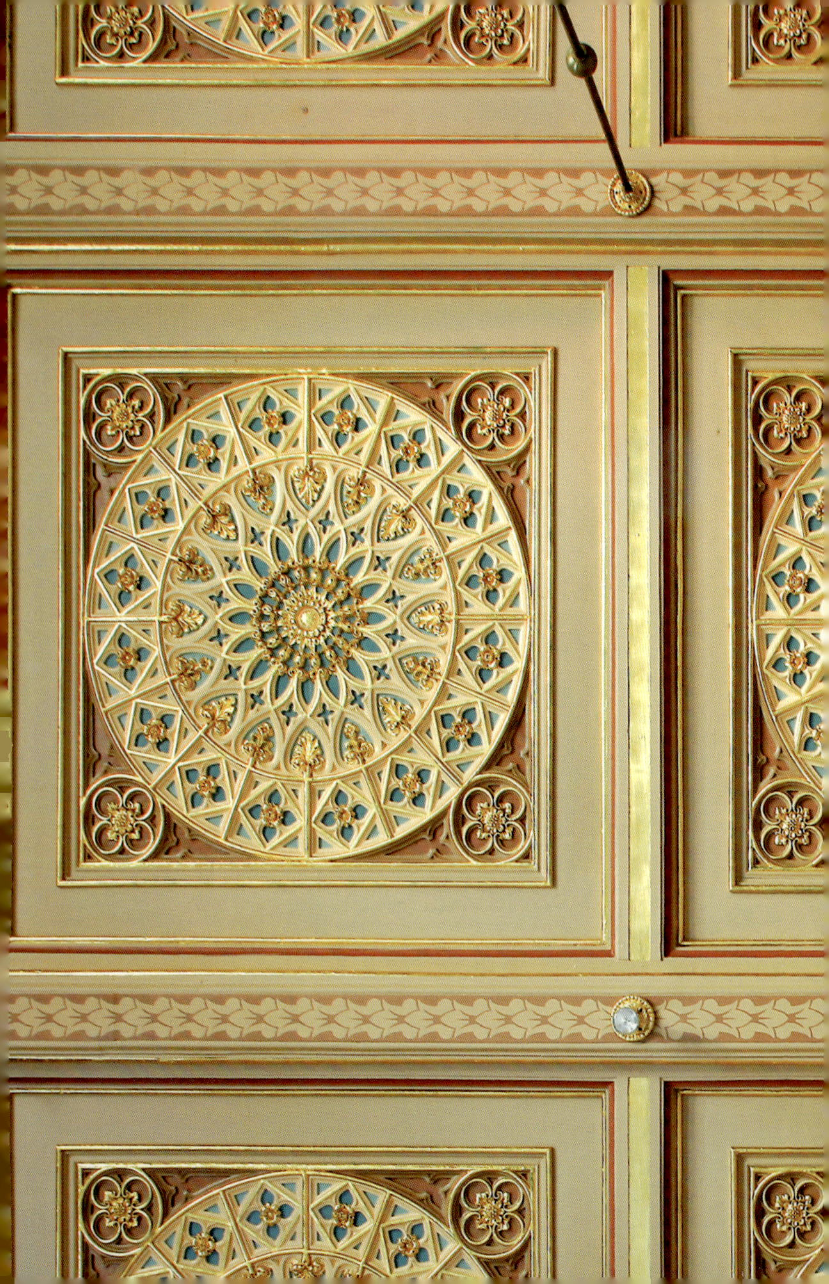

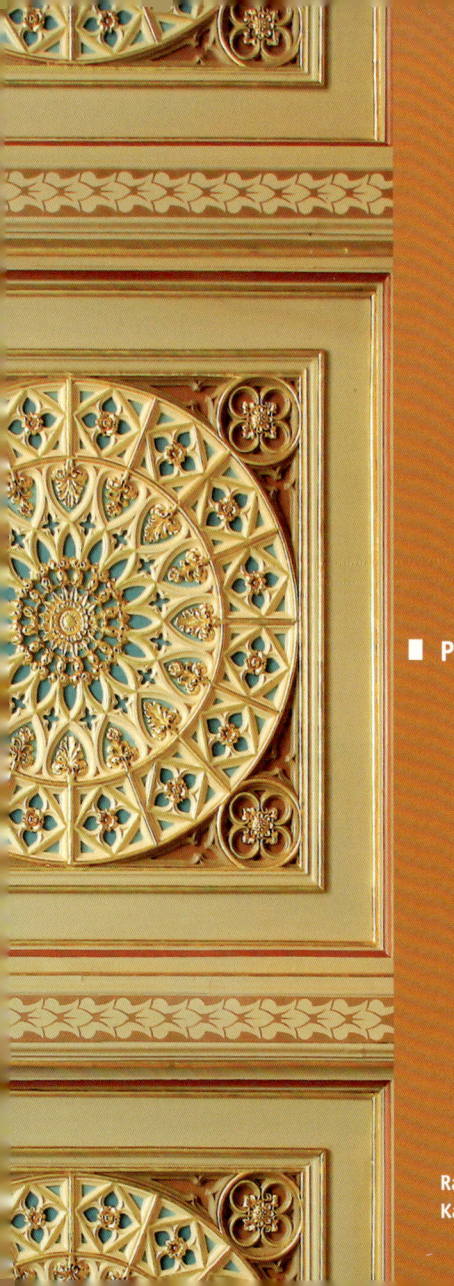

■ **PROFANBAUTEN**

**Rathaus,
Kasettendecke im Bürgersaal.**

STADTBEFESTIGUNG

Karl-Liebknecht-Ring 9
(Fleischerbastei)

Nachdem Ottokar II. Zittau die Stadtrechte verliehen hatte, begann man mit der Errichtung einer steinernen Umwallung der Stadt, die um 1255 begonnen, um 1273/77 vollendet wurde und die bei 3 Metern Stärke eine Höhe von etwa 10 Metern hatte. 1513–1568 legte man einen zweiten Mauerring an. Zwischen den Mauern entstand ein ca. 15 Meter breiter Zwinger, um die äußere Mauer verlief ein Graben, der im nördlichen Bereich geländebedingt einen Höhenunterschied von mehr als 20 Metern ausgleichen musste. Vier Tore und zwei Pforten bildeten die Zugänge zur Stadt. Die Befestigung wurde durch etwa 20 Bastionen und Türme verstärkt. In den Vorstädten entstanden sog. Endetore, die nicht mit der Befestigung verbunden waren und an denen Zölle erhoben wurden. 1632/33 ließ der kaiserliche Oberst Martin Maximilian Golz auf Initiative Albrecht von Waldsteins die Tore mit vorgelegten Schanzen versehen. Während des Dreißigjährigen Krieges wechselte die Stadt mehrfach den Besitzer. In dieser Zeit nahm die Stadtbefestigung Schaden, insbesondere bei der Beschießung durch Kaiserliche und Sachsen 1643. Die Niederlegung der Stadtmauern und die Umgestaltung des Areals zu einer Promenade mit Ringstraße und Park erfolgte hauptsächlich im Zeitraum von etwa 1714 bis 1914. Karl Christian Eschke fertigte um 1800 Zeichnungen von der alten Befestigung an, deren Demolierung bis 1869 im Wesentlichen abgeschlossen war.

Die Große Bastei ist der bedeutendste Überrest der ehemaligen Wehranlagen. Wann genau sie errichtet wurde, ist ungewiss, vermutlich im Zuge der Anlage des zweiten Mauerrings. Ein von Matthäus Merian angefertigter Kupferstich mit der Stadtansicht von 1643 zeigt sie aber noch nicht. Gleichwohl steht sie in Verbindung mit dem Namen des Oberst Golz, der sich in das Bollwerk vor der in der Stadt grassierenden Pest zurückgezogen haben soll. Als man begann den Park anzulegen, wurde die Stadtgärtnerei in der Bastei untergebracht. Hier blieb sie bis 1929, bis 1998 war das Gebäude bewohnt. Das Denkmal konnte bis zum Jahr 2000 durchgreifend saniert werden.

Der längliche Bau hat im Osten einen halbrunden Abschluss. Im Kellergeschoss hat sich eine Holzbalkendecke erhalten, in der Mauer Schießscharten. Der oktogonale Turm mit Eckrustizierung und Haube wurde 1691 aufgesetzt. 1907 wurde an der Südseite der Bastei die Blumenuhr angelegt, das Glockenspiel aus Meißner Porzellan stammt von 1966. Erhalten hat sich außerdem der Rundturm der Kleinen Bastei sowie der untere Teil des Turmes Speyviel innerhalb des Turmes des Stadtbades am Töpferberg. Vom Webertor stammt ein Engel mit Posaune (heute im KHM Franziskanerkloster) und eine monumentale Löwenskulptur (Bahnhofstraße, Hochwasserreservoir).

Große Bastei. Ansicht von Süden.
Gottfried Jäch, Johann Gottlob Anders: Löwe vom ehemaligen Webertor. 1717–1719.

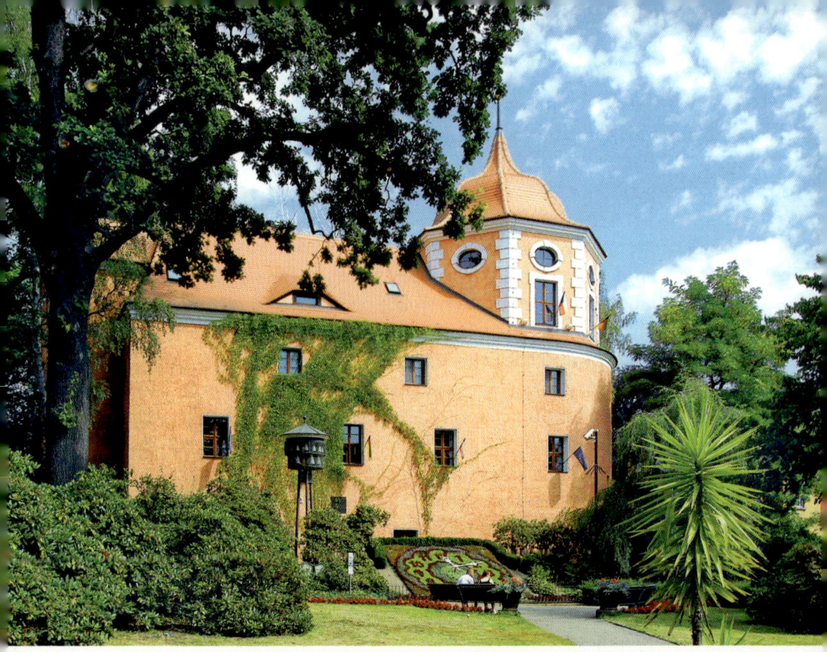

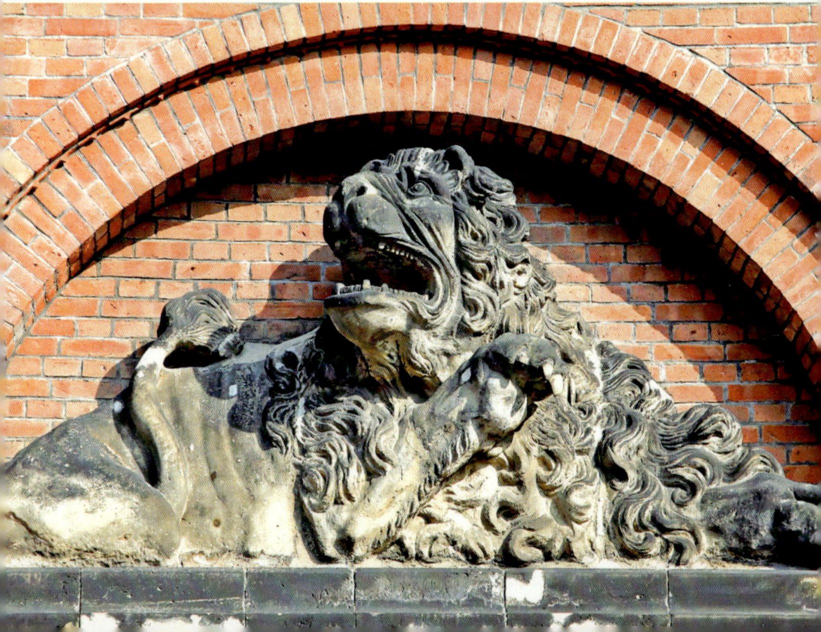

RATHAUS I | Markt 1

1354 kaufte der Rat ein Haus an der Ostseite des Marktes, an dessen Stelle ein neues Rathaus aus Stein aufgeführt wurde. 1454 erhielt es einen Turm. 1531 fügte man östlich des Turmes ein Gewand- und Tuchhaus an. Der südliche Bereich an der Marktseite beherbergte die Kramen für Gewürz- und Seidenhändler. 1533, 1564–67 und nach 1608 erfolgten bauliche Erweiterungen und Veränderungen. 1757 erlitt das Haus schwere Schäden und konnte nur notdürftig wiederhergestellt werden. Andreas Hünigen lieferte 1775 einen Plan für einen Neubau, den man ausführen wollte und für den auch 1777 der Grundstein gelegt wurde. 1778 trug man Teile der Ruine ab. Der Bayrische Erbfolgekrieg (1778/79) brachte aber das Unternehmen zum Erliegen, weil die Stadt von den Österreichern mit erheblichen Kontributionen belegt wurde. 1803 fertigte Philipp Bernhard Berson, der seit 1787 führend am klassizistischen Aufbau Neuruppins beteiligt war, erneut Pläne für einen Neubau, 1833 Karl Friedrich Schinkel. Obwohl 1834 die Ausführung des Schinkel-Planes beschlossen wurde, kam es u. a. wegen der Kritik Carl August Schramms doch nicht zum Bau. Friedrich Wilhelm von Gärtner, einer der wichtigsten Architekten Ludwigs I. von Bayern, lieferte einen weiteren Entwurf, der in Zittau gefeiert wurde, dessen Realisierung aber zu teuer war. Umgesetzt wurde schließlich 1840–1845 das Projekt Carl August Schramms. Das Rathaus wurde 1890, 1990–1995, der Turm 1998 restauriert.

Der dreigeschossige Bau wurde über rechteckigen Grundriss mit Innenhof aufgeführt. Die Fassaden werden durch Risalite, Putzritzquaderung und Biforenfenster gegliedert. Die Risalite sind seitlich durch oktogonale Türmchen begrenzt. Der 54 Meter hohe Turm, der vom Vorgängerbau übernommen wurde, geht im Kern auf spätgotische Zeit zurück. Im Turm findet sich noch ein kreuzgratgewölbter kleiner Raum, der zeitweilig als Gefängnis genutzt wurde.

Den Skulpturenschmuck des Hauses schuf Carl Gottlob Beyer. An der marktseitigen Durchfahrt stehen auf hohen Postamenten die Statuen der griechischen Gottheiten Themis (Recht), die ein Gesetzbuch in der Hand hält sowie der Sophia (Weisheit) mit Fackel, Buch und Eule. Darüber, am Mezzaningeschoss des Mittelrisalites, befindet sich das Zittauer Stadtwappen. An der Südseite des Rathauses ist ein Wappenrelief von 1533 angebracht (Kopie, Original im KHM Franziskanerkloster). Es zeigt eine bezinnte Mauer mit Tor, hochgezogenem Gatter, zwei achteckige Türme mit Hauben und Fahnenmasten, zwischen diesen ein Schild mit dem böhmischen Löwen, Helm, Helmzier und Helmdecke. Im Innenhof befinden sich Tondi mit Reliefs aus der Renaissancezeit, welche das Stadtwappen zeigen.

Carl August Schramm: Rathaus. 1840–1845.

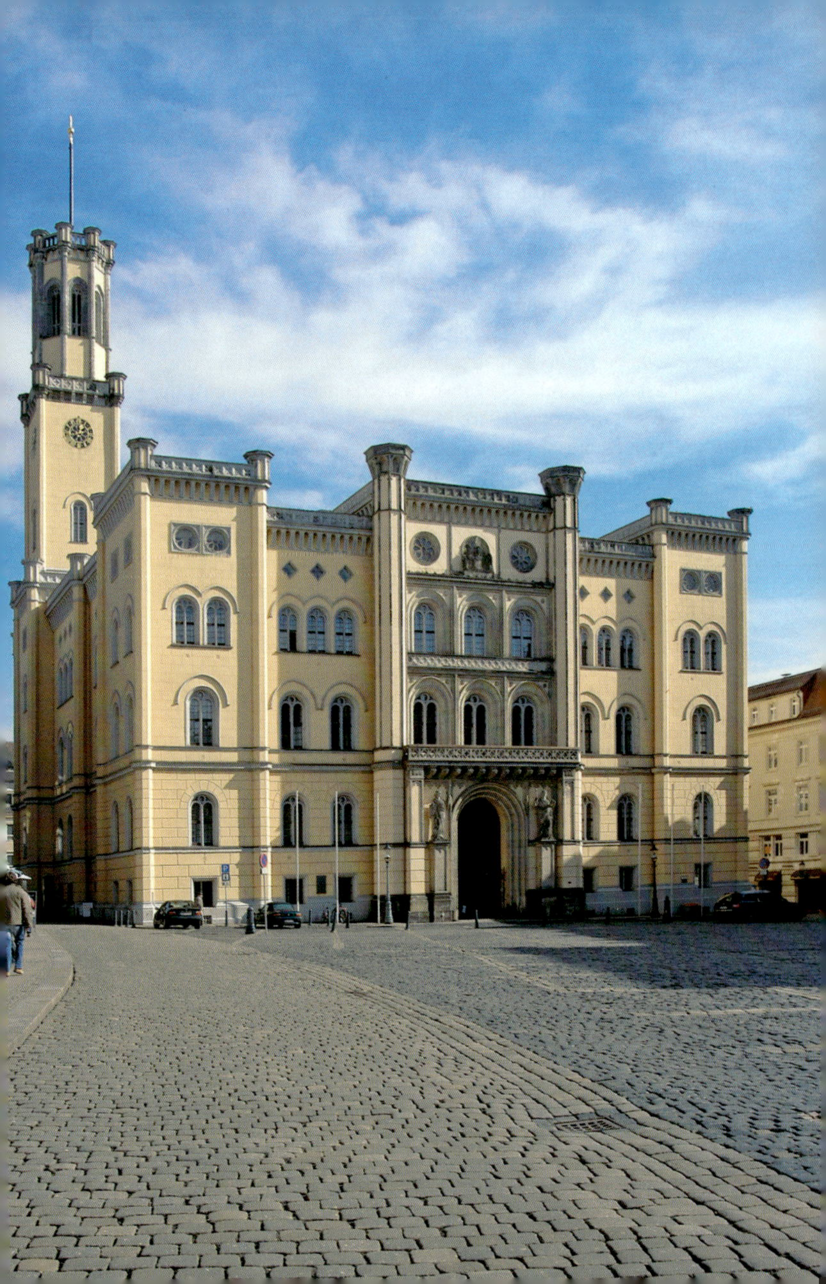

RATHAUS II Markt 1

Ausstattung

Das Innere des Hauses wird durch seitlich abgehende Treppen erschlossen. Im Südflügel sind im Eingangsbereich zwei schildhaltende Löwen von 1665 erhalten, die vom alten Rathaus stammen. Die Fenster des großen Treppenhauses wurden von der *Königlich Sächsischen Hofglasmalerei Türcke und Schlein* 1896 angefertigt. Die Fenster der ersten Etage zeigen die Teile des Zittauer Wappens sowie das kursächsische Wappen; die der mittleren Etage das Frauentor mit der Kirche zum Heiligen Kreuz, eine Ansicht Zittaus vor 1757, das Bautzner Tor und das Webertor; im Mezzaningeschoss das Königlich Sächsische Majestätswappen von 1889, daneben der böhmische Löwe und das „Z" sowie das Böhmische Tor. Auf den Fenstern der Südseite erscheint die Personifizierung der Stadt, Zittavia (Mittelfenster), König Ottokar II. (?) mit Vertretern von Zünften (linkes Fenster), der Zittauer Reformator Lorenz Heydenreich umgeben von verschiedenen Gewerken, denen die Stadt ihren Reichtum verdankt (rechtes Fenster). Das Deckengemälde von C. Hirschfeld zeigt eine Allegorie auf die revidierte Städteverordnung Sachsens von 1873.

Der repräsentative Große Bürgersaal im Ostflügel zählt zu den herausragenden Beispielen historischer Raumschöpfung in der Oberlausitz. Die Fenster der Ostseite zeigen im Maßwerk Buntglasfenster von 1893 mit den Wappen der Stadt, der Oberlausitz und Kursachsens. In den Zwickeln der Fensterrahmungen sind die Wappen der Mitgliedsstädte des Oberlausitzer Sechsstädtebundes gemalt: Bautzen, Görlitz, Zittau, Lauban, Kamenz und Löbau. Die vier lebensgroßen Statuen aus Gips zwischen den Fenstern stellen Tugenden dar: die Vaterlandsliebe, die Eintracht, den christlichen Glauben sowie den Fleiß.

Mit den Geschicken der Stadt Zittau verbunden sind die in vergoldeten Büsten dargestellten Persönlichkeiten: Ottokar II. Přemysl, König von Böhmen; Prokopius Naso, Bürgermeister; Johann Georg I., Kurfürst von Sachsen; Friedrich August II., König von Sachsen; Christian von Hartig, Bürgermeister; Ernst Friedrich Haupt, Bürgermeister; Friedrich Wilhelm Just, Bürgermeister sowie Wilhelm Külz, Bürgermeister in Zittau und Dresden, 1926/27 Reichsinnenminister und 1946 Mitbegründer der Liberal Demokratischen Partei Deutschlands in der sowjetischen Besatzungszone. Die Bildwerke stammen von Karl Gottlob Beyer. Ursprünglich befand sich an der Stelle der Büste von Külz, die Karl Wilhelm Schmidt schuf, eine Plastik des ersten sächsischen Königs Friedrich August I. Die Empore gegenüber der Fensterfront, die von achteckigen Pfeilern getragen wird, bot dem Publikum Platz bei öffentlichen Ratsversammlungen. Die großen Deckenleuchter kamen 1993 in den Raum.

Carl August Schramm, Carl Gottlob Beyer: Großer Bürgerschaftssaal. 1845.

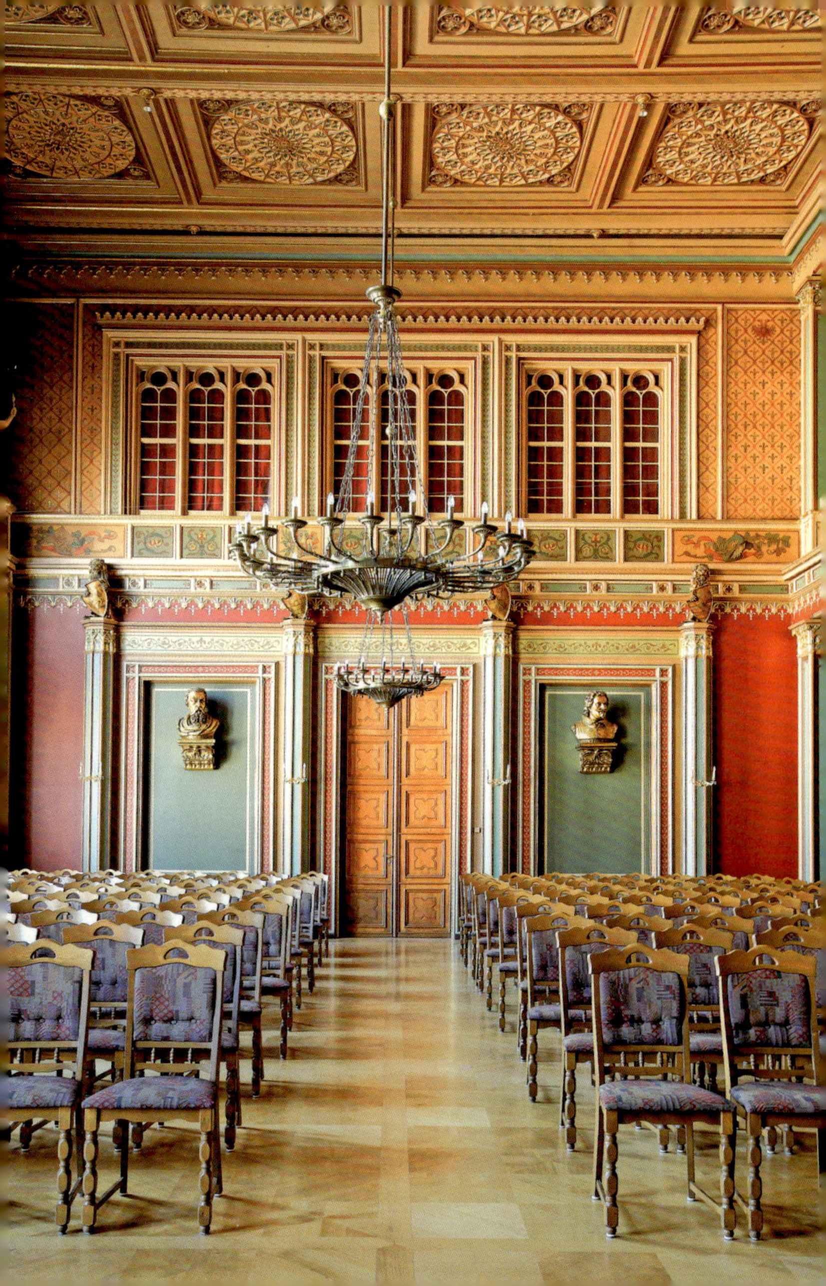

MARSTALL (SALZHAUS) | Neustadt 47

Kaiser Karl IV. gewährte Zittau 1360 einen freien Salzmarkt, 1378 das Salzstapelrecht. Möglicherweise bestand in diesem Zusammenhang bereits 1389 eine Salzkammer, welche ab 1511 durch einen Neubau ersetzt wurde. Schwierigkeiten ergaben sich wegen des Mangels an Baumaterial, die man dadurch überwand, dass man ab 1516 die Steine des Kaiserhauses Karls IV., das man abbrach, für den Bau verwendete. Zunächst wurden drei Geschosse errichtet, 1572 erhielt das Haus ein viertes Stockwerk. Neben der Funktion als Salzkammer wurden Schüttböden für Getreide eingerichtet. Nachdem im 17. Jahrhundert die Bedeutung des Salzhandels zurück ging, hat man das Haus auch als Marstall, Kornspeicher und Waffenkammer genutzt. 1730/31 wurde das Gebäude auf sieben Stockwerke erhöht und mit einem großen Mansarddach gedeckt, ab 1732 diente es als Kornmagazin. Im Kriegsjahr 1757 lagerten hier Mehlvorräte der preußischen Armee, die der österreichische Feldmarschall Leopold Joseph von Daun nach seinem Sieg in der Schlacht von Kolin und dem Rückzug des Großteils der preußischen Armee requirieren wollte. Bei der Beschießung Zittaus am 23. Juli bemühten sich die Österreicher daher, den Bau unversehrt zu erhalten, er erhielt nur einen Treffer.

1893 wurden zwei Kompanien des in Zittau stationierten Infanterieregimentes in den Marstall verlegt. Zwischen 1908 und 1994 waren Wohnungen eingerichtet. 1945 fanden hier 300 Flüchtlinge und Vertriebene Unterkunft. Der Marstall und die im Süden anschließende Stadtschmiede von 1713 konnten von 1998 bis 2002 grundhaft saniert werden. Seitdem wird das Ensemble von geschäftlichen Institutionen genutzt, zwei Etagen werden von der Christian-Weise-Bibliothek belegt.

Das stadtbildprägende Gebäude erhebt sich über einem rechteckigen Grundriss von 53 x 25 Metern und ist 27 Meter hoch. In nordsüdlicher Richtung verläuft eine Durchfahrt, hier hat sich aus der Entstehungszeit noch ein Kreuzgratgewölbe erhalten. Aus dem Spätmittelalter stammen außerdem die Fensteröffnungen der untersten drei Geschosse sowie der profilierte Hauptsims aus Sandstein. Zur oberen Neustadt öffnen sich drei Portale, von denen die äußeren bildhauerischen Schmuck von 1731 aufweisen. Das rechte zeigt einen Pferdekopf, dahinter befand sich der Pferdestall; das linke eine Frau mit Füllhorn. In die Längsseiten des Erdgeschosses wurden im Zuge der letzten Restaurierung große Öffnungen für Schaufenster gebrochen. Im Inneren haben sich an einigen Stellen noch Holzbalkendecken erhalten. Das Mansarddach mit 2.135 Quadratmetern Fläche hatte ursprünglich 559, heute 341 Fenster. Es wird von der größten Holzkonstruktion im Zittauer Gebiet getragen. An der Südseite wurde 2002 ein verglaster Fahrstuhl angebaut.

Marstall. Begonnen 1511. Ansicht von Südwesten.

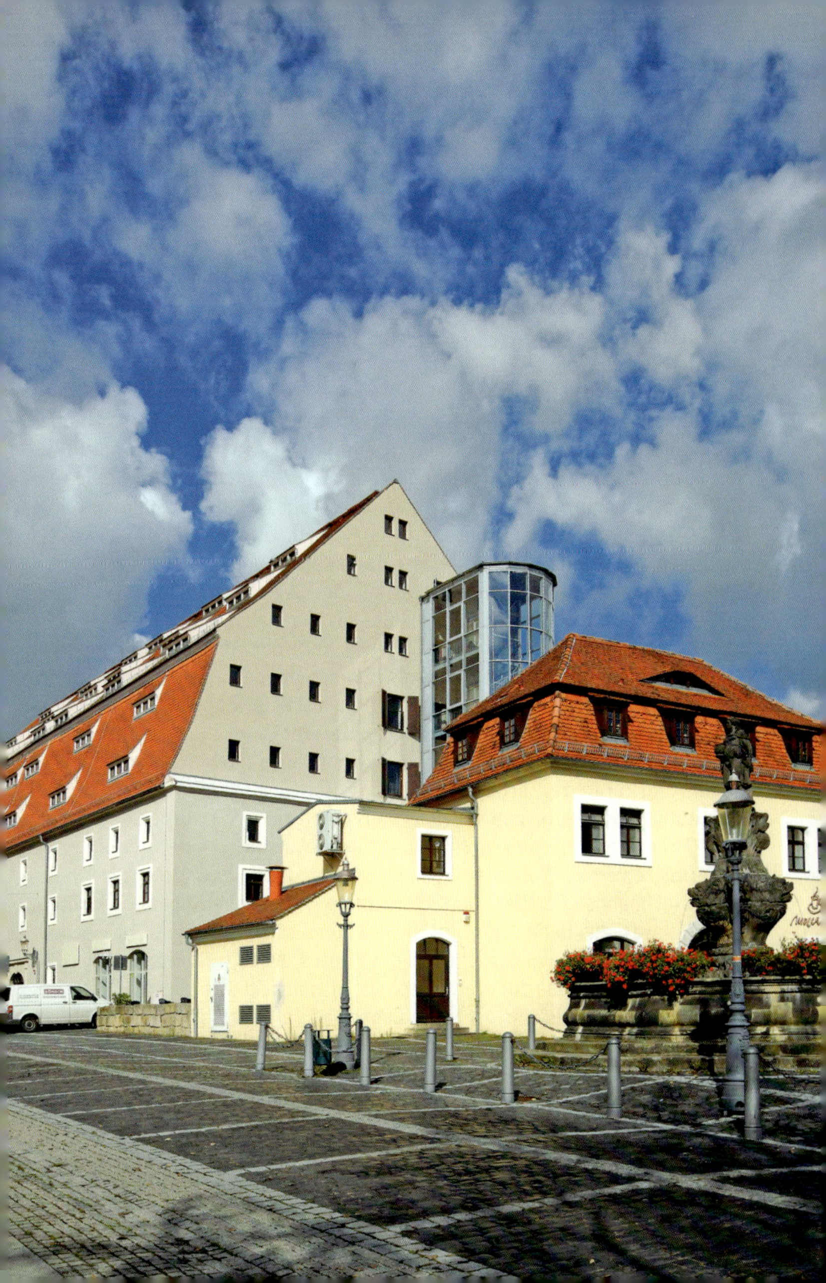

ALTES GYMNASIUM I
Johannisplatz 2

Geschichte

Nördlich des ehemaligen Friedhofes der Johanniskirche (Johannisplatz) wird erstmals 1310 der Kreuzhof der Johanniter mit der vom Ordenskomtur geleiteten Stadtschule erwähnt, neben der sich die Wohnung des Kommendators befand. Von 1511 bis 1513 war der schlesische Humanist Nikolaus Adeler Rektor der Schule. 1535 erhielt sie mit Andreas Mascus erstmals einen evangelischen Rektor. Mascus war auf Empfehlung Philipp Melanchtons berufen worden und setzte sich für die Anstellung seines Freundes Nikolaus von Dornspach als Konrektor ein. Dornspach lehrte ab 1536 für zehn Jahre an der Einrichtung, stieg dann zum Bürgermeister Zittaus auf und erwirkte schließlich von Kaiser Rudolf II. die Erhebung des Hauses zum Gymnasium. Im Zusammenhang damit erwarb die Stadt 1570 die Schulgebäude und ließ sie 1571 bzw. 1579 teilweise abreißen. 1571 begann man mit der Errichtung des Gymnasiums, wobei Teile der alten Schule einbezogen worden sind. 1579 entstand an Stelle des Kommendatorenhauses das Rektorhaus. Die Weihe des Gymnasiums erfolgte 1586. Ursprünglich waren Gymnasium und Rektorhaus getrennt. 1602 verband man beide, indem man die Rektorgasse überbaute. Damals entstanden der Torbogen und die Dacherker. Mit dem Wirken des Rektors Melchior Gerlach, der 1602 sein Amt antrat, begann eine Blütezeit des Hauses, die sich nach dem Dreißigjährigen Krieg unter Christian Keimann, Christoph Vogel, Christian Weise und Gottfried Hoffmann fortsetzte. Weise, der dem Gymnasium 30 Jahre vorstand, nahm Naturwissenschaften, Mathematik sowie Geschichte in den Unterricht auf. Zugleich gilt er als Schöpfer der deutschen Schulkomödie: Durch die von ihm geschriebenen Stücke, die er mit seinen Schülern auch zur Aufführung brachte, erlangte das Zittauer Gymnasium überregionale Bedeutung. 1668 baute man das Haus im Inneren aus, 1708 wurde der Komplex nach Osten erweitert und Wohnungen für auswärtige Schüler eingerichtet. 1723 erfolgten erneut Veränderungen im Inneren des Hauses. Unter dem Nachfolger Hoffmanns, Gottlieb Gerlach, wurden viele Neuerungen rückgängig gemacht, was die Bedeutung des Gymnasiums schwinden ließ. Im Siebenjährigen Krieg wurde der östliche Teil des Hauses zerstört, 1786 erneuert. 1871 wurde das Neue Gymnasium fertiggestellt, in welchem sich die Tradition des Alten Zittauer Gymnasiums bis in die Gegenwart fortsetzt.

Im 20. Jahrhundert, vor allem seit den 1970er-Jahren, verfiel das Gebäude des Alten Gymnasiums, in dem u. a. bis 1996 ein Internat untergebracht war, zusehends. 1997 konnte es von der *Wohnbaugesellschaft Zittau* saniert werden, die seither ihren Sitz im Hause hat.

Altes Gymnasium. 1586.
Denkmal des Nikolaus von Dornspach. 1581. Detail.

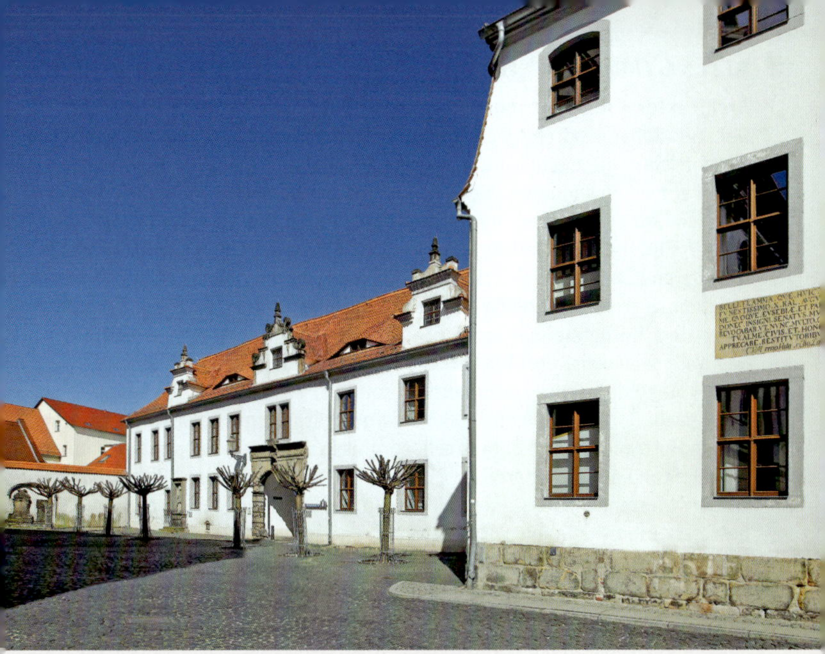

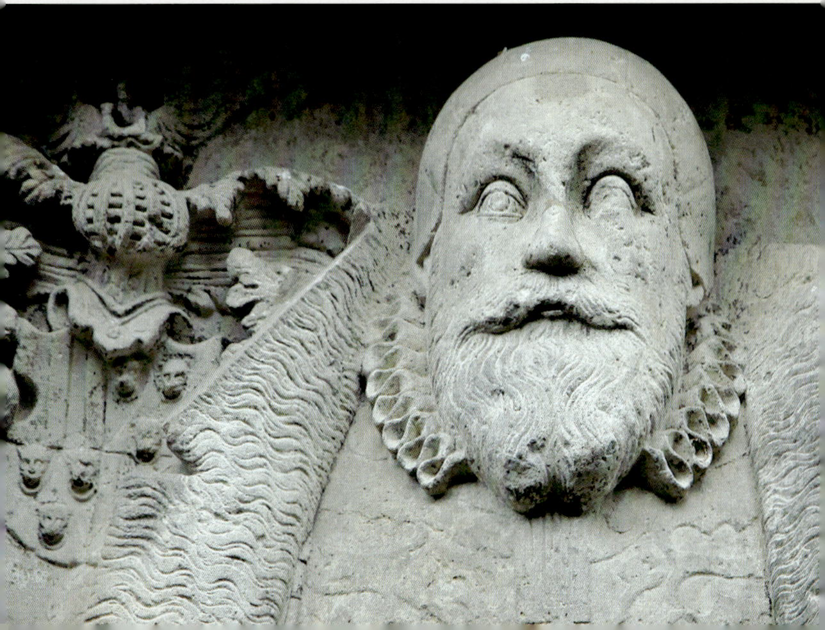

ALTES GYMNASIUM II
Johannisplatz 2

Architektur • Ausstattung

Der zur Johanniskirche ausgerichtete ältere Teil des Gebäudes zeigt im Wesentlichen die Gestaltung nach dem Umbau von 1602. Die Durchfahrt der durch einen Schwibbogen überbrückten Rektorgasse wird von einem portalartigen Rahmen eingefasst, der eine sorgfältige Gestaltung durch eine Quaderung in Rustikamanier erfuhr. Der Schlussstein ist dabei besonders betont, an der oberen Volute erscheint daran ein Wappenschild mit dem „Z". Die Inschrift auf dem seitlich von Voluten eingefassten Architrav erinnert an den Umbau unter dem Bürgermeister Prokopius Naso und dem Rektor Melchior Gerlach. Das Walmdach weist drei Dacherker mit kleinen Volutengiebeln auf.

An der Wand des Hauses befindet sich seit 1837 das Denkmal des Nikolaus von Dornspach. Der als lebensgroße Figur dargestellte Bürgermeister trägt die spanische Hoftracht, deren Details sehr sorgfältig ausgearbeitet sind und auf den hohen Stand der Bildnerei in Zittau um 1580 verweisen. Die lateinische Inschrift unter dem Sims zitiert Marcus Tullius Cicero: „Welchen größeren oder besseren Dienst können wir dem Staat erweisen, als wenn wir die Jugend unterrichten und bilden, zumal bei dem sittlichen Zustand unserer Zeit, da sie derart auf die abschüssige Bahn geraten ist, dass man sie mit allen denkbaren Mitteln zügeln und zurückhalten muss?" (*Über die Wahrsagung* 2,4). Über dem Zugang des vorspringenden Ostflügels wiederholt eine Inschrift von 1669 die lateinische Devise, welche am Portal der Universität Padua (Palazzo Bo) steht: „Wenn du eintrittst, dann in dem Bestreben, täglich gelehrter für dich selbst zu werden, wenn du herausgehst, täglich dem Vaterland und dem Staat nützlich zu sein." An der Südseite wurde eine Tafel angebracht, welche in Latein den Wiederaufbau dieses Gebäudeteils durch den Stadtrat beschreibt (1786).

Im Inneren des Westflügels hat sich im Obergeschoss eine gotische Türrahmung im Schulterbogen mit Reliefs erhalten, die ein Fabeltier und ein Wappen mit Widder zeigen, welche noch auf den mittelalterlichen Schulbau zurückgehen. Im Raum über der Rektorgasse findet sich eine Balkendecke, die mit vegetabiler Ornamentik bemalt ist, an den Wänden stehen Fragmente lateinischer Inschriften von 1602. Es handelt sich um Sprichwörter und Bibelzitate (Paulus *Römer* 14, 8), die den Tod thematisieren. In mehreren Räumen finden sich noch Stuckdecken, die vermutlich 1723 entstanden sind. Darüber hinaus weist die Decke eines Raumes im Obergeschoss des Westflügels eine Plafondmalerei dieser Zeit mit der Darstellung der antiken Götter Hermes, Aphrodite und Eros sowie vermutlich des Ares auf.

Reliefs an einer Türeinfassung. Ende des 14. Jahrhunderts (?).
Bemalte Holzbalkendecke im Raum über der Rektorgasse. Um 1602.

MORS CERTA EST INCERT[...]ES MODV H[OR]AQ[UE] MOR[T]IS   MAXIM[A ...]SSE MORI M[IL]ES[T] SA[PI]EN[...]
CONSVLAT ERGO ANIMÆ QVI SAPIT IPSI SVÆ   QVI MORITV[R] SI[B]I S[I]B[I] V[I]R[...] DISCI[...]
S[I] MORIMVR DOMINO MORIMV[R] SI VIVIMVS IPSI   SI CHRIST[O] MOR[ERIS] M[...]R[...]S ET SV[I] [...]O
VIVIMVS ET DOMINI SORTE IN VTRA[...]   IANVA D[I]E[...] IC[...] TV[...]

■ KÖNIGLICH SÄCHSISCHE BAUGEWERKENSCHULE | Theaterring 1

Im 19. Jahrhundert entstanden Schulen für die Ausbildung von Meistern des Bauhandwerks und von Bautechnikern. 1837 öffneten in Dresden, Leipzig und Chemnitz die ersten Baugewerkeschulen Sachsens. In Zittau konnte 1840 eine Schule eingerichtet werden, für die 1846–1848 nach Plänen Carl August Schramms die Königlich Sächsische Gewerb- und Baugewerkenschule als erster eigenständiger Bau dieser Art in Deutschland entstand. 1855 berief man Schramm zum Direktor des Hauses. Bis in die 1950er-Jahre war hier die Staatliche Ingenieurschule für Hochbau untergebracht, 1990–2014 die Volkshochschule. Bei der Restaurierung 2004/05 wurde der ursprüngliche äußerliche Zustand annähernd wiederhergestellt. Der Baukörper orientiert sich an der Bauakademie von Karl Friedrich Schinkel in Berlin. Die Fronten des dreigeschossigen Gebäudes werden durch Strebepfeiler gegliedert, die in den oberen Geschossen Maßwerkornamente zeigen. Die Fenster sind im Tudorbogen geschlossen. Rautenmuster an der Fassade und in der Dachdeckung, die Verwendung von unterschiedlichen Materialien wie Sandstein, Formziegeln und Terrakotten gestalten die Fassaden wirkungsvoll. Im Inneren blieb die dreiläufige Treppe erhalten, im Parterre steht die Büste des Architekten.

■ ALTEN- UND PFLEGEHEIM ST. JACOB | Innere Weberstraße 41

Die Königliche Kreisdirektion Bautzen mahnte für Zittau 1847 und 1852 die Anlage größerer und gesünderer Altenpflegeheime an. Von der Administration des Frauenhospitals St. Jakob wurden 1856 Zeichnungen eingereicht. 1861 plante Emil Trummler ein Frauenhospital, 1862 einen erweiterten Bau für beide Geschlechter, der bis 1864 neben dem ehemaligen Standort des Webertores ausgeführt wurde. Noch im selben Jahr bezogen die Frauen des Hospitals St. Jacob, dessen Gebäude abgebrochen wurden, und die Männer des Armenhospitals (Karl-Liebknecht-Ring 21) das Haus.

Die dreigeschossige Dreiflügelanlage ist nicht zur Straße ausgerichtet, sondern zur Dreifaltigkeitskirche, nach Süden gehen zwei Flügel ab, zwischen denen sich ein offener Hof befindet. Die Schmuckelemente des historistischen Baus konzentrieren sich wesentlich am Mittelrisalit. Der Raum im Innern wurde nach rationalen Gesichtspunkten aufgeteilt. Der Ostflügel wurde von Frauen, der westliche von Männern bewohnt, denen Räume von etwa zwölf Quadratmetern Fläche zur Verfügung standen. Über dem Eingang liegt im Obergeschoss der größere Andachtsraum.

Carl August Schramm: Königlich Sächsische Gewerb- und Baugewerkenschule. 1848.
Emil Trummler: Alten und Pflegeheim St. Jakob. 1864.

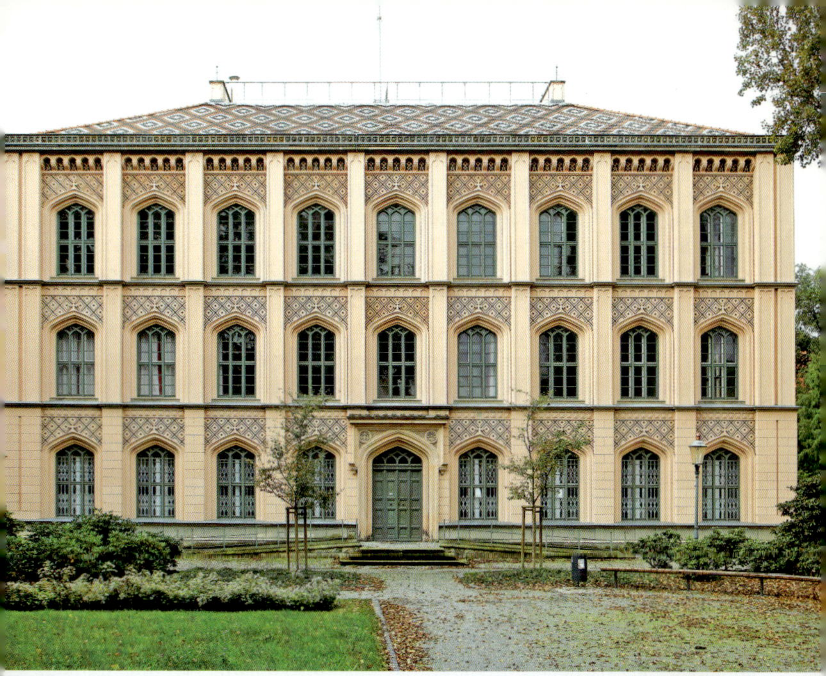

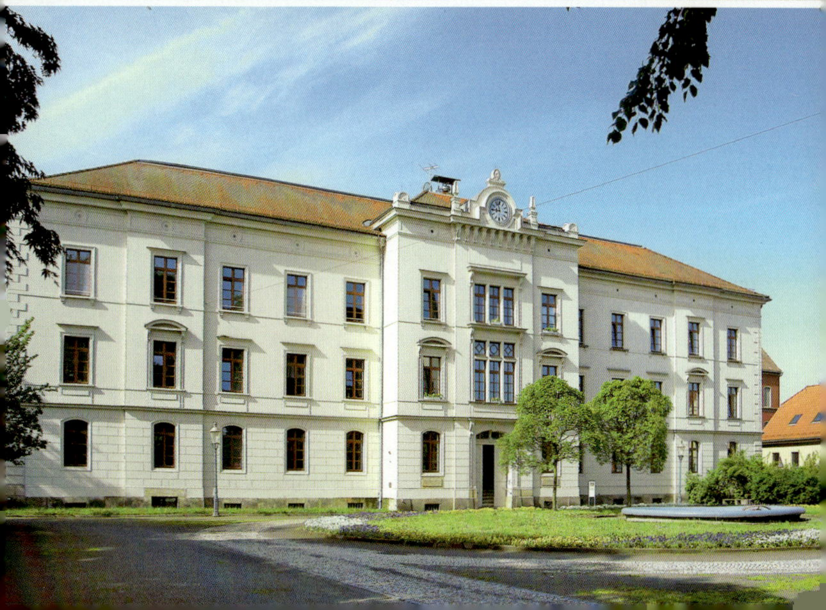

■ PESTALOZZISCHULE (1. BÜRGERSCHULE) | Theaterring 3

Friedrich Wilhelm Rudolph, der 1798–1823 dem Zittauer Gymnasium als Rektor vorstand, trennte die unteren Klassen vom Gymnasium und fasste sie in einer Bürgerschule zusammen. 1829 erhielten die Knaben ein eigenes Gebäude an der Schulstraße. 1863–1866 wurde ein neues Schulhaus im Bereich der nördlichen Ringstraße (1. Bürgerschule) errichtet. Zehn Tage nach der Eröffnung der Schule richtete die Preußische Armee, die Zittau im Preußisch-Österreichischen Krieg besetzt hatte, hier ein Lazarett ein. Das 1993/96 restaurierte Schulgebäude gehört heute zum Christian-Weise-Gymnasium.

Das historistische Bauwerk wurde in den Formen der italienischen Renaissance errichtet. Das dreigeschossige, längsrechteckige Gebäude mit Walmdach wird von einem fünfachsigen Mittelbau zwischen Seitenrisaliten (hier die Zugänge) betont, außerdem sind Eckrisalite ausgebildet. Die Ecken der Risalite sind in Rustikamanier verputzt. Die Rundbogenfenster des Mittelbaus werden von Etage zu Etage größer, im Obergeschoss liegt die Aula. Der Schriftzug „Pestalozzischule" verweist auf eine spätere Bezeichnung des Hauses.

■ MANDAUKASERNE | Martin-Wehnert-Platz 2

1867 wurde Zittau mit der Stationierung des in diesem Jahr neu gebildeten Königlich Sächsischen 3. Infanterie-Regimentes *Kronprinz* Nr. 102 ständige Garnisonsstadt. Bürgermeister Ludwig Haberkorn setzte sich mit Erfolg für den Bau einer großen Kaserne für 1.200 Personen ein. Als Bauplatz wählte man ein Gelände unweit der Mandau, 1868/69 wurde das historistische Gebäude unter der Leitung Emil Trummlers errichtet. 1893 erhielt es den Namen Mandaukaserne. 1919 wurde das Regiment im Zuge der Demobilisierung aufgelöst. Seit 1920 nutzte man das Haus zu Wohnzwecken, ab 1963 wurde es von der Offiziersschule genutzt, seit 1997 steht es leer.

Die Schaufassade des vier- bis fünfgeschossigen stadtbildprägenden Hauptgebäudes mit einer Länge von ca. 125 und einer Höhe von ca. 25 Metern vermittelt den Eindruck eines Schlossbaus. Sie wird durch den wuchtig hervortretenden Mittelbau geprägt. Über dem Hauptportal befinden sich die Wappen der Stadt, der Oberlausitz und Sachsens. An den Seiten der Gebäudeflügel sind oktogonale Türme mit Zinnen und aufgesetzten kleinen Türmchen ausgebildet. Im Hauptgebäude waren der Stab und die Mannschaften untergebracht. Im Hintergebäude wurde ein Offizierscasino eingerichtet, das erste in Sachsen. Außerdem diente es als Wirtschaftshof.

Bürgerschule. 1866. Teilansicht.
Emil Trummler: Mandaukaserne. 1868/69.

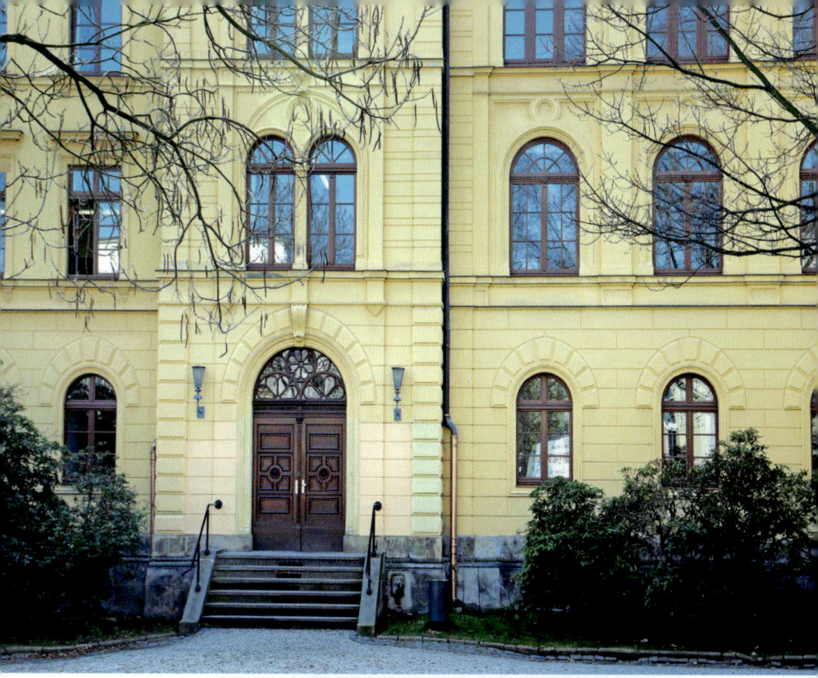

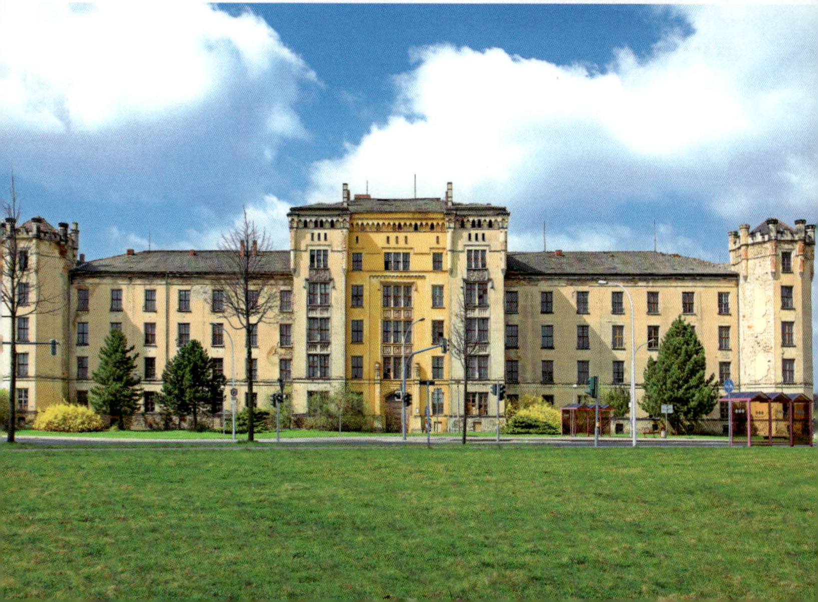

CHRISTIAN-WEISE-GYMNASIUM (JOHANNEUM) I

Theaterring 5

Geschichte • Architektur

Im Jahr 1855 hatte man am Gymnasium Realschulklassen eingeführt. Als von 1869 bis 1871 das neue Gymnasium errichtet wurde, entstand ein Schulgebäude, das die Klassen beider Institutionen unabhängig voneinander unter einem Dach vereinte. Die Planung des Neubaus lag bei Emil Trummler. König Johann war bei der Grundsteinlegung anwesend, weshalb sich die Bezeichnung Johanneum etablierte. Vor dem Ersten Weltkrieg erfolgte die Umwandlung in ein humanistisches Gymnasium, 1960 die Einrichtung als Erweiterte Oberschule (EOS). 1993 erhielt das Haus die Bezeichnung Christian-Weise-Gymnasium. 1996 und 2006–2008 wurde das Haus restauriert.

Das dreigeschossige, längsrechteckige Gebäude mit Walmdach mit einem überhöhten siebenachsigen Mittelbau und kurzen Flügelbauten an den Seiten erreicht eine Längenausdehnung von 115 Metern. An dem historischen Bauwerk finden sich Barock- und Renaissanceelemente. Der Schwerpunkt künstlerischer Gestaltung liegt auf dem mittleren Teil, in dem sich die Aula befindet. Außen ist sie an den hohen Fenstern kenntlich, die seitlich durch risalitartig vortretende Flügel begrenzt sind, in welchen die Treppenhäuser liegen. Diese werden von Dreiecksgiebeln bekrönt, die im Tympanon allegorische Skulpturen zu Wissen und Lernen zeigen. Im östlichen Giebelfeld steht ein Pentagramm auf einem Dreifuß im Mittelpunkt, um welches Eule und Adler, Amphoren, Lorbeer (?) und Fackeln sowie ein geflügelter Stern gruppiert sind. Das Pentagramm ist in diesem Kontext als Symbol für die Gesundheit an Leib und Seele im Sinne der Pythagoreer zu verstehen. Im westlichen Tympanon ist eine Tempelfront mit Sternen im Giebelfeld dargestellt, davor eine Doppelherme, darunter eine geflügelte Sonne mit Stern und Kreuz. Seitlich stehen zwei als Säulen gebildete Dreifüße, Symbole Apollos, mit Flammen und Sphingen; hinter diesen Waffen, ein Lorbeerkranz, kleine Altäre, Symbole des Hermes. Zwischen den Fenstern stehen dorische Pilaster, die ein Relieffeld mit Stadtwappen, Bienenkorb und Fackeln im unteren Bereich aufweisen.

Der an der Westseite angebaute 56 Meter hohe Glockenturm in neobarocken Formen erinnert an den 1869 abgebrochenen Bautzner Torturm. Die Pilaster und Gesimse des Glockengeschosses sind mehrfach verkröpft, ebenso der steile Pyramidenhelm aus Sandstein. Die bekrönende vergoldete Figur der Fama stammt vom alten Webertor (Kopie, Original im KHM Franziskanerkloster). Ein geplanter zweiter Turm an der Ostseite kam nicht zur Ausführung. An den Schmalseiten des Gebäudes finden sich kleine Balkone.

Emil Trummler: Neues Gymnasium, Glockenturm. 1869–1871.

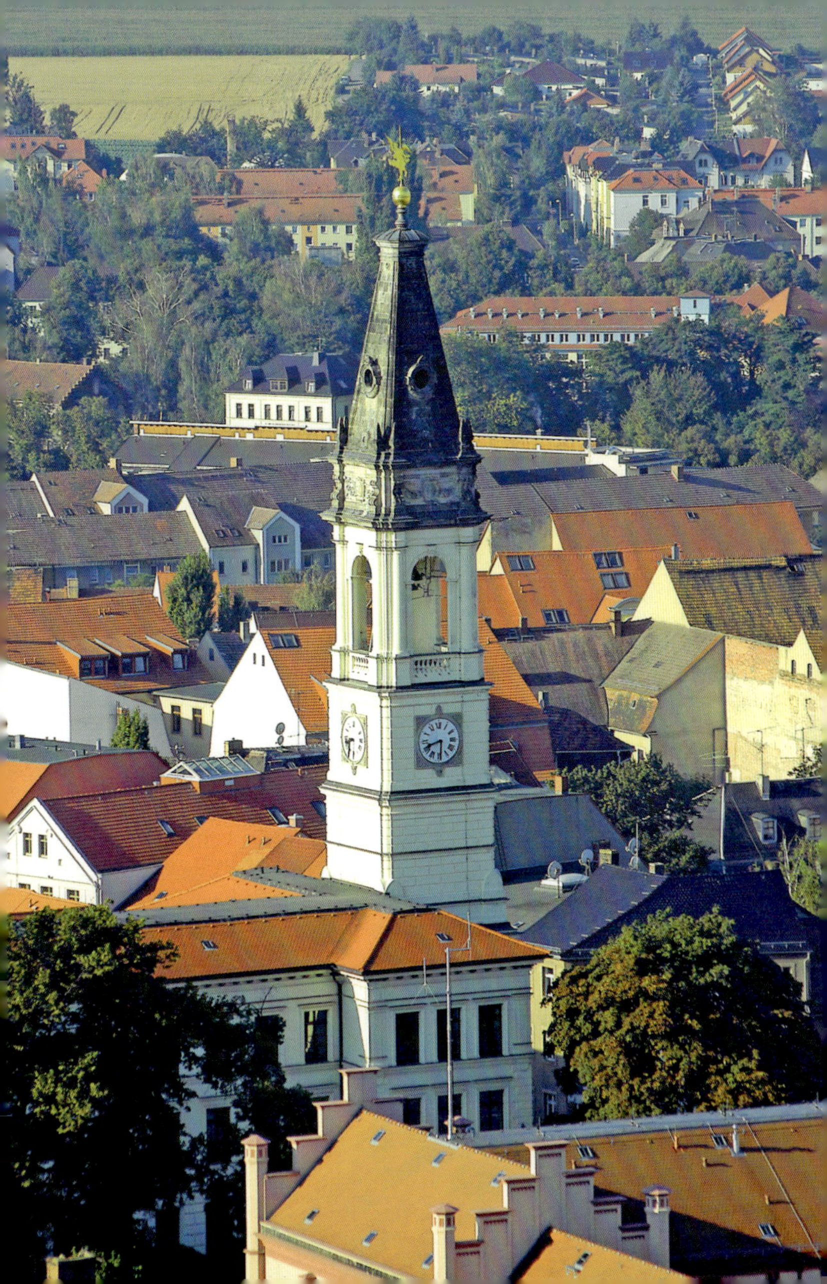

CHRISTIAN-WEISE-GYMNASIUM (JOHANNEUM) II

Theaterring 5

Ausstattung

Zwei Zugänge an der Nordseite, die auf die ursprüngliche Unterbringung von Realschule und Gymnasium zurückgehen, erschließen das Innere des Hauses. Die Eingangshallen werden durch dorische Säulen repräsentativ betont.

Der am aufwendigsten gestaltete Raum ist die 1879 eingeweihte Aula im ersten Obergeschoss. Sie nimmt den gesamten Raum von sechs Fensterachsen ein und ist über zwei Geschosse geführt. An der Westseite findet sich eine auf filigranen, aus Metall gegossenen ionischen Säulen lagernde Empore.

Die Südseite gestaltete Anton Dietrich 1872–1878 mit mehreren Wandgemälden. Innerhalb von Dietrichs Schaffen im Bereich der monumentalen Wandmalerei stellen sie einen der Höhepunkte dar. 1962 sollte das Werk aus ideologischen Gründen zerstört werden, nach Intervention der Denkmalpflege blieb es erhalten, wurde aber fortan verhüllt.

Das in Wachsmalerei auf Leinwand ausgeführte Hauptbild *Paulus predigt in Athen* steht dabei im Zentrum. Nach dem biblischen Text (Apg. 17, 22–23) gruppierte der Maler um den auf dem Areopag predigenden Paulus ein Figurenensemble. Im Hintergrund sind Bauten der Athener Akropolis, welche von der Goldelfenbeinstatue der Göttin Athena des Phidias überragt wird und im Vordergrund das Theseion zu sehen. Gerahmt wird die Szenerie von einer illusionistisch gemalten Renaissancearchitektur, welche mit der an der Wand befindlichen, aus Holz gearbeiteten Rahmung korrespondiert. Im Scheitel der Arkade verkündet eine Inschrift: „Ich fand einen Altar darauf war geschrieben: Dem unbekannten Gott: Nun verkündige ich euch denselben."

Flankiert wird das Werk von je zwei weiteren Gemälden: links Personifikationen Ägyptens und Griechenlands, rechts Deutschlands und Italiens. Sie versinnbildlichen die Kultur der Antike sowie die Kultur der Neuzeit. Dazwischen steht mit dem Paulusbild das Christentum, das als Vermittler zwischen Alter und Neuer Welt begriffen wurde. Unter dem Hauptbild werden auf drei kleineren Grisaillebildern wiederum die Antike, der Umbruch vom Mittelalter zur Renaissance sowie die Neuzeit dargestellt. Symbolisch werden diese Epochen durch Persönlichkeiten vertreten, die Antike u. a. durch Homer, Herodot, Sokrates, Platon, Aristoteles, Caesar; Mittelalter, Renaissance und Neuzeit durch Dante Alighieri, Erasmus von Rotterdam, Martin Luther, Philipp Melanchthon, Michelangelo Buonarroti, Leonardo da Vinci, Christoph Kolumbus, William Shakespeare, Gotthold Ephraim Lessing, Johann Wolfgang von Goethe, Friedrich von Schiller, Ludwig van Beethoven, Franz Liszt, Alexander von Humboldt.

Anton Dietrich: Ägypten. 1878.

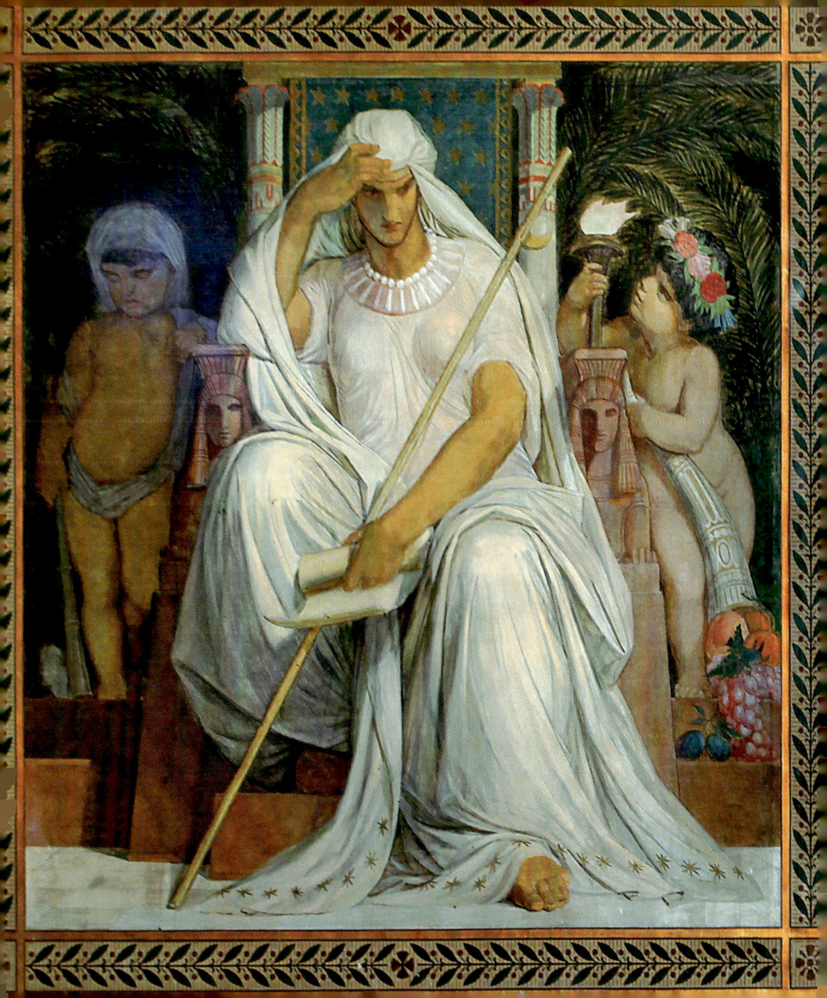

STADTBAD
Töpferberg 1

Auf halber Höhe des Töpferberges gab es Mineralquellen, deren Wasser man nach Böhmen exportierte. Eine der Quellen wurde 1595 von David Lübenau mit einer Pumpe versehen und 1604 erstmals mit Steinen eingefasst (Gesundbrunnen). Kurz nach der Mitte des 18. Jahrhunderts entstanden erste Badestuben. 1812 errichtete der Apotheker Johann Georg Knispel eine Badeanstalt östlich neben dem mittelalterlichen Speyvielturm der Stadtmauer. Diese Badeanstalt wurde seit 1816 als Augustusbad bezeichnet. Mitte der 1860er-Jahre genügten die Kapazitäten des Hauses dem großen Zuspruch nicht mehr. Der Stadtrat fasste einen Neubau ins Auge, 1866 konnte Emil Trummler hierzu erste Entwürfe vorlegen. 1871 erfolgte die Grundsteinlegung nach einem modifizierten Plan Trummlers. 1874 als eines der frühesten kommunalen Bäder fertiggestellt, ist es heute das älteste erhaltene und funktionierende Stadtbad in Deutschland. Mängel bei der inneren Raumaufteilung führten 1895 zu einem gravierenden Umbau durch Carl Adolph Rudolph und G. F. Trübenbach. 2004–2010 erfolgte eine umfassende Restaurierung, dabei wurde das Haus an der Westseite durch einen Anbau erweitert.

Das historistische Bauwerk im klassizistischen Stil nimmt bedingt durch die Hanglage unter den Ringbauten eine exponierte Stellung ein. Die Fassade zur Ringstraße wird von Säulengängen ionischer Ordnung bestimmt; bereits der Vorgängerbau hatte einen Vorbau mit 14 Säulen. Über dem mittleren Gebäudeteil erschließen zwei Freitreppen das Hauptgeschoss. Die Gebäudefront springt zweimal zurück, die Enden der Seitenflügel sind risalitartig betont. An der Fassade findet sich eine Inschrift von 1552, die möglicherweise Bezug auf den Bau der Grabenmauer der Stadtbefestigung unter dem Bürgermeister Hans von Huberk nimmt, eine weitere von 1600 von Prokopius Naso wohl auf den Ausbau der Mineralquelle. Die Krümmung der Ringstraße bewirkte eine leichte Abwinklung der Gebäudeflügel am Mitteltrakt. In den Bau wurde der Speyviel integriert, in dem die Technik untergebracht ist und der mit neu aufgesetztem zweigeschossigen Oberbau und Schornstein das Bad überragt.

Im Inneren legte Trummler im Untergeschoss eine kleinteilige Zellenstruktur für die vielfältigen Funktionen (Umkleideräume, Wannenbäder) an. Im Obergeschoss befanden sich das Frauen- und das Männerschwimmbecken (Ost- bzw. Westtrakt), je ca. 70 Quadratmeter groß. Die aufwendige Ausstattung blieb zum Teil erhalten. Im Obergeschoss des Anbaus ist eine 25-Meter-Schwimmbahn vorhanden. Im Turm findet sich eine kleine Ausstellung zur Geschichte des Hauses. Hier wird die Statue der Hygiea (1837) von dem Brunnen, der sich vor der Johanniskirche befand, aufbewahrt.

Emil Trummler: Stadtbad. 1874. Teilansicht der Westfassade.

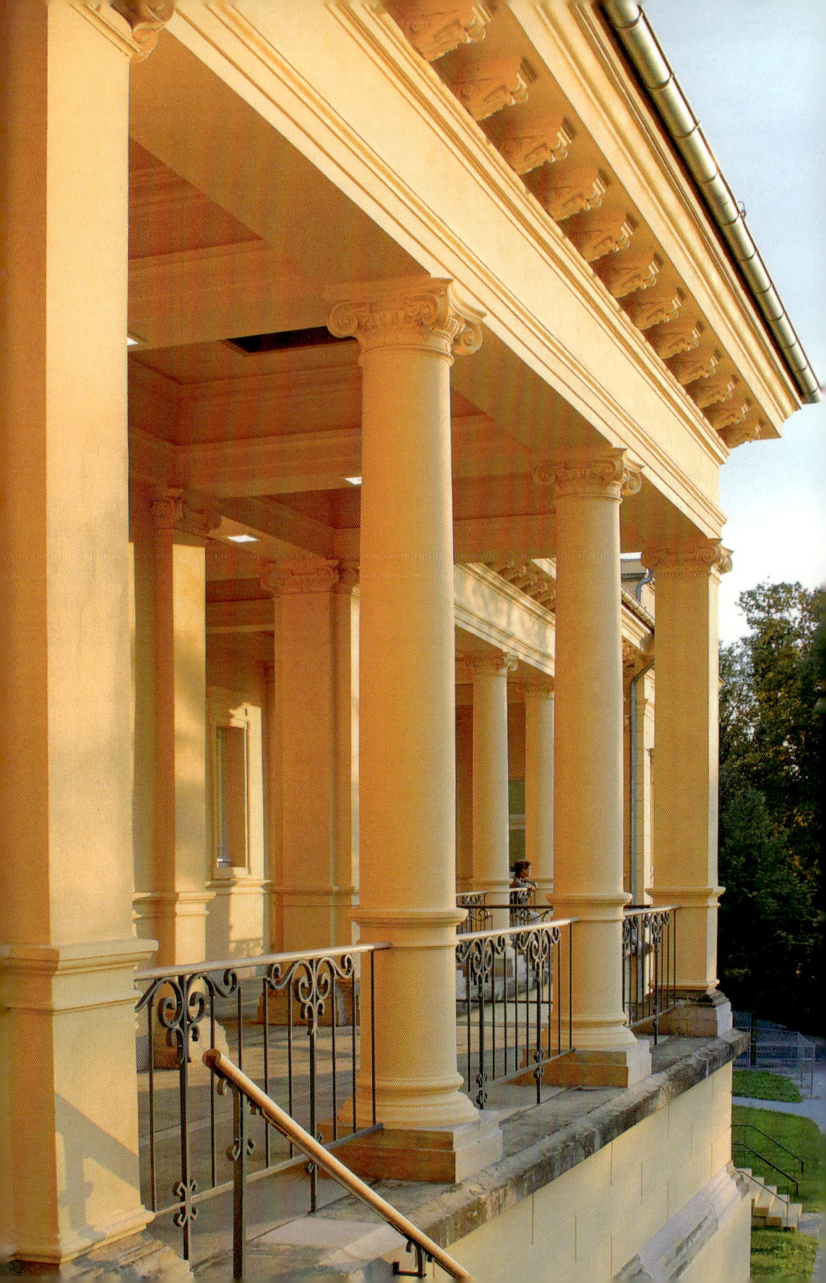

KAISERLICHES POSTAMT | Haberkornplatz 1

An der städtebaulich exponierten Stelle, an welcher die Bahnhofstraße auf die Altstadt trifft, neben dem Standort des 1869 abgebrochenen Bautzner Tores, wurde 1881–1883 das Kaiserliche Postamt errichtet. Die Post bestellte für die Planung und oberste Bauleitung einen eigenen Architekten, den Postbaurat Carl Christian Zopff aus Dresden. Zusammen mit dem Postgebäude wurde am Töpferberg/Ecke Milchstraße ein Telegrafenamt errichtet. 1927 wurden Post und Telegrafenamt miteinander verbunden, sodass heute die Gebäudefront am Töpferberg eine beachtliche Dimension erreicht.

Die Fassaden der beiden villenartigen, historistischen Gebäude sind in Formen der Renaissance gestaltet. Das Hauptportal des Postgebäudes ist durch Säulenstellung, Balkon und drei Ziergiebel mit Voluten und kleinen Obelisken hervorgehoben. Die Sandsteinfelder weisen teilweise Beschlagwerk auf. Diese Arbeiten wurden vom Steinmetz Bendix, der skulpturale Schmuck vom Bildhauer Schreiber aus Dresden ausgeführt. Der Sandstein korrespondiert mit dem mehrfarbigen Sichtziegelmauerwerk, das 1883 in Zittau noch selten verwendet wurde. In dem an der Südseite angefügten Turm ist die Treppe untergebracht. Er erinnert an die Türme der abgebrochenen Stadtbefestigung.

PARKSCHULE (2. BÜRGERSCHULE) | Karl-Liebknecht-Ring 4

Die Planungsvergabe für die zu errichtende 2. Bürgerschule erfolgte über eine deutschlandweite Ausschreibung, die Ludwig Hirsch aus Jena 1889 für sich entschied. Die Bauleitung vor Ort lag beim Zittauer Baumeister Oswald Fritsche. 1893 konnte das Gebäude fertiggestellt werden.

Die äußere Gestaltung des Schulhauses erfolgte in Formen der holländischen Renaissance, welche Hirsch ebenfalls an der Bürgerschule Jena (1892) verwendete. Die Fassade des lang gestreckten rechteckigen Gebäudes am Ring ist durch einen breiten Mittel- und zwei schmale Seitenrisalite gegliedert, ebenso die Rückseite. Die Risalite der Straßenfront werden von Renaissancegiebeln mit Dreiecks- bzw. Segmentverdachung und Obelisken bekrönt. In den Seitenrisaliten liegen die beiden Zugänge, entsprechend der damaligen räumlichen Trennung von Jungen- und Mädchenbereich innerhalb des Gebäudes. Diese Portale werden von Säulenstellungen eingefasst, die Fenster darüber sind durch Pilaster gerahmt. Das Äußere wird optisch durch die Verwendung von roten Sichtziegeln und gelblichen Sandstein bestimmt. Die regelmäßige Raumfolge im Inneren wird durch einen durchgehenden Korridor erschlossen. Die Beleuchtung erfolgte mittels eines großen verglasten Oberlichtes im Zentrum des Hauses, welches 1964 beseitigt wurde.

Carl Christian Zopff: Kaiserliches Postamt. 1881–1883.
Ludwig Hirsch: Parkschule (2. Bürgerschule). Vollendet 1893.

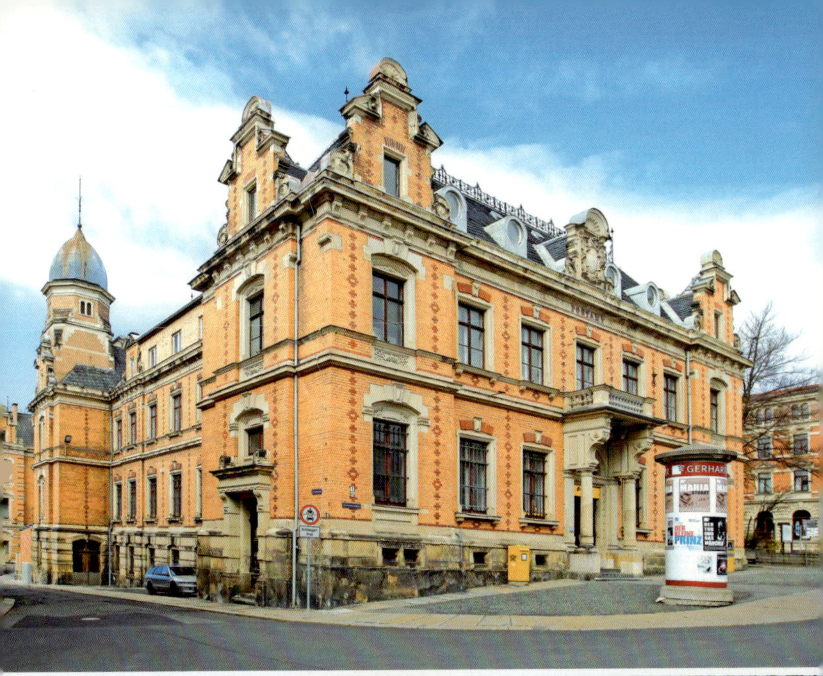

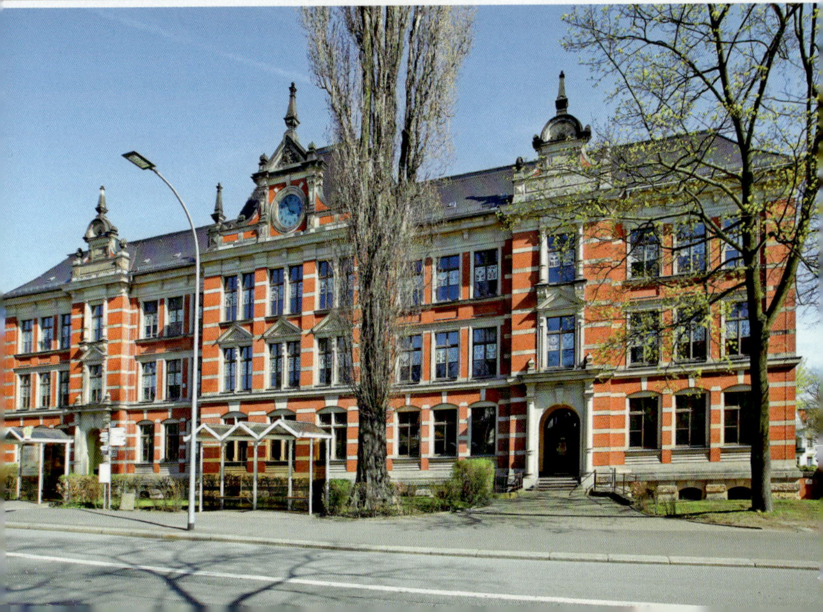

■ NEUES AMTSGERICHT | Lessingstraße 1

Für den Neubau eines Amtsgerichtes mit angeschlossenem Gefängnis in Zittau lagen bereits 1890 Pläne vor. Die Ausführung verzögerte sich wegen des Widerstands der Anwohner, die darauf verwiesen, dass der Bau gegen die geltende Bauordnung verstieß. Für das Bauvorhaben wurde nach langen Verhandlungen eine Ausnahmegenehmigung erteilt. 1911–1914 wurde der Gebäudekomplex nach Entwürfen des Landbauamtes Bautzen errichtet, verantwortlich war B. A. Grasselt. Das Gericht besteht aus zwei Gebäudeteilen, jeweils über rechteckigem Grundriss, die zueinander versetzt sind. Dadurch entstand an der Ecke Theaterring/Lessingstraße ein kleiner Platz; an der Gelenkstelle der beiden Gebäudeteile liegt der Haupteingang. Die Gerichtsräume finden sich in dem an der Lessingstraße gelegenen Flügel. Über eine Brücke ist das Haus mit dem Gefängnis, einem dreigeschossigen Bau über rechteckigem Grundriss, verbunden. Der Außenbau der Anlage zeigt neobarocke Formen, welche durch die großen Mansarddächer unterstrichen werden; vereinzelt hat man Schmuckelemente der Reformkunst eingebunden.

■ WEINAUSCHULE | Weinauallee 1

Die Vorentwürfe für die als Humanistisches Gymnasium errichtete Weinauschule mit Rektorenhaus lieferte das städtische Hochbauamt. Nachdem diese durch Stadtbaudirektor Emil Trunkel modifiziert wurden, erfolgte 1914 der Baubeginn. Die Fertigstellung des Bauwerks verzögerte sich bis 1920. Die Fassade zur Weinauallee wird durch den vorspringenden Mittelteil bestimmt, der durch Freitreppe und Bogenstellung akzentuiert ist. An der Fassade sind kleine Reliefs mit dem „Z" sowie zwei kleinen Köpfen angebracht, als „Germania" und „Paulus" bezeichnet, über dem Portal ein Relief, welches Athena und Nike darstellt. Am Rektorenhaus findet sich die Statue der Eirene. Die Skulpturen entwarf Rudolf Born. Die Aula verfügt über eine Holzbalkendecke und Buntglasfenster der *Werkstatt Richard Schlein*. Das Bildprogramm der Fenster versinnbildlicht die europäische Kulturgeschichte. Auf dem ersten Fenster steht der Parthenon für Griechenland, auf dem zweiten der Titusbogen für die römische Tradition, danach der Dom zu Florenz für die italienische Renaissance. Das vierte Bild zeigt das Münster der Stadt Straßburg für die Reformation, und das letzte Bild Johann Wolfgang von Goethes Haus am Frauenplan in Weimar für die Aufklärung. Die Bilder entwarf Fritz Krampf nach Ideen des Zittauer Rechtsanwalts und Kunstsammlers Franz Ulrich Apelt.

Neues Amtsgericht. 1911–1914.
Städtisches Hochbauamt: Weinauschule. Fertigstellung 1920.

SCHULE - AN - DER - WEINAU

■ HANDWERKERSCHULE | Hochwaldstraße 21A

Bereits um 1700 entstand in Zittau eine Industrieschule zur Ausbildung von Kindern aus ärmeren Familien (Friedensstraße 9). 1880 rief der Zittauer Gewerbeverein eine Sonntagszeichenschule ins Leben, die 1898 ein eigenes Schulhaus in der Brüderstraße 13 erhielt. 1901 erfolgte die Gründung der Handwerkerschule. 1927 erging der Beschluss zur Errichtung eines eigenen Gebäudes, die Planung lag beim städtischen Bauamt unter Stadtbaudirektor Erich Dunger. Von seinen Mitarbeitern nahm Max Wiederanders Einfluss auf den ausgeführten Bau, indem er Umgestaltungen an Aula, Turnhalle und Werkstattgebäude vornahm. Die Bauausführung erfolgte u. a. durch die Zittauer Firma *Franklin Weidhase*. 1928 wurde der Grundstein gelegt, 1930 konnte der erste Bauabschnitt übergeben werden. 1952 wurde im Haus die Lehrwerkstatt für das *IfA-Werk Phänomen (VEB)* eingerichtet, im Zusammenhang damit erfolgten 1953 Umbauten. Heute wird es von der 1992 gegründeten Zittauer Bildungsgesellschaft genutzt. Im Jahre 2000 erhielt das Berufliche Schulzentrum den Namen *Carl August Schramm*. Bis 2012 erfolgte eine gründliche Restaurierung der Baulichkeiten, in denen heute bis zu 1.000 Auszubildende in sieben Fachbereichen einen Fachoberschulen- oder Berufsfachschulabschluss erwerben können.

Der Gebäudekomplex steht in der Tradition der Bauhaus-Architektur und gilt als bedeutendstes Zeugnis dieser Stilrichtung in Zittau. Er zeigt einen stark aufgegliederten unregelmäßigen Grundriss, wie er von Walter Gropius dem Bauhausgebäude Dessau zugrunde gelegt wurde. Im Zentrum befindet sich das Foyer, von dem aus die unterschiedlichen Funktionsbereiche zugänglich sind. Vor dem Eingang wurde in den 1950er-Jahren die Bronzeplastik *Jugend lernt* von Joachim Liebscher aufgestellt. Das Foyer ist mit Buntglasfenstern ausgestattet, auf denen Zunftsymbole dargestellt sind. Sie entstanden 1930 in der *Kunstglaserei Richard Schlein*. Nördlich schließt ein viergeschossiger Trakt an, von dem rechtwinklig ein Flügel zur Schliebenstraße abgehen sollte, der nicht ausgeführt wurde. Hier befinden sich Unterrichts- und Verwaltungsräume. Vom Foyer aus wird der Bau der Aula stirnseitig bis zur Straße geführt, er schließt zusammen mit dem parallel dazu gelegenen ehemaligen Jugendheim (heute Kinder- und Jugendhaus Villa, Hochwaldstraße 21B) und der Turnhalle einen kleinen Hof ein. Der Festsaal ist an den Längsseiten durch hohe Rechteckfenster betont, er verfügt über eine Bühne und eine an der Ostseite eingezogene, verglaste Empore. An der Ostseite des Foyers erhebt sich ein markantes turmartiges, halbrundes, verglastes Treppenhaus. Dahinter lagert sich ein rechteckiger eingeschossiger Gebäudetrakt, der einen Innenhof umschließt; hier befanden sich ursprünglich Werkstätten.

Städtisches Bauamt: Handwerkerschule, Treppenhaus. 1928/30. Teilansicht.

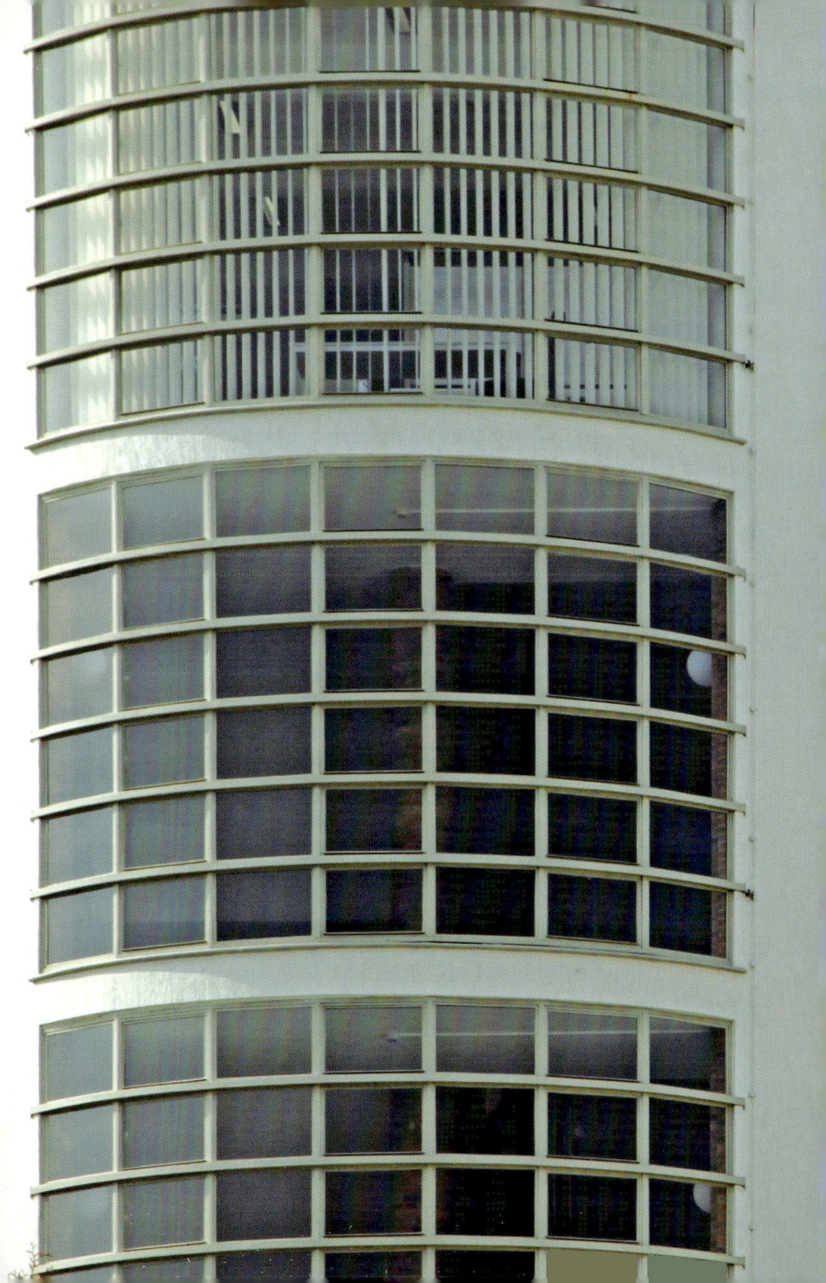

GERHART-HAUPTMANN-THEATER | Theaterring 12

Bereits 1801 wurde ein klassizistischer Theaterbau auf der Neustadt errichtet, der 1932 abbrannte. Für den Neubau wurde ein Wettbewerb ausgeschrieben, in welchem sich Alfred Hopp durchsetzte. Die Bauausführung kam an Hermann Reinhard Alker, der den Plan Hopps modifizierte. 1936 wurde der erste Theaterneubau im nationalsozialistischen Deutschland als *Grenzlandtheater* eingeweiht. 2009/10 erfolgte eine umfassende Sanierung. Das Theater wird der klassischen Moderne zugeordnet und weist im Außenbau Anklänge an die Bauhaus-Moderne auf. Der sachlich funktionale, längsrechteckige Bau mit Portikusanbauten wurde mit der Eingangsfront zum Stadtring errichtet. Hier ist dem Gebäude auf einer Freitreppe eine Pfeilerloggia vorgelagert. Das hohe Foyer greift das Pfeilermotiv zur Gliederung der großen Fensterfläche nochmals auf. Überragt wird es von einem 22,50 Meter hohen Bühnenturm. Der Zuschauerraum mit 700 Plätzen verfügt als Schmuck über einen anderthalb Tonnen schweren, 8 x 4 Meter messenden Kronleuchter. Besondere Sorgfalt verwendete man auf die Lösungen der technischen Anforderungen an Bühnentechnik, Akustik und Lüftung. Der Entwurf für die Wandgestaltung des Foyers geht möglicherweise auf August Babberger zurück. Bei der Sanierung des Theaters wurde das Foyer neu gestaltet.

VERWALTUNGSGEBÄUDE HOCHSCHULE ZITTAU-GÖRLITZ | Theodor-Körner-Allee 16

Aus der 1951 begründeten *Ingenieurschule für Elektroenergie* ging 1969 die *Ingenieurhochschule Zittau* hervor. 1988 erhielt die Einrichtung den Status einer Technischen Hochschule. 1992 wurde die *Hochschule für Technik, Wirtschaft und Sozialwesen Zittau/Görlitz (FH)* gebildet, deren Sitz sich in Zittau befindet. An der Hochschule sind ca. 3.800 Studierende immatrikuliert.

Für die Verwaltung wurde 1971–1974 ein Bürogebäude errichtet. Der Typenbau wurde unter der Bezeichnung „Metallleichtbau Typ Leipzig" seriell gefertigt. Die Fassade wird durch Aluminiumstreben vertikal gegliedert, in welchen etagenweise lange Fensterstreifen verlaufen. Eine besondere Akzentuierung wird durch die Verwendung von roten Glasflächen bei der Fassadenverkleidung erzielt. Der Hauptzugang liegt an der linken Seite und wird durch ein Schutzdach hervorgehoben. Der Eingangsbereich wurde zusätzlich durch einen Brunnen und Fahnenmasten, deren Neunzahl auf die Staaten des Warschauer Paktes verwies, hervorgehoben. Diese Werke schuf Joachim Liebscher 1974–1977.

Hermann Reinhard Alker: Theater. 1936.
Hochschule Zittau-Görlitz (FH): Verwaltungsgebäude 1971–1974. Teilansicht.

GERHART-
HAUPTMANN-
THEATER

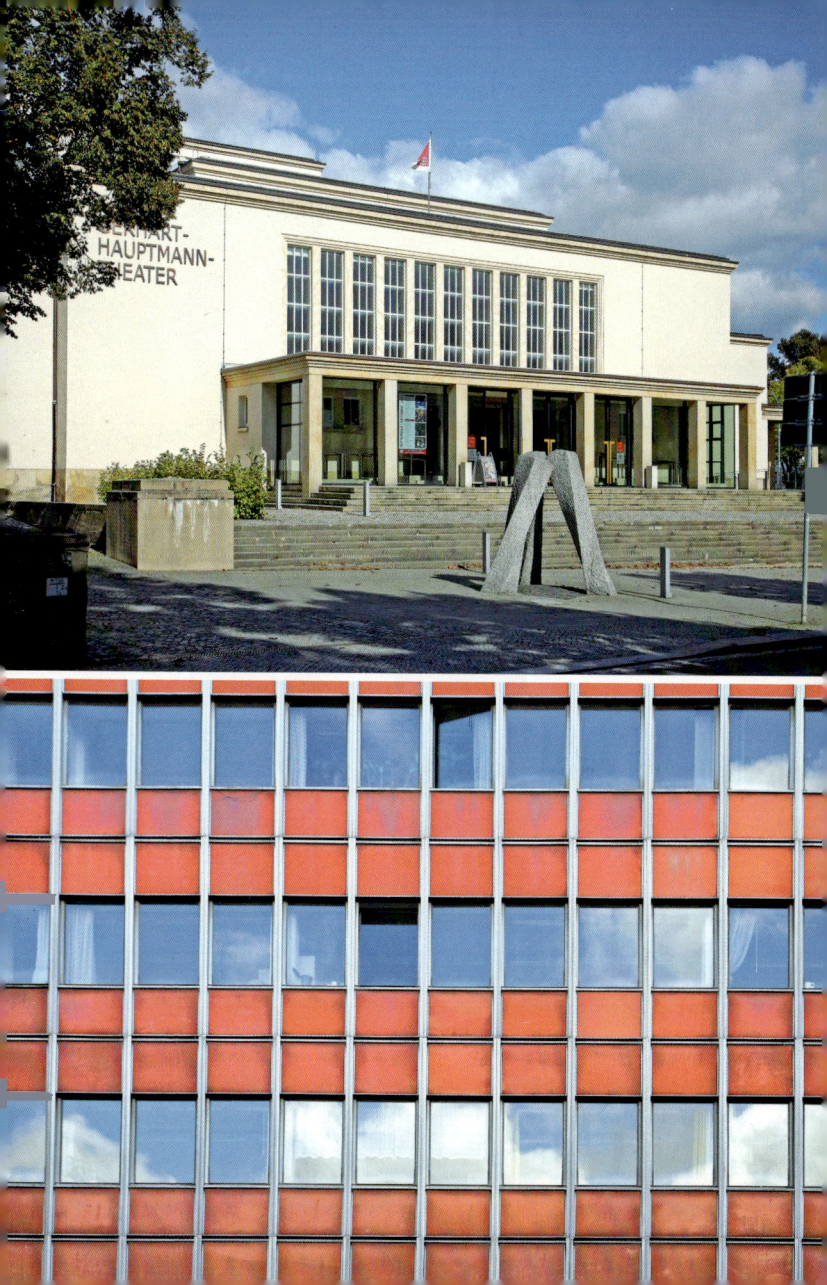

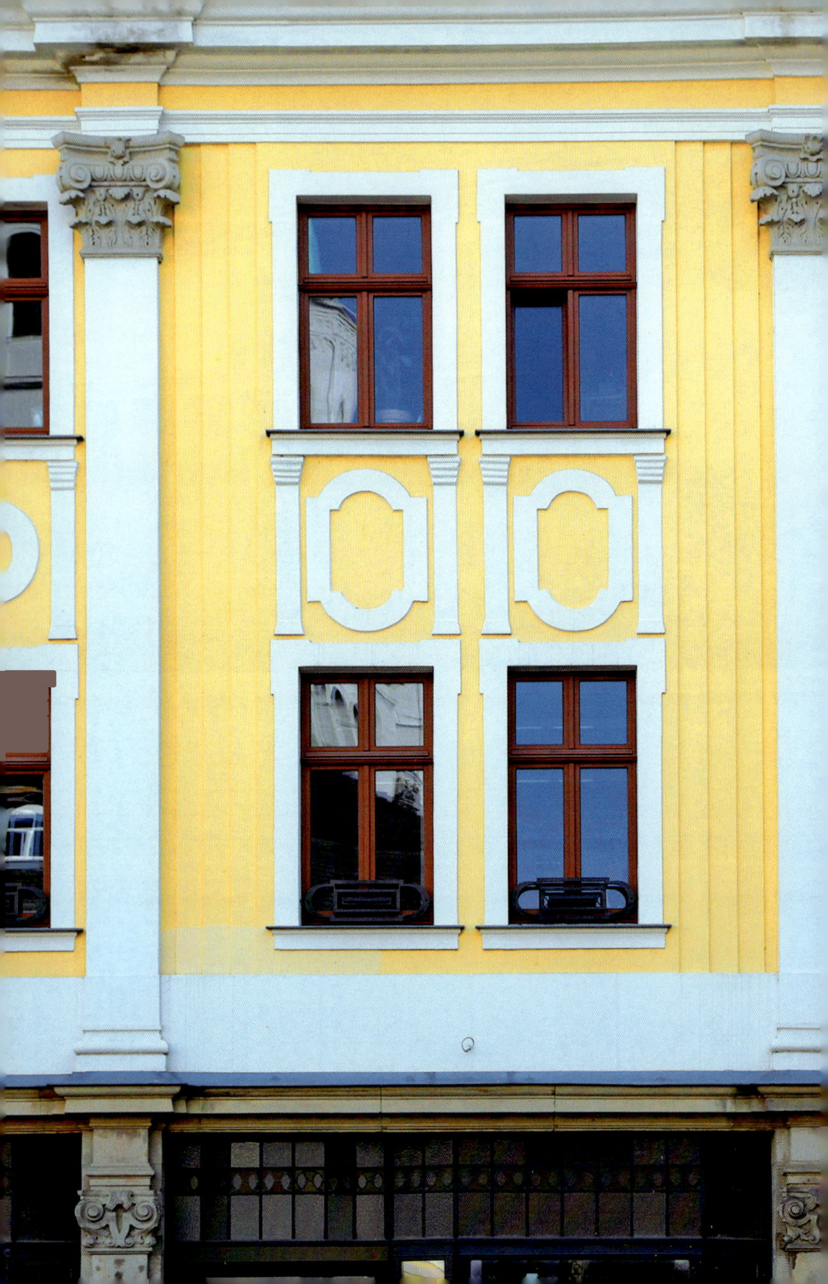

▎ VILLEN UND HÄUSER

Haus Markt 21.

SÄCHSISCHER HOF I

Neustadt 34

Geschichte • Architektur

Das Eckhaus Neustadt 34 war möglicherweise eines der ersten Gebäude Zittaus, das mit Elementen der Renaissancearchitektur versehen wurde. Dies lässt sich anhand der erhaltenen Reste bildhauerischen Schmuckes und einer im Jahre 1816 noch lesbaren Jahreszahl „1532" am Gewände des erhaltenen Renaissanceportals vermuten. Denkbar wäre auch, dass es sich um einen völligen Neubau handelte. Der älteste bekannte Besitzer war Lucas Mahler (gest. 1544), der 1535 als Mitglied des Rates genannt wird. Im Jahr 1748 erwarb Tobias Burckhardt das Haus und ließ es 1749 in der heutigen Gestalt neu aufbauen. Dabei hat man vom Vorgängerbau bildhauerischen Schmuck und ein Portal von 1532 übernommen und ins Innere bzw. in den Hof umgesetzt. 1757 wird es als Hotel *Sächsischer Hof* genannt. Während der Beschießung am 23. Juli 1757 nahm das Haus Schäden, die aber bald behoben wurden. 2014/15 erfolgte eine umfassende Restaurierung.

Das Äußere des ehemaligen Hotels *Sächsischer Hof* wird vom barocken Umbau durch Burckhardt geprägt. Wie beim Besser'schen Haus hat man die Fassaden lediglich an den Ecken bzw. Seiten mit Pilastern versehen, dafür aber Portal und Eckerker in kraftvollen barocken Formen gestaltet. Das Portal an der Neustadt mit verkröpften Pilastern und gerader Verdachung hat als Voluten gestaltete Giebelansätze, zwischen denen eine Schmuckvase steht. Die Türflügel blieben erhalten. Der über zwei Etagen geführte Eckerker aus Sandstein lagert auf kräftigen, als Voluten ausgebildeten Konsolen. Die Brüstung des Erkers weist weitere Verzierungen auf. Das Haus verfügt außerdem über ein stattliches Mansarddach. Eine Gedenktafel an der Frauenstraße erinnert an zwei von der SS im Jahr 1933 an dieser Stelle ermordete Kommunisten.

An den kleinen Innenhof schließt der ehemalige Pferdestall auf rechteckigem Grundriss an. Hiervon blieb das aufgehende Mauerwerk an zwei Seiten bis zu einer Höhe von ca. 2 Metern, an der Südseite bis zu 6 Metern und der Torbogen zum Hof erhalten. Nach dem Abriss zweier Häuser zwischen dem Sächsischem Hof und dem Grünen Ring sowie des Hintergebäudes des Grünen Ringes ist dieser Bereich von außen einsehbar. Erhaltene Architekturelemente wurden bei der letzten Restaurierung beseitigt. Über dem Stall befand sich der Festsaal, dessen Ausstattung im pompeianischen Stil gehalten war. Im Inneren des Hauses weisen die Räume des Erdgeschosses noch Gewölbe auf, die Räume der oberen Etagen sind schmucklos. Die tonnengewölbten Kellerräume gehen noch auf das Mittelalter zurück.

Sächsischer Hof. 1749.
Sächsischer Hof: Portal. 1749. Teilansicht.

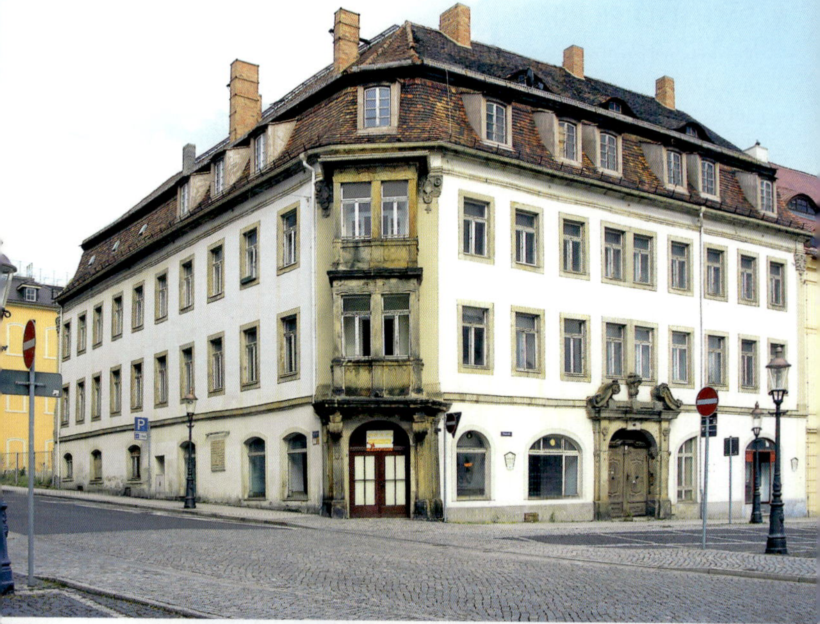

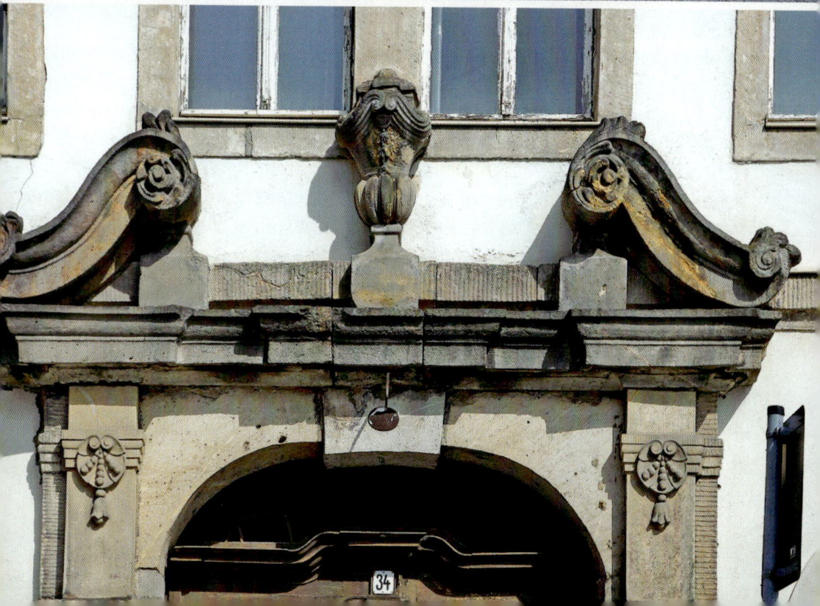
34

SÄCHSISCHER HOF II | Neustadt 34

Renaissancereliefs

Aus der Renaissancezeit haben sich nicht nur ein 1749 in das Hausinnere versetztes Portal von 1532 erhalten, sondern darüber hinaus vier Reliefbilder mit Themen aus der antiken Mythologie. Sie sind in kulturgeschichtlicher Hinsicht in der Oberlausitz einzigartig. Lange Zeit war die Bedeutung der Bilder, die von einem unbekannten Meister geschaffenen wurden, unklar. 1816 brachte Johann Gustav Büsching die Szene am Portal mit dem sog. Bierkrieg von 1491 zwischen Zittau und Görlitz in Zusammenhang, während dem die Zittauer in Görlitzer Ratsdörfern Kuhraub betrieben. Erst 1930 hat Ernst Seeliger zeigen können, dass dem Bildprogramm antike Mythen zugrunde liegen und hierbei insbesondere die Cacusgeschichte nach der bei Vergil überlieferten römischen Variante des Heraklesmythos: Das Ungeheuer Cacus raubte dem Heros die geryonischen Rinder. Er legte eine falsche Fährte, indem er die Tiere rückwärts am Schwanz fortzog. Herkules fand ihn trotzdem und tötete ihn. Eines der Reliefs zeigt am linken Rand Cacus, der eine den Betrachter verblüfft anblickende Kuh am Schwanz fortzieht, zwei weitere Kühe folgen ihr. Am rechten Bildrand steht als nackte Rückenfigur Herkules. Das Portal selbst weist eigenwillige Formen auf: Der Bogen mit abgeschrägten Gewänden zeigt oben reliefierte Blumen, die äußere Profillinie des Bogens wird von flankierenden Säulen durchbrochen, deren korinthische Kapitele über Eck gestellt sind. Darüber lagert ein verkröpftes Gesims. Am Rand des Reliefbildes findet sich ein Künstlerwappen sowie ein Wappen mit den Buchstaben „H F M".

Daneben haben sich drei weitere Reliefs erhalten. Sie zeigen einmal die Geburt des Zeus, den seine Mutter Rheia heimlich zur Welt bringt, weil sein Vater Kronos seine Kinder, von denen er nach einer Prophezeiung seine Weltherrschaft bedroht sah, verschlang. Der Inhalt dieses Reliefs konnte erst 2005 richtig entschlüsselt werden. Das zweite Relief stellt den Zeusknaben mit der Nymphe Amaltheia dar, die ihn heimlich in der idäischen Grotte auf der Insel Kreta aufgezogen hat. Die im Hintergrund dargestellte Ziege nährte den jungen Gott mit ihrer Milch. Diese beiden Reliefs, die sich heute im Hof des Hauses befinden, gehören also thematisch zusammen. Ein weiteres, heute im KHM Franziskanerkloster befindliches Relief zeigt Herkules mit dem Nemäischen Löwen kämpfend, eine der Arbeiten des Halbgott. Die Reliefs waren ursprünglich vermutlich farbig gefasst und sind möglicherweise Teil eines umfangreicheren Bildzyklus.

Haus Neustadt 34: Geburt des Zeus. 1532.
Haus Neustadt 34: Zeus und Amaltheia. 1532.

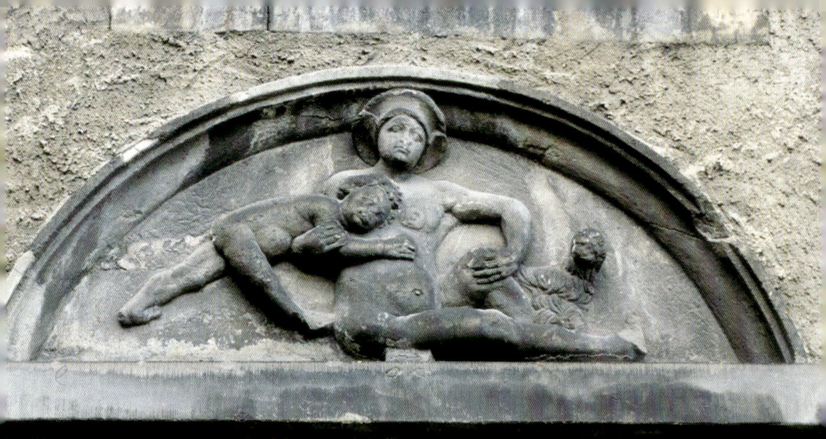

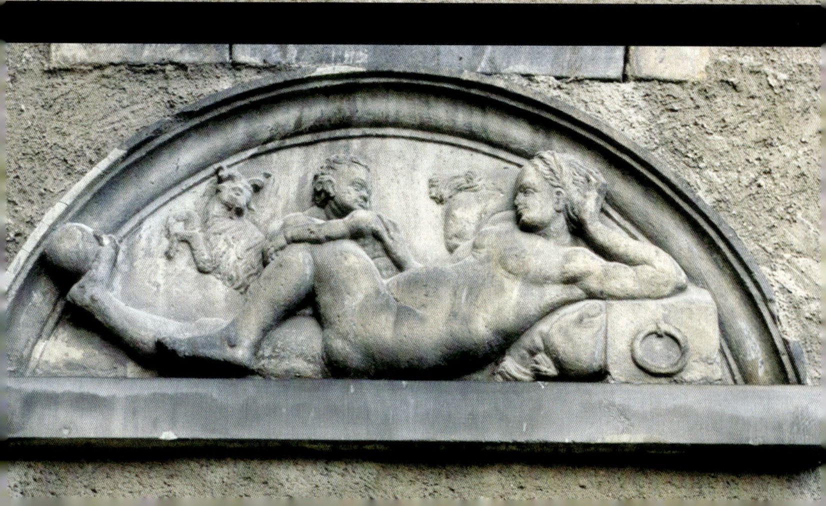

DORNSPACHHAUS | Bautzner Straße 2

Das älteste erhaltene Wohnhaus der Stadt ist nach Nikolaus von Dornspach benannt. Dornspach stammte aus Mährisch Trübau, kam 1536 als Lehrer nach Zittau und heiratete 1539 Christine Just. 1542 kam er in den Rat, nach dem Pönfall wurde er 1549 Bürgermeister, 1556 geadelt, 1559 Kaiserlicher Rat. Auf sein Betreiben entstand das Zittauer Gymnasium, welches sich zu einem Zentrum des Humanismus in den böhmischen Ländern entwickelte.

Im Jahr seiner Heirat erwarb Dornspach das Grundstück mit einem bestehenden älteren Haus. 1553 ließ er, nachdem er auch den ehemaligen Komturgarten gekauft hatte, umfängliche Umbauten vornehmen und dabei das Vorderhaus erweitern. Kurz nach dem Stadtbrand von 1608 kam es zu weiteren Umbauten, vielleicht durch Matthäus Schnitter, der das Haus 1610 erwarb. 1694 kaufte Christian Weise das Gebäude. Nach einer Nutzung als Apotheke wurde darin Anfang des 20. Jahrhunderts eine Volkslesehalle eingerichtet. Das Dornspachhaus wurde 1998 restauriert und seither gastronomisch genutzt.

Teile des Hauses weisen noch gotische Formen auf und gehen auf die Zeit vor dem Umbau von 1553 zurück. Sie sind vermutlich in der Mitte des 15. Jahrhunderts entstanden, so ein Torbogen sowie eine Fensterrahmung mit Verstabungen an der Bautzener Straße. Im Inneren finden sich noch einige Kreuzgratgewölbe. Die Jahreszahl 1553 steht auf dem geraden Sturz der kleineren Tür. Aus dieser Zeit stammt vermutlich auch der kleine Erker. Kurz nach dem Stadtbrand 1608 ist das größere Tor entstanden. Die lateinische Inschrift darauf zitiert Plutarch, der über Alexander den Großen sagt: „REGIVM EST BENE FACERE ET MALE AVDIRE" – „Es ist das Schicksal der Könige, Gutes zu tun, aber in schlechten Ruf zu stehen".

Der tonnengewölbte Gang führt auf einen Arkadenhof mit toskanischen Säulen, welcher vermutlich wie das Tor kurz nach 1608 entstanden ist. Am Bau fanden sich Reste von Sgraffiti. Die äußere Gestaltung des Hauses weist eine aufgemalte Rustikaquaderung mit Würfelfries auf. Der in einfachen Formen gehaltene Giebel mit Segmentbogenverdachung wird auf 1680 datiert. Die Kellergewölbe des Hauses stammen noch aus dem 13. Jahrhundert.

Das Dornspachhaus verkörpert den vermutlich ältesten Zittauer Haustyp, der strukturell noch auf das Mittelalter zurückgeht. Im Eingangsbereich des Vorderhauses liegt eine Halle, von der aus ein überwölbter Gang zum Hof führt und neben der sich links eine weitere Halle befindet, von welcher die das Innere des Hauses erschließende Treppe abführt. Im Hinterhaus lagen die Wirtschaftsräume.

Dornspachhaus. 1553.
Dornspachhaus: Hofarkade. Um 1610.

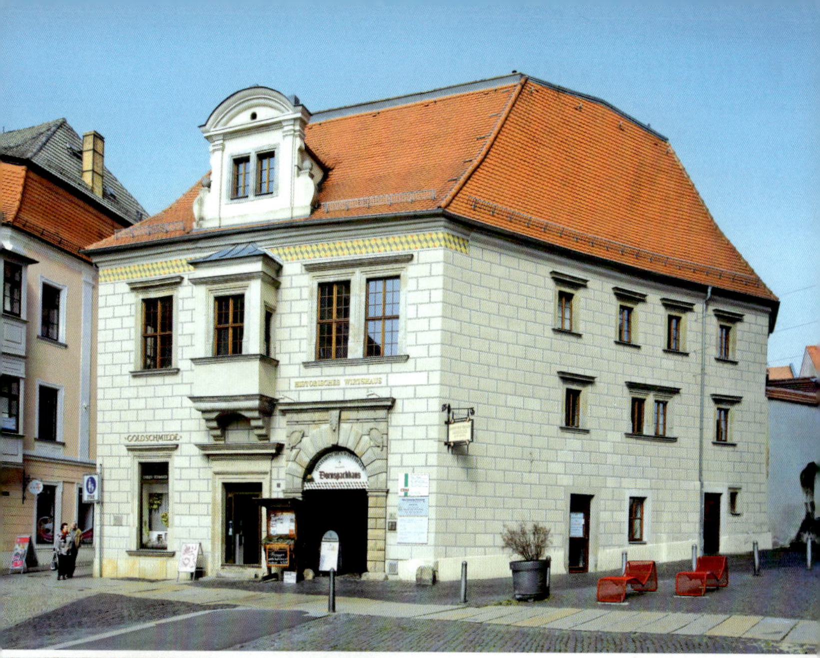
HISTORISCHES WIRTSHAUS
GOLDSCHMIEDE
Domspatzhaus

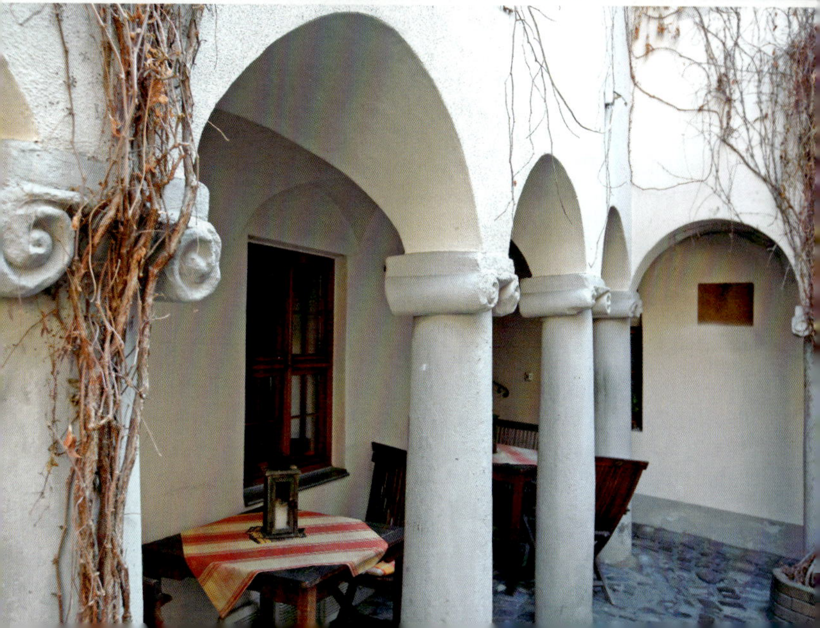

■ STOLLE'SCHES HAUS | Markt 24

Das Grundstück gehörte bis 1677 der Familie von Hartig. Johann Philipp Stoll, dessen Vater bereits das Bürgermeisteramt bekleidet hatte, kam nach seinem Studium in Jena 1662 nach Zittau zurück und heiratete die Tochter des Bürgermeisters Christian von Hartig. Stoll bekleidete sechsmal das Amt des Bürgermeisters. 1677 übernahm er das Haus Markt 24 und ließ bis 1678 einen tiefgreifenden Umbau vornehmen, der vor allem das Äußere des Hauses grundlegend veränderte. Er führte damit den Barock in Zittau zu einem sehr frühen Zeitpunkt ein, zudem ist der ungewöhnliche Bau eines der frühesten Beispiele barocker Architektur im Gebiet des ehemaligen Kurfürstentums Sachsen. Das Gebäude diente nach 1757 bis 1845 als Rathaus. 1850 zog das Königliche Amtsgericht ein, danach diente das Haus als Bankgebäude. Bis 2002 hatte das Zittauer Finanzamt hier seinen Sitz, seither steht es leer.

Das Haus wurde über trapezförmigen Grundriss errichtet, von der schmaleren Marktseite her wird es in die Tiefe breiter. Stoll wollte ein repräsentatives Haus von fünf Achsen Breite zum Markt erbauen. Aus Rücksicht auf die komplizierte Ecklage am Mandauer Berg mussten aber zwei Fensterachsen zurückgesetzt werden. Danach bildeten die drei übrigen Achsen, in deren mittlerer sich das Portal befindet, die Marktfront des Gebäudes. Die vom Barock angestrebte Symmetrie wird damit an diesen drei Fensterachsen hergestellt. Das Portal ist von einem gesprengten Dreiecksgiebel bekrönt und trägt in einer Kartusche die Initialen „J P S" für den Namen des Bauherrn; auf den Giebelachsen stehen Pinienzapfen. Abgesehen vom Eingangsbereich ist die Fassade streng durch toskanische Pilaster gegliedert, die in der Manier der Kolossalordnung vom Gurtgesims zwischen Erdgeschoss und erstem Obergeschoss bis zum Dachsims durchlaufen. Das Mansarddach hat bedingt durch den Grundriss eine ungewöhnliche Form, weil jeder Versatz einen eigenen Dachgrat hat, die dann alle im Dachfirst zusammentreffen.

Im Inneren des Hauses liegt zunächst des Eingangs eine große gewölbte Halle, von der aus ein Gang zum Hof führt und eine dreiläufige Treppe das Obergeschoss erschließt. In der großen Halle des Erdgeschosses befindet sich ein Relief des Markuslöwen, ein Werk der Spätrenaissance. Es weist auf Johann Jacob von Hartig, der Ritter des Markusordens war. Es zeigt den Löwen mit Nimbus, Schwert und aufgeschlagenem Buch, worin die Worte stehen: „PAX TIBI MARCE EVANGELISTA MEUS" – „Friede sei mit dir, Markus, mein Evangelist". Im Hinterhaus ist vom älteren Bau noch ein Tor mit Renaissancequaderung erhalten. Das Haus ist im Innenbereich durch spätere Umbauten stark verändert worden.

Stolle'sches Haus. Vollendet 1678.
Stolle'sches Haus: Kartusche am Portal. 1678.

1678

HARTIG'SCHES HAUS | Neustadt 23

Jakob Hartig gehörte einer aus Schlesien stammenden Familie an, war seit 1561 Bürger der Stadt sowie Kaufmann und Ratsherr. 1586 wurde der Familie der Adelstitel verliehen, Christian von Hartig erhob man 1645 in den Reichsadelsstand. Er war dreizehnmal Bürgermeister in Zittau. Sein 1639 geborener Sohn Johann Jacob studierte Philosophie und Rechte in Leipzig und Padua, bereiste Italien und Frankreich, kehrte 1666 nach Zittau zurück, wo er bis 1718 dreizehnmal das Bürgermeisteramt bekleidete.

Zwischen 1681 und 1683 ließ Johann Jacob von Hartig das Haus Neustadt 23 umbauen. Es zählt zu den frühesten barocken Häusern Zittaus. Es wird vermutet, dass der Baumeister aus Böhmen kam. Als mögliche Vorbilder für die Formen sah man das Prager Czerninpalais oder, was wahrscheinlicher ist, das Schloss Raudnitz.

Im Vergleich zu dem etwas früher, 1678 erbauten Haus Markt 24 wirkt der Fassadenschmuck des Hartig'schen Hauses aufwendiger. Die Neustädter Seite des Gebäudes wird an den beiden Obergeschossen durch durchlaufende toskanische Pilaster gegliedert, ein Motiv, das sich bereits am Haus Markt 24 findet. Unter den Pilastern verlaufen im Erdgeschoss Lisenen mit Putzquaderung. Das Portal in der Mittelachse wird von toskanischen Halbsäulen gerahmt, die Pilastern vorgestellt sind; darüber verläuft ein Triglyphenfries. In den Feldern zwischen den Triglyphen finden sich Ornamente. Von den acht Fenstern der Front sind sechs zu je zweien zusammengefasst und in der ersten Etage mit Dreiecks- und Segmentgiebeln verdacht. In den Giebeln finden sich Schmuckelemente, die Fenster des zweiten Obergeschosses haben keine Verdachungen, aber ebenfalls Schmuckwerk. Unter dem Sims verläuft wiederum ein Triglyphenfries, in dessen Schmuckfeldern reliefierte Sterne sitzen.

Die Fassade zur Frauenstraße ist einfacher gestaltet und bezog wohl eine vorher vorhandene Mauer ein, sodass die Front nicht gerade ist. Die volle Längenausdehnung in der Frauenstraße mit ca. 30 Metern wurde 1746 erreicht, als der damalige Besitzer August Michael Förster das benachbarte Gebäude erwarb und dessen Fassade an die bestehende des Hartig-Baus anpasste. Bei Umbauten 1881 und 1896 wurden das Mansarddach zu Wohnzwecken ausgebaut und die Öffnungen für die Läden geschaffen. Im Inneren ist das Haus stark verändert. Über dem Tor fand sich eine Inschrift, die den Entsatz Wiens 1683 feierte.

Hartig'sches Haus. 1681–1683.
Hartig'sches Haus: Portal. Teilansicht.

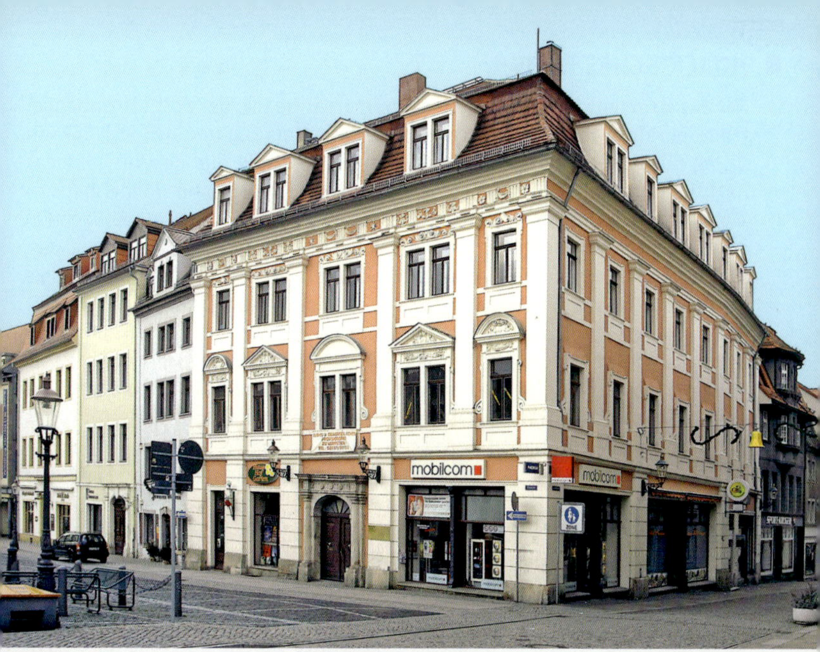
mobilcom
mobilcom
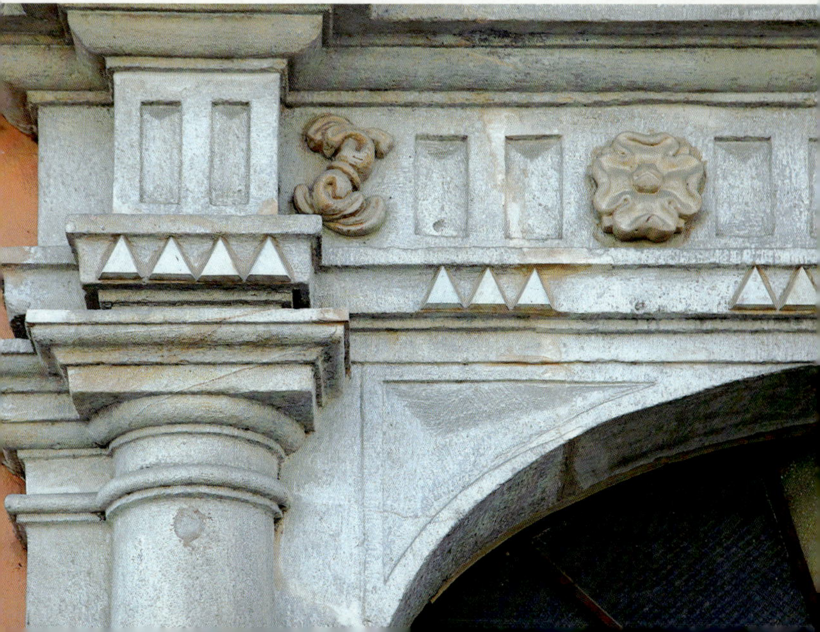

■ NOACK'SCHES HAUS | Markt 4

Der aus Bautzen stammende Kaufmann Andreas Noack, der dort Leinenhandel trieb, heiratete 1672 die Zittauerin Anna Maria Heinrich und ließ sich 1676 in Zittau nieder. Er erwarb 1677 das Grundstück am Markt, auf dem bis 1689 das nach ihm benannte Haus errichtet wurde. Noack führte sein Handelshaus in Zittau sehr erfolgreich, er war königlicher Zolleinnehmer und wurde Ratsmitglied. Sein Haus verdeutlicht eindrucksvoll die wirtschaftliche Potenz und den künstlerischen Anspruch der Zittauer Kaufmannschaft und des Stadtadels jener Zeit. 2012/13 wurde der Außenbau des Hauses restauriert.

Das viergeschossige Haus mit Mansarddach zählt zu den frühbarocken Bauten Zittaus. Der Schwerpunkt der Gestaltung liegt auf der marktseitigen Fassade. Das Portal wird von einer toskanischen Säulenstellung auf Postamenten und von einem gesprengten Dreiecksgiebel gerahmt. Im Schlussstein des Korbbogens stehen in einer Kartusche die Initialen „AN" und die Jahreszahl „1689". Vermutlich war der Mittelteil des Hauses als Dacherker ausgebaut und das dritte Obergeschoss nur ein Halbgeschoss; Hauptsims und Obergeschoss wurden später verändert. Auf den ursprünglichen Bau gehen heute noch die Balustraden zurück. Die gekuppelten Fenster des zweiten und dritten Geschosses des Mittelrisalits sind reich mit Fruchtgehängen und floraler Ornamentik gerahmt. Auf den Brüstungsfeldern unter diesen Fenstern finden sich Kartuschen, auf denen in Goldschrift das Motto „Sperando vigilando" – „In Hoffnung unermüdet" steht. Die auf den Balkon führende Tür wird von Pilastern gerahmt, deren Kapitelle als Konsolen ausgebildet sind und den Sims tragen. Über der Tür befindet sich noch eine kleinere Kartusche.

Die rückseitige Fassade zur Johanniskirche mit vierachsiger Front, zwei Vollgeschossen und einem Mezzanin, wird von korinthischen Pilastern gegliedert. Diese sind in Art der Kolossalordnung über die Höhe der drei Etagen gezogen. An der rechten Achse ist unten ein kleines Portal mit gesprengtem Dreiecksgiebel angesetzt. Am Sims findet sich die Inschrift: „SIT NOMEN DOMINI BENEDICTUM IN SAECULA!" – „Der Name des Herrn sei gelobt in Ewigkeit!" Die Fenster sind durchgehend mit Segmentgiebeln verdacht und weisen als Schmuck ein reliefiertes Akanthusblatt auf.

Im Inneren des Hauses haben sich Kreuzgewölbe, barocke Stuckaturen sowie Teile des aus Eiche gefertigten Interieurs (Türen und Treppen) erhalten. Der Zugang vom Flur zur Treppe ist als Portal mit gesprengtem Dreiecksgiebel ausgebildet, zwischen den Ansätzen des Giebels erhielt sich das reliefierte und farbig gefasste Wappen des Erbauers. Im Flur hing die Große Waage, die nach Vorgaben Noacks 1676 entstand (heute KHM Franziskanerkloster). Zwischen Vorder- und Hinterhaus liegt ein kleiner rechteckiger Innenhof.

Noack'sches Haus. Vollendet 1689. Teilansicht.

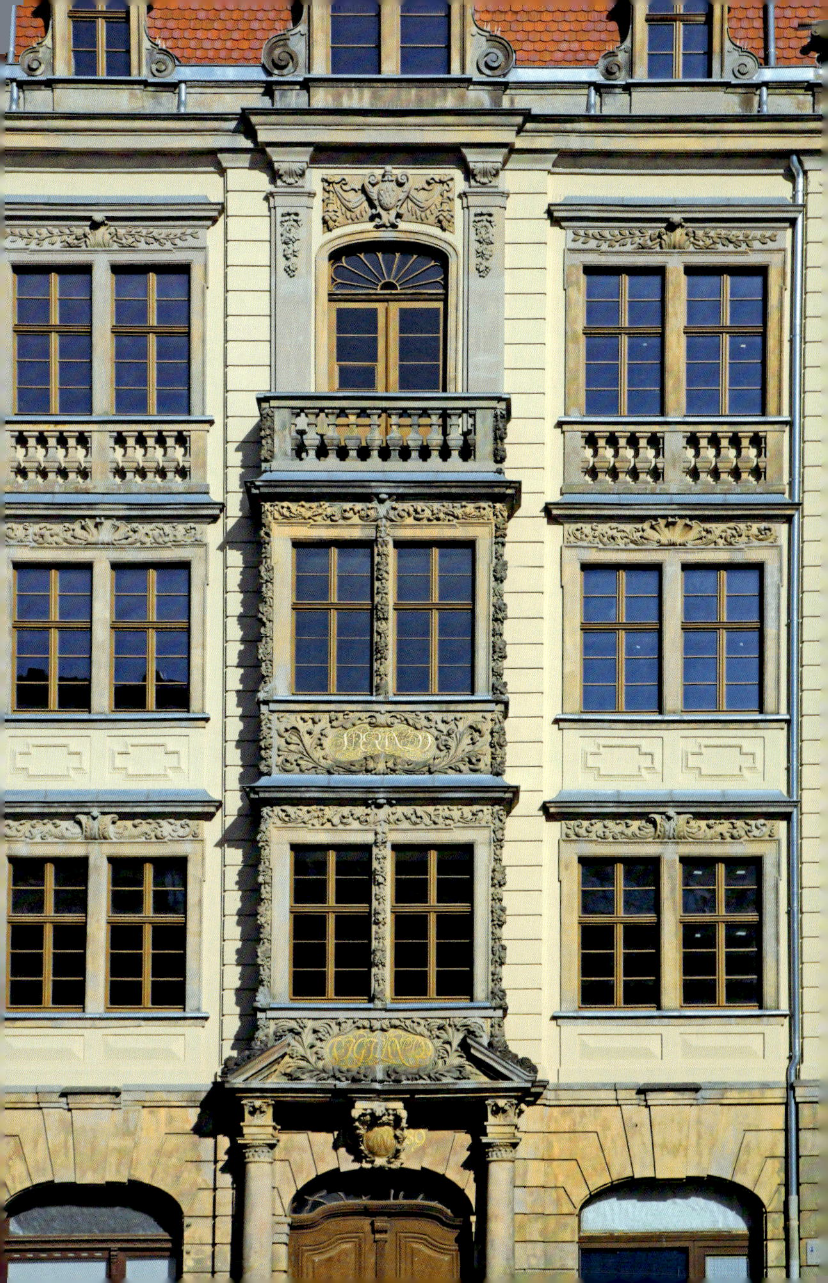

■ HAUS GOLDENE SONNE | Markt 9

Das Haus Goldene Sonne wurde um 1710 errichtet. Die aufwendig gestaltete Fassade zeigt erstmals in Zittau Formen des Hochbarock. Hier etablierte sich eines der ältesten und vornehmsten Hotels der Stadt. Bei der Beschießung im Jahr 1757 wurde das Mansarddach zerstört, die marktseitige Fassade blieb weitgehend intakt. Das Dach wurde in alter Gestalt wieder aufgebaut. 1813 kam der in der Schlacht bei Großgörschen verwundete General Gerhard Johann David von Scharnhorst, der auf dem Weg nach Wien war, im Haus unter. 1893 veränderte man Erdgeschoss und Hofflügel, damals entstanden die großen Fensteröffnungen auf der Marktseite des Erdgeschosses. Bereits im Jahr 1908 inszenierte der Hotelier Bruno Ječek Kinovorführungen. 1925 bot das Haus bereits 800 Zuschauern Platz. 1992 erfolgten eine Restaurierung und Umbauten im Hinterhaus für den Filmpalast, der nunmehr in vier Sälen ca. 750 Gästen Raum bietet.

Das Haus verfügt wie das Noack'sche Haus über zwei Obergeschosse und ein Mezzaningeschoss sowie ein Mansarddach, welches nicht zu Wohnzwecken ausgebaut wurde. Trotz der geringen Hausbreite hat das Haus sieben Fensterachsen. Optisch fällt die geringe Breite nicht ins Gewicht, da die Fenster bei nur 1 Meter Breite 2,30 Meter hoch sind. Die Fassade ist durch Pilaster mit reich ausgebildeten Kapitellen gegliedert.

Der Schwerpunkt künstlerischer Gestaltung liegt auf dem Mittelteil der Fassade. Das Korbbogentor wird von Pilastern und einem verkröpften Gesims gerahmt. Auf dem Gesims stehen die Ansätze eines gesprengten Giebels, zwischen denen sich eine Kartusche mit der namengebenden Goldenen Sonne befindet. Die Torflügel aus Eichenholz blieben nicht erhalten. Die Fenster der beiden Obergeschosse der Mittelachse werden durch Ohrenrahmungen und aufwendige Wellengiebelverdachungen akzentuiert, das mittlere Fenster des Mezzanins zeigt ebenfalls ornamentalen Schmuck. Über dem Traufgesims steht ein kleiner, im Verhältnis zur Fassade wohlproportionierter Dreiecksgiebel mit einer runden Öffnung und Ornamenten, auf seiner Spitze steht eine Schmuckvase.

Das lang gestreckte Grundstück reicht über ca. 75 Meter bis zur Amalienstraße, deren Niveau ca. 5 Meter unter dem des Marktes liegt. Der lange Hof beherbergte in den Seitengebäuden Wirtschaftsräume, eine große Küche, Stallungen und Raum für das Abstellen von Fuhrwerken. Diese Einrichtungen standen im Zusammenhang mit der Funktion des Hauses als Hotel. Das Hinterhaus ist nicht in der ursprünglichen Form erhalten sondern wurde im Zusammenhang mit dem Einzug des Filmpalastes neu errichtet.

Haus Goldene Sonne. Um 1710. Teilansicht.

SPIEL
BALL

■ GRÄTZ'SCHES HAUS | Innere Weberstraße 20

Zu den prachtvollsten barocken Bürgerbauten Zittaus zählt das Haus des Kaufmanns Heinrich Grätz aus Lüneburg. Grätz erwarb das Grundstück 1710 und ließ zwischen 1710 und 1717 das im Wesentlichen bis heute unverändert erhaltene Gebäude errichten. Von Heinrich Grätz hat sich in Zittau außerdem sein barockes Grufthaus auf dem Friedhof der Kreuzkirche erhalten.

Die über 60 Meter lang gestreckte, bis zur Lindenstraße (Nummer 11) durchreichende Anlage gruppiert sich um zwei Höfe und bildet am Hinterhaus an der Lindenstraße eine breitere, aber weniger aufwendige Fassade als zur Inneren Weberstraße aus. Im Schlussstein des Portals finden sich die Jahreszahl „1712" und das Zeichen des Heinrich Grätz. Das schmiedeeiserne Oberlicht wird noch in die Renaissancezeit datiert.

Die Fassade zur Inneren Weberstraße wurde sehr prunkvoll gestaltet. Das Portal im Mittelrisalit ist von Pilastern mit reicher Ornamentik eingefasst. Im Schmuck der Zwickel des Korbbogens links und rechts des Schlusssteins sitzen inmitten der Ornamentik kleine Putten. Das prächtige Oberlichtgitter und die zweiflügelige Tür sind gediegene barocke Arbeiten. Das Portal ist mit einem gesprengten und verkröpften Giebel verdacht. Auf den Giebelansätzen lagern zwei Figuren, Venus und Merkur. Zwischen diesen steht eine reich ausgebildete Kartusche, die noch bis in das Balustradenfeld des ersten Geschosses hineinreicht. Darauf steht die lateinische Inschrift „HOC AEDIFICIUM DIVINO AUXILIO CONDITUM DIVINAE GLORIA REDDITUR" – „Dieses Bauwerk wurde mithilfe Gottes errichtet und ist dem Ruhm Gottes geweiht." Auf der Kartusche sitzt eine Krone.

Die Fassade wird seitlich durch Pilaster mit Kompositkapitellen begrenzt. Die Fenster des ersten Geschosses weisen Ohrenrahmungen und originelle Verdachungen auf. Diese sind im Mittelrisalit als verkröpfte Dreiecks- und Segmentgiebel ausgebildet, die miteinander gekuppelt sind. An den Seiten sind jeweils zwei Fenster zusammengefasst, die mit einem gesprengten Segmentgiebel verdacht und mit einer auf einer Konsole stehenden Schmuckvase bekrönt sind. Die mittleren drei Fenster des zweiten Obergeschosses sind mit Girlanden verziert, Verdachungen fehlen. Über dem Mittelrisalit wurde das Dachgeschoss ausgebaut. Bekrönt wird dieser Teil mit einem leicht verkröpften und verzierten Dreiecksgiebel.

Im Inneren des Hauses sind die Räume mit Rücksicht auf die Durchfahrt schmal gehalten. Einige Zimmer sind mit barocken Stuckdecken ausgestattet. Am Beginn der engen Haupttreppe des Vorderhauses befindet sich eine Inschrift, die auf die für Barockbauten oft kurze Bauzeit hinweist.

Grätz'sches Haus. Fertiggestellt 1717. Teilansicht.

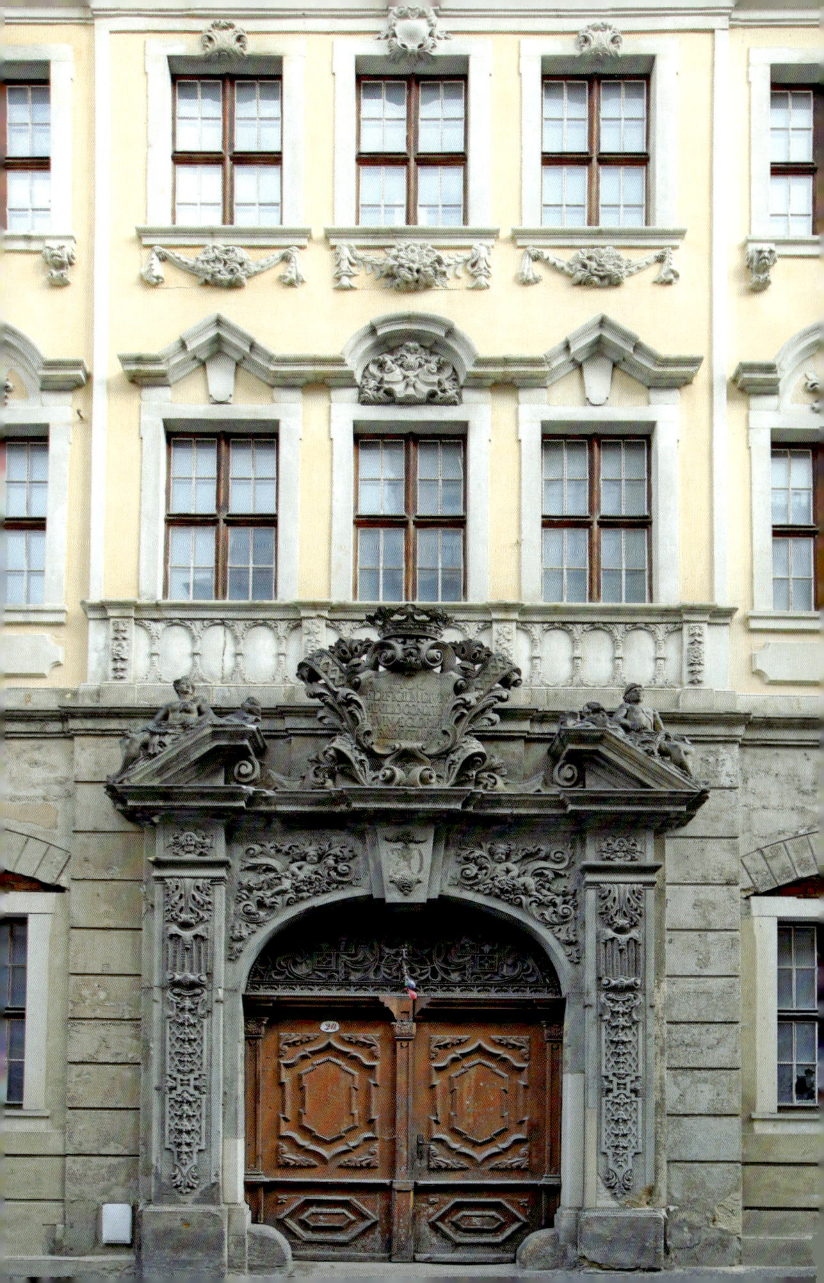

■ BESSER'SCHES HAUS (ALTE POST) | Bautzner Straße 6

Das Haus an der Bautzner Straße/Ecke Kirchstraße wurde 1745/46 vom Kaufmann Carl Christian Besser errichtet. Während die Hausfronten zur Bautzner und zur Kirchstraße bis auf die in den Eckzonen angebrachten Pilaster mit barocken Kapitellen schmucklos sind, wurden Portal und Eckerker aufwendig gestaltet. Das Korbbogenportal wird durch mehrfach verkröpfte Pilaster gerahmt. Die vorstehende, ebenfalls verkröpfte gerade Verdachung wird von Konsolen getragen, die als Voluten ausgebildet sind. Auf den Flächen neben den Pilastern finden sich bereits Rokokoornamente, auf dem markanten Erker reiche Schmuckformen sowie eine Erbauungsinschrift. Rechts und links auf dem Gurtgesims, an den Erker angelehnt, lagern zwei fast lebensgroße Skulpturen, den Kriegsgott Mars und die Minerva darstellend. Minerva, die ursprünglich in der römischen Mythologie Göttin des Krieges und der Klugheit war, wurde in den Allegorien der Renaissance- und Barockzeit auch als Vertreterin des Friedens dargestellt. Bei dieser Lesart korrespondieren die Statuen mit der Inschrift über die Erbauungsjahre, von denen 1745 ein Kriegs-, 1746 ein Friedensjahr war. Das Haus wurde 2002 restauriert.

■ HAUS THEATERRING 14 | Theaterring 14

Das Haus wurde vermutlich 1752 errichtet. 1813 war hier die polnische Militärloge der Freimaurer untergebracht und die Zittauer Freimaurer bereiteten die Gründung ihrer eigenen Loge *Friedrich August zu den drei Zirkeln* vor. Um 1898 erwarb Richard Schlein das Haus zu Wohnzwecken. Das kleine, zweigeschossige Barockhaus mit hohem Mansarddach ist bis auf das Portal völlig schmucklos. Das Korbbogenportal mit Schlussstein wird von Pilastern eingefasst, über der geraden Verdachung lagern die Ansätze eines gesprengten Giebels. Zwischen diesen steht eine reich ausgebildete Kartusche, die auf eine Restaurierung im Jahr 1788 verweist. Die Schmuckreliefs in den Gewänden sind frühe Beispiele Zittauer Rokokoornamentik.

Auf dem Grundstück hinter dem Haus wurde 1898 für die *Kunstwerkstätten für Glasmalerei, Kunstglaserei und Messingverglasung Richard Schlein* ein neues funktionales Produktionsgebäude durch Oswald Fritsche errichtet. Der Fritsche-Bau wurde nach der Sanierung und dem 2001–2003 erfolgten Umbau durch Harald Just (*JUST ARCHITEKTEN + STADTPLANER Berlin*) vom Gerhart-Hauptmann-Theater für die hauseigenen Werkstätten übernommen. Der zum Ring zugewandte Kopfbau wurde in alter Form restauriert, der modernisierte Teil liegt dahinter.

Besser'sches Haus: Minerva. 1746.
Haus Theaterring 14: Portal. Um 1752. Detail.

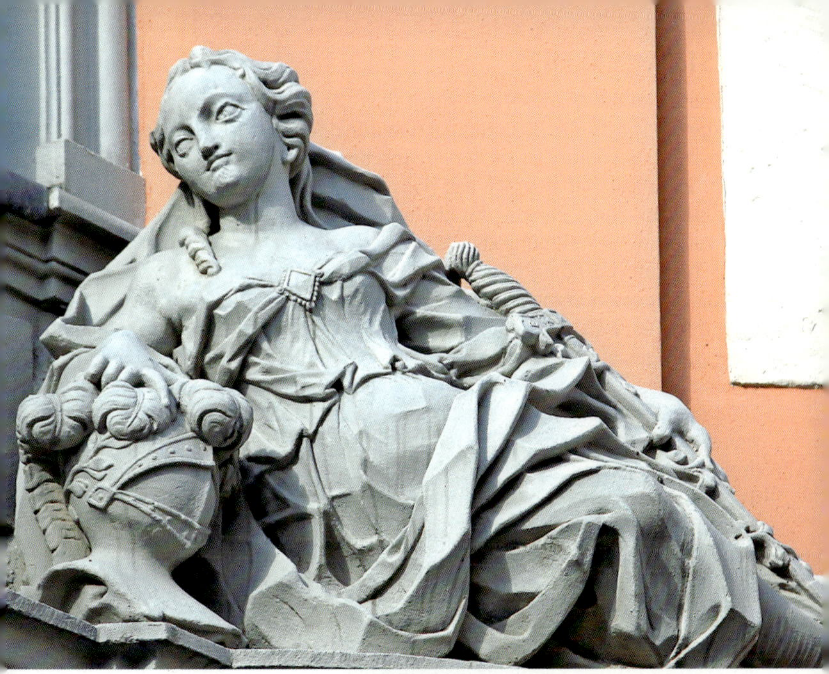

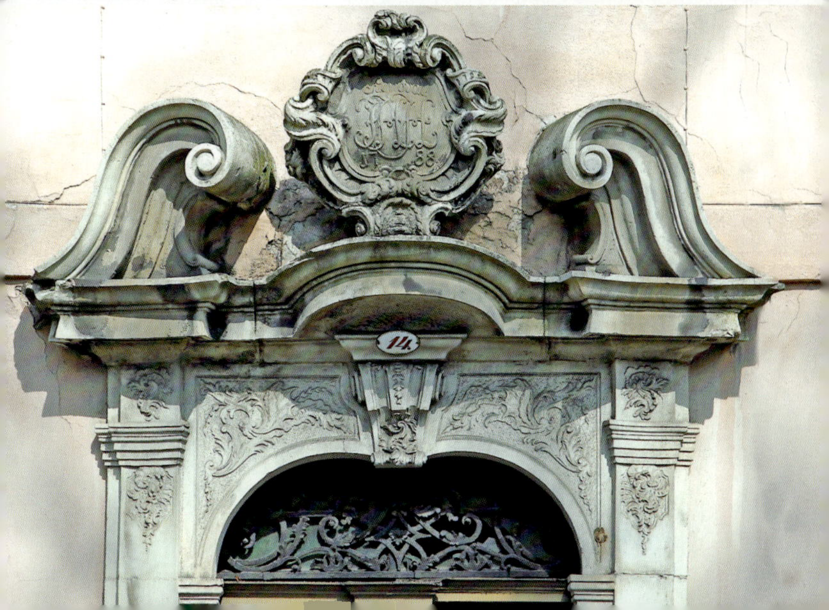
14

■ FÜRSTENHERBERGE | Markt 13

Die Bebauung des Grundstücks erfolgte bereits im 13. Jahrhundert. Auf diese Zeit gehen noch die Kelleranlagen zurück, ebenso spiegelt sich in der Disposition des Grundrisses im Erdgeschoss der älteste Zittauer Haustyp wider. Mehrmals beherbergte das Haus, das sich im Besitz der vornehmsten Familien der Stadt befand, fürstliche Gäste, sodass sich die Bezeichnung „Fürstenherberge" einbürgerte. 1564 gastierte hier der König von Böhmen, römisch-deutsche König und nachmalige Kaiser Maximilian II., 1577 Kaiser Rudolf II., dessen Gefolge 1.520 Personen mit 1.029 Pferden umfasste. 1582 spannte man zwischen den Häusern Markt 13 und 15 einen doppelten Schwippbogen ein, wovon der vordere zu Markt 13 gehört. Im 17. Jahrhundert gehörte das Grundstück der Familie Eichler von Auritz. Nach dem Stadtbrand 1608 erneuerte der Leinwandgroßhändler Martin Eichler von Auritz das Haus, wobei eine repräsentative Fassade in Formen der Renaissance entstand. Mit drei Vollgeschossen und einem hohen Volutengiebel erreichte es bereits damals etwa die Höhe des heutigen Baus. 1617 wurde König Ferdinand von Böhmen, 1620 Friedrich V. von der Pfalz im Haus beherbergt. 1711 gelangte das Haus in den Besitz der Familie Stoll. 1721 war der König von Polen August II. der Starke hier zu Gast. Der Renaissancebau wurde 1757 stark beschädigt. Der Kaufmann Philipp Adolph Stoll ließ ihn bis 1767 erneuern. Der französische Kaiser Napoleon I. Bonaparte kam am 19. August 1813 nach Zittau, wo er einen der letzten großen Empfänge in Deutschland erlebte. Auch er stieg in der Fürstenherberge ab. 1846 gründete Emil Pahl eine Buchhandlung. Er begründete damit eine Nutzungstradition, die sich bis heute fortsetzt.

Das Haus zeigt sich im Äußeren in der Gestalt des bis 1767 erfolgten Wiederaufbaus durch Philipp Adolph Stoll. Es ist der einzige Bau in Zittau, an dem sich Rokokodekor nicht nur an Teilen, sondern an der gesamten Fassade findet. Die Gestaltung folgt formal dem Stil der Dresdner Residenz der 1730er-Jahre, dem Lisenenstil Johann Christoph Knöffels. Lisenen gliedern die Front, wobei der dreiachsige Mittelrisalit stärker betont ist. Das Korbbogentor in einfachen Formen stammt wohl noch vom Vorgängerbau. Rokokoornamentik ist über den Fenstern ausgebildet, die im ersten Geschoss mit Dreiecks- und Segmentgiebeln, im zweiten Obergeschoss gerade verdacht sind. Der Risalit wird von einem Dreiecksgiebel mit Rundfenster und Ornamenten bekrönt. Die übrigen Fenster sind einfach gerahmt. Seitlich wird das Gebäude von Lisenen mit Bandelwerk begrenzt. Im Innern wurde das Haus verändert.

Im Hof haben sich Inschriftentafeln von Stoll zur Erneuerung des Hauses 1767 und von Ferdinand Adolph Just aus dem Jahr 1820 erhalten.

Fürstenherberge. Vollendet 1767.
Fürstenherberge: Tympanon. 1767. Detail.

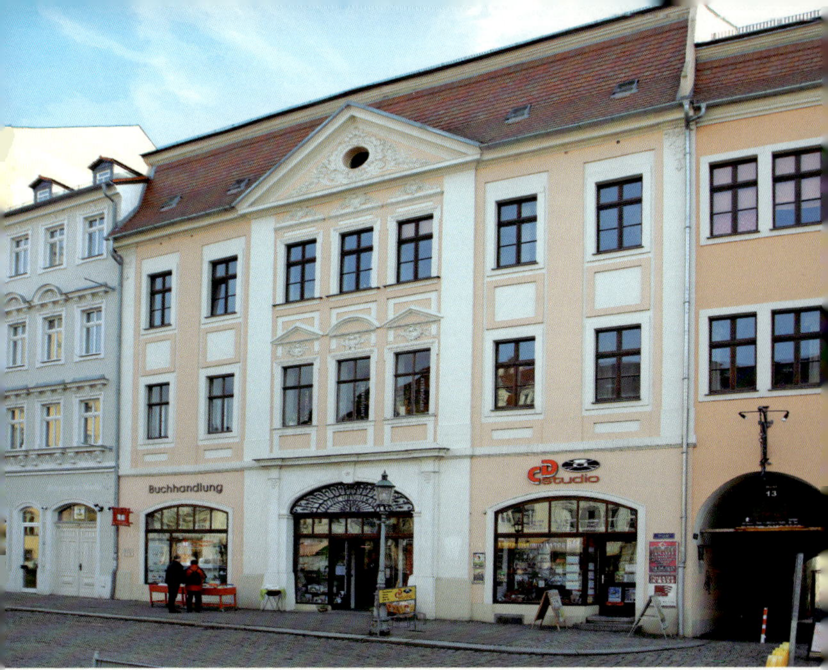
Buchhandlung
CD studio
13

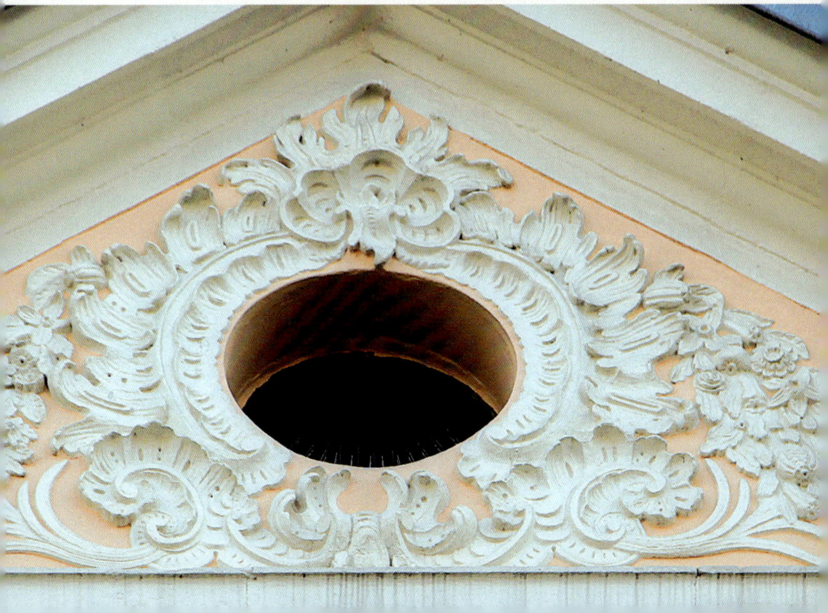

■ PRIEBER'SCHES HAUS | Innere Weberstraße 12

Die zunächst in Dittelsdorf ansässige Familie Prieber gehörte den niederen Ständen an. Friedrich Prieber kam in den 1680er-Jahren in die Stadt, wo ihm als Kaufmann der soziale Aufstieg gelang. 1715 kaufte er das Haus, das seither den Namen der Priebers trägt. Sein Sohn Christian Gottlieb studierte Jura in Leipzig und Erfurt, heiratete 1722 Christiana Dorothea Hoffmann, die Malerin und Tochter des Rektors Gottfried Hoffmann. Christian Gottlieb Prieber, der sich mit Sozialutopien und Naturrechtslehren beschäftigte, verließ 1733/34 Zittau aus unbekannten Gründen und begründete im Hinterland der Neuenglandkolonie Georgia bei den Cherokee-Indianern eine naturrechtlich orientierte, säkulare Kommune, die kurzzeitig Bestand hatte. Seine Ehefrau Christiana Dorothea Prieber kam beim Brand des Prieber'schen Hauses 1757 ums Leben. 1813 residierte hier Fürst Poniatowski. Die äußere Gestaltung des Hauses geht auf die Zeit um 1770 zurück. Die Fassade des dreigeschossigen Baus mit Mansarddach und neunachsiger Fensterfront wird in den Obergeschossen durch Lisenen gegliedert. Den Zugang bildet ein Portal, das zu den wichtigsten Rokokoarbeiten an Hausfassaden in Zittau zu zählen ist. Der weit vorkragende Balkon weist ein reich ausgebildetes schmiedeeisernes Gitter als Brüstung auf, in welches ein vergoldeter Anker mit Kreuz und dem Monogramm „J G P" (Johann George Prieber?) eingearbeitet ist. Die Torflügel zieren Rokokoschnitzereien und bronzene Beschläge. Im Inneren sind in einigen Räumen noch Stuckaturen vorhanden.

■ EXNER'SCHES HAUS (MUSEUM) | Kirchstraße 13

Das Grundstück wies bereits vor 1609 eine Bebauung auf. Der Name des jetzigen, um 1810 entstandenen Hauses, weist auf die Zittauer Familie Exner hin, deren Handelshaus u. a. bildliche Darstellungen für die Damastweberei entwarf. Ihr bedeutendster Vertreter war der Kaufmann August Christian Exner, der Musik und Künste förderte. Er stiftete 1837 für die neu geweihte Johanniskirche eine wertvolle Altardecke. Das Haus an der Kirchstraße ließ er als Konzerthaus errichten, das allerdings nicht lange Bestand hatte. In den 1840er-Jahren erwarb es Ernst Friedrich Haupt und gestaltete es im Inneren zu Wohnzwecken um. 1976 zog das seit 1923 bestehende, nach seinem Gründer benannte *Dr. Curt-Heinke-Museum für Geologie der Südostoberlausitz* ein. 1993–2000 erfolgte eine umfassende Restaurierung. Das Erdgeschoss des zweigeschossigen Hauses liegt über dem Straßenniveau und ist über eine Treppe erschlossen. Zwischen den Geschossen vermittelt ein Gurtgesims, unter dem ein Astragal sitzt. Der Hauptsims wird von kleinen Konsolen getragen.

Prieber'sches Haus: Portal. Um 1770.
Exner'sches Haus. Um 1810.

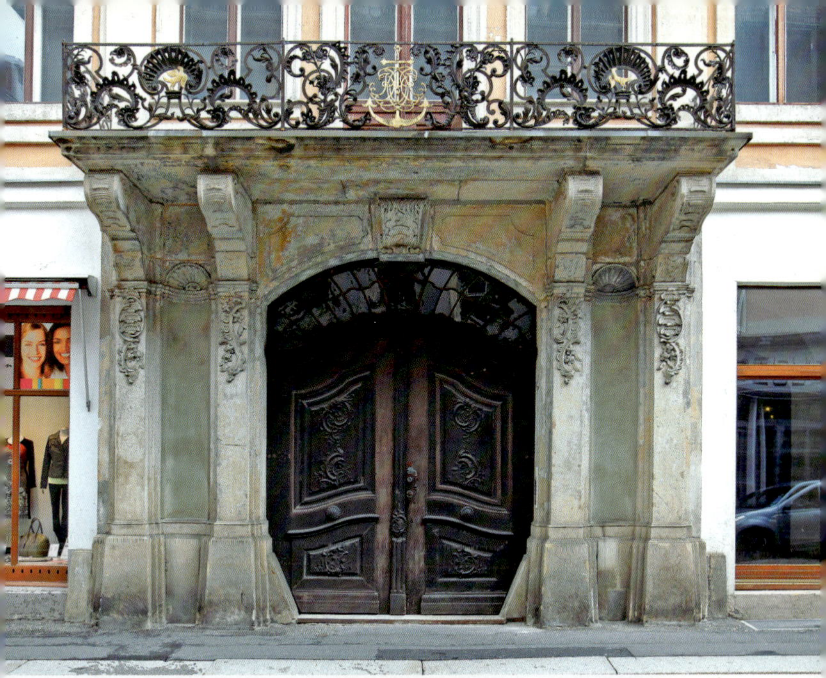

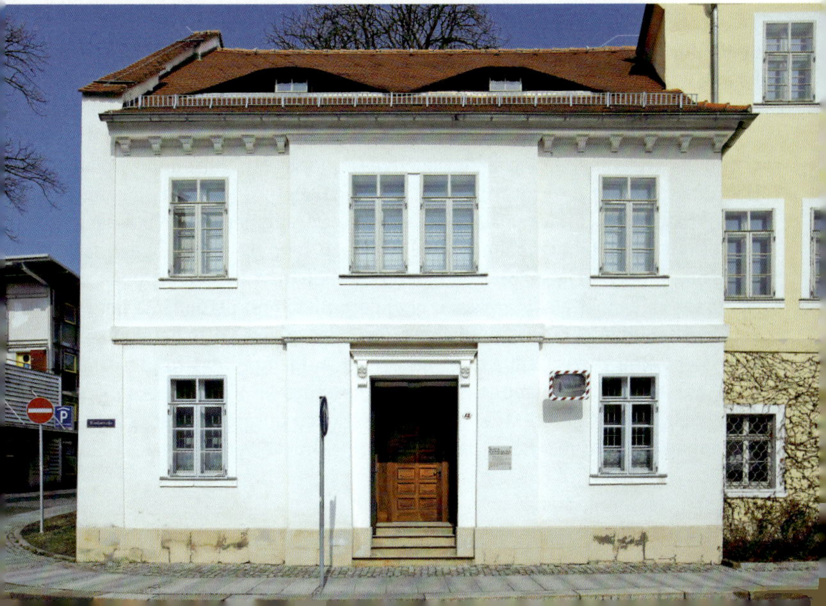

■ HAUS KARL-LIEBKNECHT-RING 6 | Karl-Liebknecht-Ring 6

1849 wurde für die Familie Hänsel ein villenartiges Gebäude als Wohnhaus errichtet. Der Baumeister stammte aus der Familie. 1890 entstand im Garten ein Hintergebäude, 1902 wurde eine Veranda am Hauptgebäude angefügt. Das dreigeschossige Gebäude mit Mezzanin und Flachdach ist in Formen der italienischen Renaissance gehalten. Das Hauptgesims lagert im mittleren Teil auf Konsolen, der Zahnschnitt darüber greift auch auf die Eckrisalite über. Der Haupteingang wird durch zwei Sandsteinstatuen, eine Treppe und einen darüberliegenden kleinen Balkon mit Balustrade hervorgehoben. Die Statuen auf hohen Postamenten sollen Anthonis van Dyck und Michelangelo Buonaroti darstellen. Das Erdgeschoss wurde rustizierend verputzt. Unter den Fenstern der beiden Obergeschosse sind kleine Schmuckfelder mit Reliefs angebracht. Im Inneren erhielten sich ein Buntglasfenster mit Kabinettbildern (wohl um 1890) und Jugendstilornamentik (um 1902). Im Flur des Untergeschosses zeigt ein Wandbild die Zittauer Frauenkirche.

■ WÄNTIGHAUS | Haberkornplatz 2

Um 1850 erwarb der Geheime Kommerzienrat Heinrich Ferdinand Wäntig von der Familie Exner ein Gartengrundstück in exponierter Lage. Auf diesem erbaute Carl August Schramm 1853 einen repräsentativen Mehrzweckbau für das von Waentig 1846 gegründete Textilunternehmen *Wäntig und Co.* Die Söhne Wäntigs führten das Unternehmen weiter, zuletzt war es unter dem Namen *Wagner und Moras* im Besitz der Witwe Paul Heinrich Wäntigs. Nach dem Konkurs der Firma nutzten das Gebäude die NSDAP, die russische Ortskommandantur, danach die Polizei.

In der stilistischen Gestaltung des Wäntighauses verbinden sich eklektizistisch Elemente der Tudorgotik und der Renaissance. Das Haus wurde entsprechend der Lage über einem abgewinkelten Grundriss errichtet und wird an der Hauptfassade von drei Risaliten mit Treppengiebeln gegliedert, die seitlich von oktogonalen Türmchen flankiert werden. Der mittlere, über Eck gestellte Giebel mit dem Hauptzugang ist am stärksten betont. Dem Eingang ist ein schmaler, laubenartiger Portikus mit drei Rundbögen vorgelegt, oben abgeschlossen mit einer aus Vierpässen gebildeten Balkonbrüstung. Da der Portikus deutlich über dem Straßenniveau steht, wird er von seitlichen Rampen erschlossen, eine kurze Treppe führt als dritter Aufgang direkt zu ihm. Im Erdgeschoss lagen Büroräume, das Obergeschoss diente Wohnzwecken. In den Nebengebäuden waren textile Produktionsstätten untergebracht. Ein kleines Gartenhaus ist mit dem Haupthaus durch eine Brücke verbunden.

Haus Karl-Liebknecht-Ring 6. 1849.
Carl August Schramm: Wäntighaus. 1853.

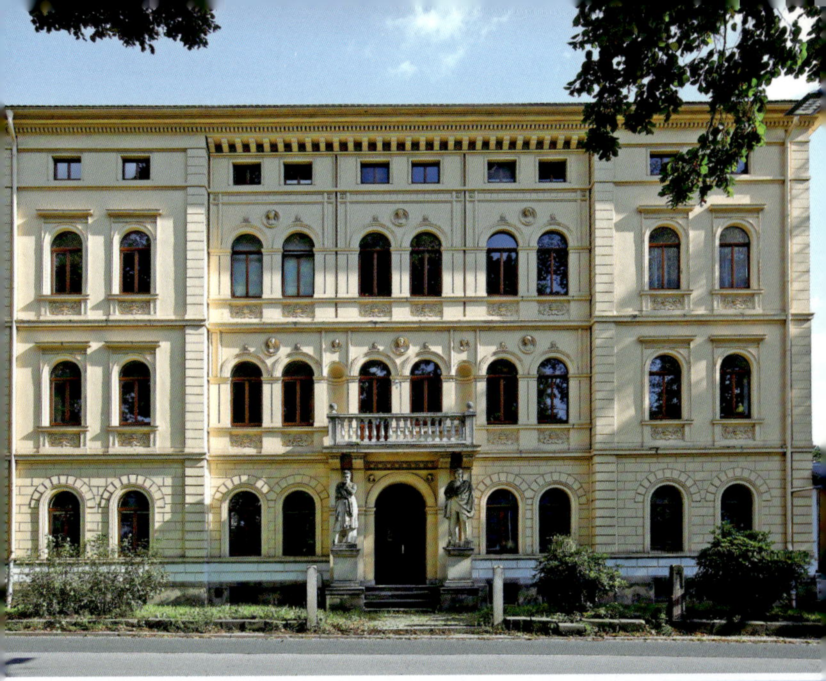

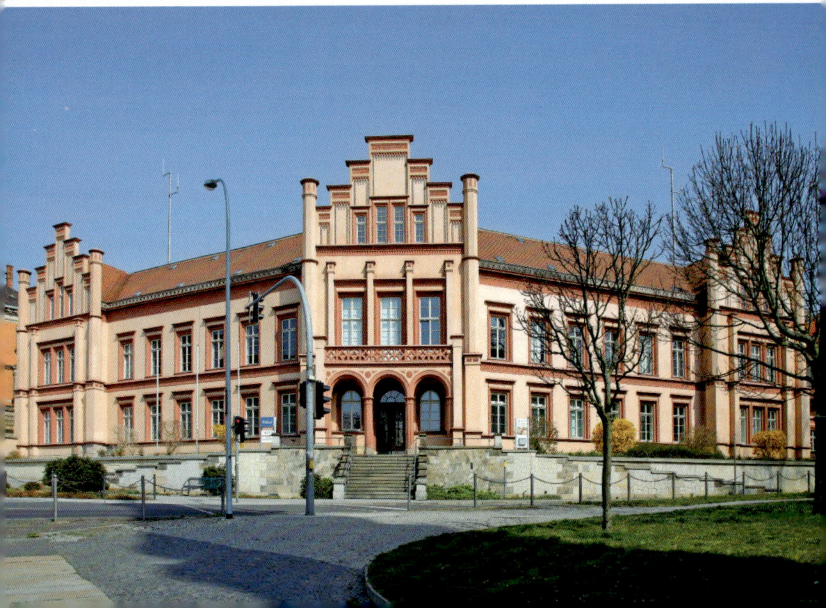

■ VILLA DANNENBERG | Heinrich-Heine-Platz 4

Kommerzienrat Julius Dannenberg, welcher um 1845 in Zittau eine der ersten Fabriken errichtete, die *Orleans- und Halbwollen-Waaren-Fabrik* (Theodor-Körner-Allee 2), ließ sich 1861 von einem nicht bekannten Architekten zu Wohnzwecken eine Villa errichten. Seine Tochter heiratete E. Franz Könitzer, dessen Mechanische Weberei sich unweit des Hauses befand. 1887 bezog Könitzer mit seiner Frau die Villa Dannenberg. 1938–1954 war hier eine Arztpraxis untergebracht; danach wurde eine Kindertagesstätte eingerichtet, die bis 1993 bestand. Nach erfolgter Sanierung wird das Haus heute von der Berufsfachschule *Euro Akademie Zittau* (Euro-Schulen Zittau) genutzt. Das Haus wurde über rechteckigem Grundriss errichtet, der unter dem Einfluss Dresdner Villenbauten der Semper-Nicolai-Schule steht. Die Hauptfassade ist nach Osten ausgebildet, der Haupteingang liegt an der Südseite. Die Fassade wird durch klassizistische Schmuckelemente geprägt, an den überstehenden Satteldächern finden sich Holzverzierungen im Chaletstil. Im Inneren wurde das Treppenhaus ins Zentrum verlegt, die Räumlichkeiten werden über diesen zentralen Raum erschlossen. Der Garten wurde im Stil englischer Landschaftsparks gestaltet und durch Pavillons, Brunnen und Skulpturen akzentuiert.

■ VILLA SCHNEIDER | Karl-Liebknecht-Ring 22

1866/67 ließ sich der Kaufmann Carl Heinrich Knoch von dem Zittauer Architekten Wilhelm Rudolf Poppe ein villenartiges Wohnhaus in klassizistischen Formen errichten. 1907 erwarb der Kommerzienrat Hermann Schneider das Haus. Schneider baute das Haus um, wobei sich das Gebäudevolumen verdreifachte. Die Pläne lieferte das *Architekturbüro Lossow und Kühne*. Eine der Bedingungen, die der Bauherr stellte, war, die Mauern des älteren Hauses beim Umbau mit einzubeziehen. Dieser ältere Teil befindet sich an der Südseite, er besteht aus zwei über rechteckigem Grundriss errichteten Gebäudeflügeln, die T-förmig angeordnet sind. Der Eingang wurde an die Seite verlegt. Der mittlere Bereich wird von drei hohen Fenstern, mit darüber liegenden ovalen Fenstern, repräsentativ hervorgehoben. Seitlich stehen in Nischen Schmuckvasen in barocken Formen. Der nördliche Teil des Hauses wurde neu errichtet. In den Putzflächen zeigen sich skulptierte Schmuckelemente der Reformbaukunst. Gartenseitig fällt das Gelände ab, sodass auch das Kellergeschoss, welches Wirtschaftsräume und Remisen beherbergte, nach außen hervortritt. Im Inneren liegt der Schwerpunkt der Gestaltung auf dem Treppenhaus, dessen Interieur mit aufwendigen Holzvertäfelungen und Buntglasfenstern weitgehend erhalten blieb.

Villa Dannenberg. Um 1861.
Architekturbüro Lossow und Kühne: Villa Schneider. 1907.

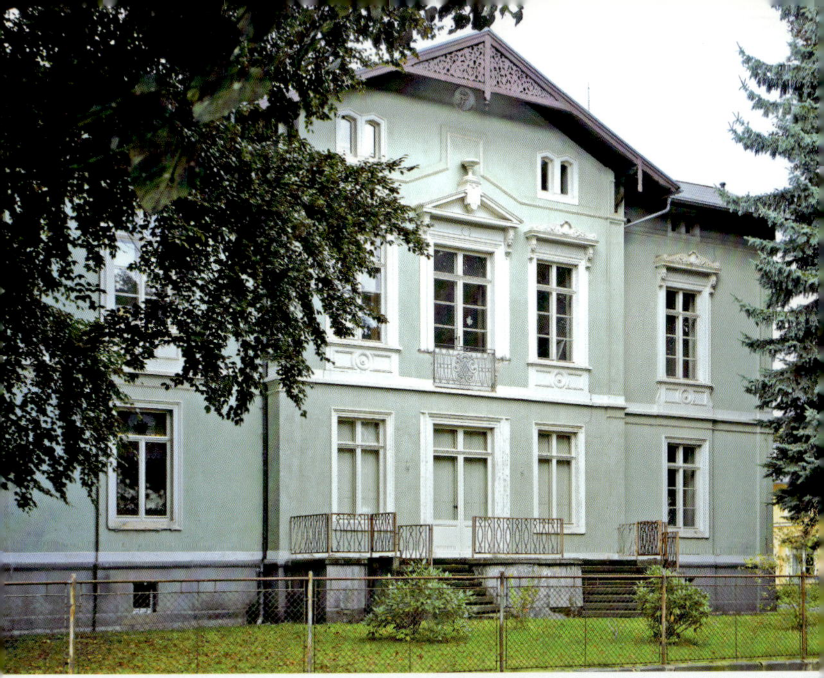

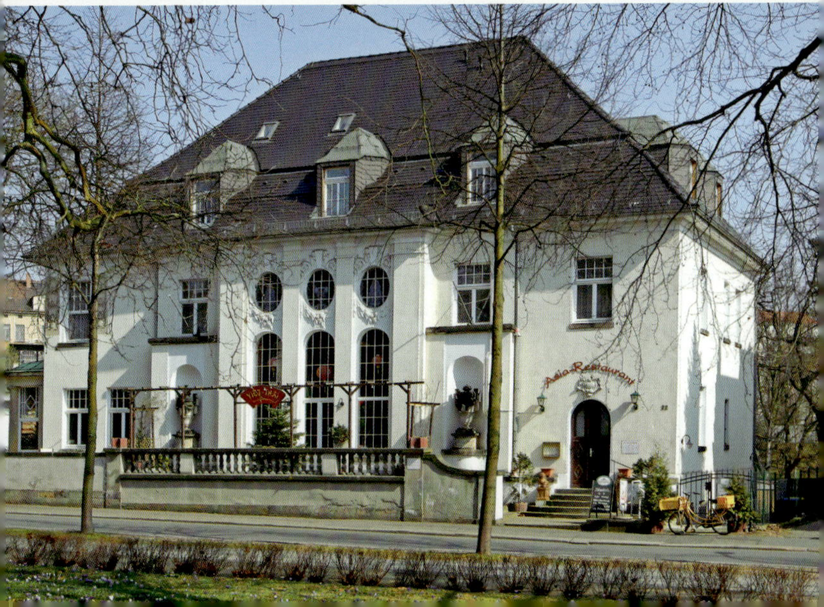
Asia-Restaurant

■ HAUS BAUTZNER STRAßE 20 | Bautzner Straße 20

Das Grundstück befand sich 1680 im Besitz der Anna Margaretha Schmeiß von Ehrenpreisberg (geb. Eichler von Auritz). 1871 wurde es von der *Oberlausitzer AG* von Friedrich August Auster erworben. 1872 ließ die Firma hier und auf dem Nachbargrundstück Bautzner Straße 22 durch Ernst Friedrich Giese ein Bank- und Wohnhaus errichten. Ab 1917 nutzte das Haus das *Allgemeine Deutsche Kreditinstitut*, seit 1951 die *Staatsbank der DDR* und ab 1990 die *Deutsche Bank AG*. Seit 2004 steht es leer.

Die reich gegliederte Fassade weist Stilelemente der Renaissance und des Klassizismus auf. Das Erdgeschoss ist in Rustikamanier verputzt, die Fenster sind im Rundbogen geschlossen. Der Eingang befindet sich nicht mittig, sondern an der rechten Seite des Hauses. Die Balkone des ersten Geschosses ruhen auf kräftigen, mit Akanthus verzierten Konsolen. Unter dem linken und rechten Balkon befindet sich jeweils der Kopf des Hermes mit Flügelhut. Er verweist auf die Bestimmung als Bankhaus. Unter dem mittleren Balkon sitzt ein Frauenkopf mit Mauerkrone. Die Fenster des ersten Geschosses sind von Halbsäulen auf Postamenten und Dreiecksgiebeln gerahmt, die des zweiten mit Segmentbögen verdacht und mit Palmetten verziert. Über dem kräftigen Hauptgesims mit Konsolen und Zahnschnitt schließt eine Zierbalustrade die Fassade ab.

■ VILLA JOHANNA | Lutherplatz 1

Die um 1887/88 für den Fabrikanten Franz Theodor Könitzer erbaute Villa ist ein Beispiel für die Villenbebauung an der Weinauallee, die mit dem Ausbau der Allee und der Erschließung der Weinau im letzten Viertel des 19. Jahrhunderts einsetzte und bis in die 1930er-Jahre andauerte. 1999/2000 wurde das Haus restauriert.

Das historistische Gebäude in Formen der Renaissance wurde über rechteckigem Grundriss errichtet. Die Architekturglieder der Fassaden sind in Sandstein ausgeführt, die Flächen in Sichtziegelmauerwerk. Die Fassade zum Lutherplatz wird von einem Mittelrisalit mit einfachem Giebel bestimmt. Hier befinden sich zwei Balkone, der untere mit Balustrade. Der Eingang mit kleiner Freitreppe wurde nach links versetzt und wird durch hohe Lisenen auf Postamenten und Verdachung hervorgehoben. An der Westseite des Hauses steht ein zweigeschossiger Erker hervor. Das Hauptgesims wird von jeweils zu Paaren zusammengefassten Konsolen getragen; dazwischen liegen weiß, rot und schwarz bemalte Felder mit Ornamenten und dem Schriftzug „Villa Johanna". Die Innenausstattung hat sich zum Teil erhalten.

Ernst Friedrich Giese: Haus Bautzner Straße 20. 1872.
Villa Johanna. Um 1887/88.

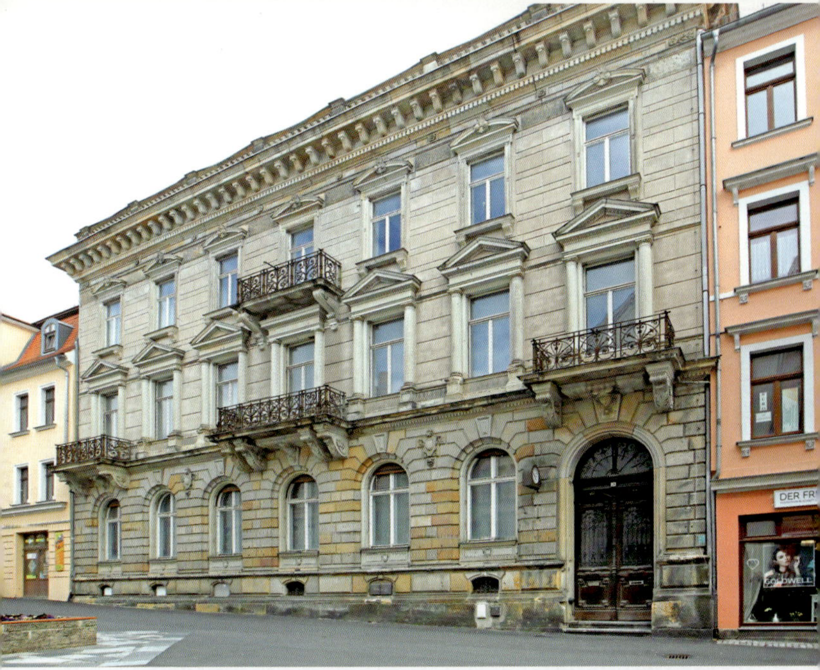
DER FR
GOLDWELL

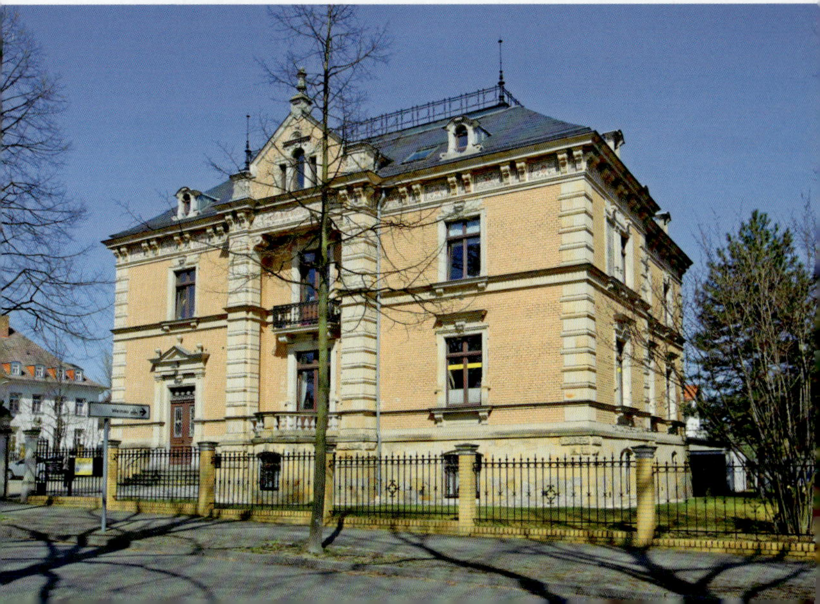

■ VILLA HILLER | Klieneberger Platz 1

1889–1891 ließ sich der Zittauer Architekt Wilhelm Rudolf Poppe am Ring eine Villa als Wohnsitz errichten, die kurz darauf der Generalarzt Kießling erwarb. Nach dessen Tod wurde sie 1898 von dessen Witwe verkauft. Neuer Besitzer wurde der Unternehmer Gustav Hiller, der mit der Gründung der *Phänomen-Werke* den Aufstieg Zittaus zum Zentrum des Oberlausitzer Fahrzeugbaus einleitete. 1948 verließen die Besitzer die Sowjetische Besatzungszone. Nach 1989 wurde es an die rechtmäßigen Besitzer restituiert, die es 2007 einem Zittauer Verein als Schenkung übergaben. Heute nutzt das Haus das soziokulturelle Zentrum *Hillersche Villa e. V.* Die über rechteckigem Grundriss errichtete zweigeschossige Villa ist in die Formen der Neorenaissance gekleidet. Der Zugang erfolgt an der Nordseite über eine Treppe. Im Vestibül befindet sich über dem Eingang eine Sepiamalerei, die Maria mit Kind darstellt, über einem Spiegel ein Relief mit tanzenden Frauen. Vom Vestibül führt das Treppenhaus, das mit wertvollen Ledertapeten, prächtigem schmiedeeisernen Geländer und einer Stuckdecke mit Vergoldungen versehen ist, in die Obergeschosse. Das große Buntglasfenster stammt vermutlich aus der Erbauungszeit, es zeigt eine Renaissancearchitektur und ein ovales Bildfeld mit Blumen (nachträglich eingesetzt?). Die Remise im Garten blieb erhalten, hier richtete Gustav Hiller die erste Automobilgarage der Stadt ein.

■ HOTEL REICHSHOF | Bahnhofstraße 1

Gustav Reinhold Franke ließ 1893 in exponierter Lage ein Gebäude errichten, in welchem das Hotel *Reichshof* eröffnete und Wohnungen untergebracht waren. Der Architekt des Baus war Oswald Fritsche. Das bis 2003 restaurierte Gebäude beherbergt heute altersgerechte Wohnungen.
Der historische Bau greift Formen der Renaissance und des Barock auf. Der mittlere Teil ist wegen der Ecklage durch zwei Risalite hervorgehoben. Die Ecken wurden in Rustikamanier verputzt, die Fenster des ersten Geschosses der Risalite weisen barocke Verdachungen auf. Der Eingang befindet sich wegen des Geländegefälles nicht an dieser Stelle, sondern an der Bahnhofstraße rechts, ein zweiter Zugang führte direkt zum ehemaligen Restaurant. An der Ringstraße wird das Haus durch einen Eckrisalit begrenzt, der an der Bahnhofstraße nicht zur Ausführung kam. Die Fenster des Erdgeschosses sind im Halbkreisbogen geschlossen, die flach rustizierten Überfangbögen sind in die Rustikaschichten der Wandflächen eingebunden. Die Fenster des ersten Geschosses sind mit Dreiecksgiebeln verdacht, die des zweiten Geschosses mit Wellengiebeln.

Villa Hiller: Türverglasung. Kunstwerkstätten Richard Schlein. Um 1898.
Oswald Fritsche: Hotel Reichshof. 1893.

Kunstwerkstätten
Richard Schlein
Zittau

Goldankauf
VERKAUF
ANKAUF

■ HAUS ÄUßERE WEBERSTRAßE 10 | Äußere Weberstraße 10

Entlang der Äußeren Weberstraße standen bereits in älterer Zeit Häuser die die Webervorstadt bildeten. Um 1895 ist es zu einer Erneuerung des Hauses gekommen, wobei man die Fassade historistisch mit skulpturalem Schmuck in Jugendstilformen gestaltete. In den Schlusssteinen der Fenster des ersten Obergeschosses tauchen bärtige Männerköpfe auf, in deren Bärten sich Schlangen winden, links und rechts davon sind Füllhörner angebracht. Die größeren, rund geschlossenen Fenster an den Seiten des Hauses besitzen im größeren Schlussstein Köpfe mit Löwenfell, Herkules darstellend. Unter diesen Fenstern befinden sich zwei rechteckige Reliefs. Sie zeigen einen Jungen und ein Mädchen, mit Akanthusblättern verwachsen und mit Schmetterlingsflügeln auf dem Rücken, die Schalen mit Obst präsentieren. Die Konsolen unter dem Hauptsims sind als Maskarone gestaltet, dem niederländischen Florisstil nachempfunden. Das Haus ist ein frühes Beispiel für eine Fassadengestaltung mit Jugendstilelementen in Zittau.

■ HAUS GABELSBERGER STRAßE 7–9 | Gabelsberger Str. 7–9

Das Haus Gabelsberger Straße 7–9 wurde in den Jahren 1904/05 errichtet. Der Architekt ist vermutlich mit dem Erstbesitzer, dem Baumeister und Architekten Karl Herrmann Kaiser, identisch. Die Fassade zur Straße ist aufwendig mit Jugendstilelementen gestaltet. Ein etwas niedrigerer Mittelteil wird von zwei stärker hervortretenden Eckrisaliten gerahmt. Die Fenster des Erdgeschosses sind im Rundbogen geschlossen, wobei zwei Fenster, von kantig geschnittenen Löwenköpfen flankiert, risalitartig vorstehen. Zwischen den Fenstern der beiden Obergeschosse befinden sich kleine Kastanienbäume, von Rosenstöcken umrankt. Darauf sitzen Schmetterlinge und am Fuß Eidechsen. Die risalitartig leicht vorspringenden Seiten des Gebäudes zeigen oben je zwei monumentale Frauenköpfe auf Konsolen mit reichem Kopf- und Halsschmuck. Die Konsolenansätze sind als Eulenmaskarone gestaltet. Geflügelte Frauenköpfe sind an den Eckrisaliten außerdem über den Fenstern im Erdgeschoss ausgebildet. An den übrigen Seiten des Hauses fehlen bildhauerische Arbeiten, hier werden nur die Putzritzungen des Erdgeschosses der Straßenseite aufgenommen.

Haus Äußere Weberstraße 10. Um 1895.
Haus Gabelsberger Straße 7–9. 1904/05.

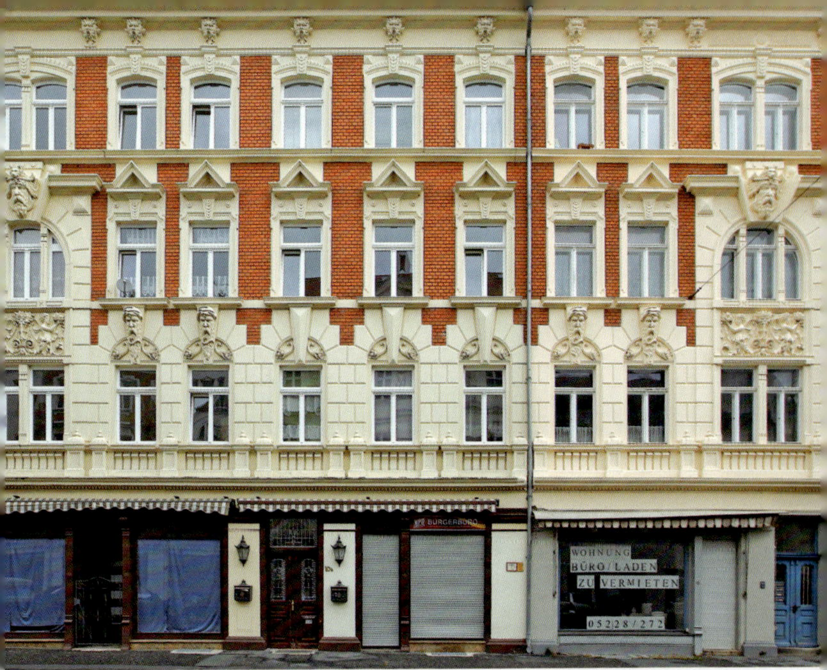
BÜRGERBÜRO
WOHNUNG
BÜRO/LADEN
ZU VERMIETEN
05228/272

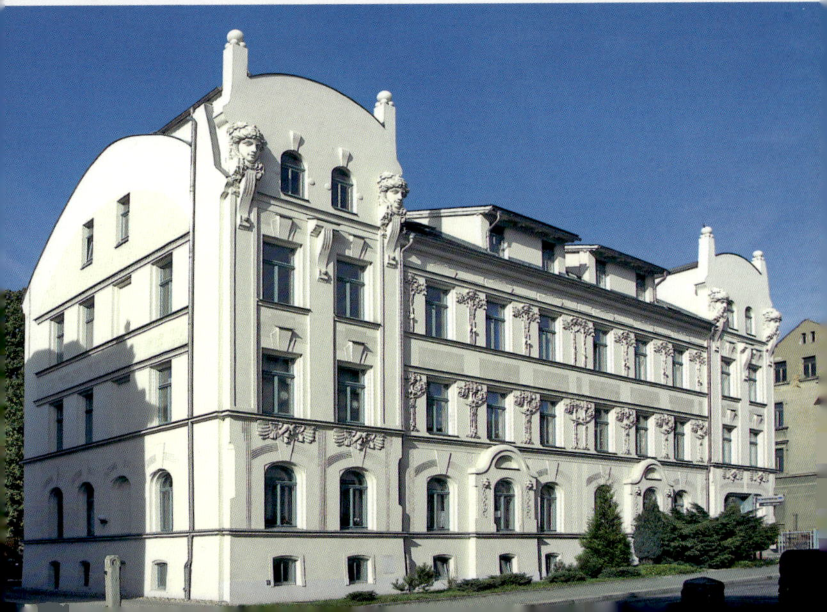

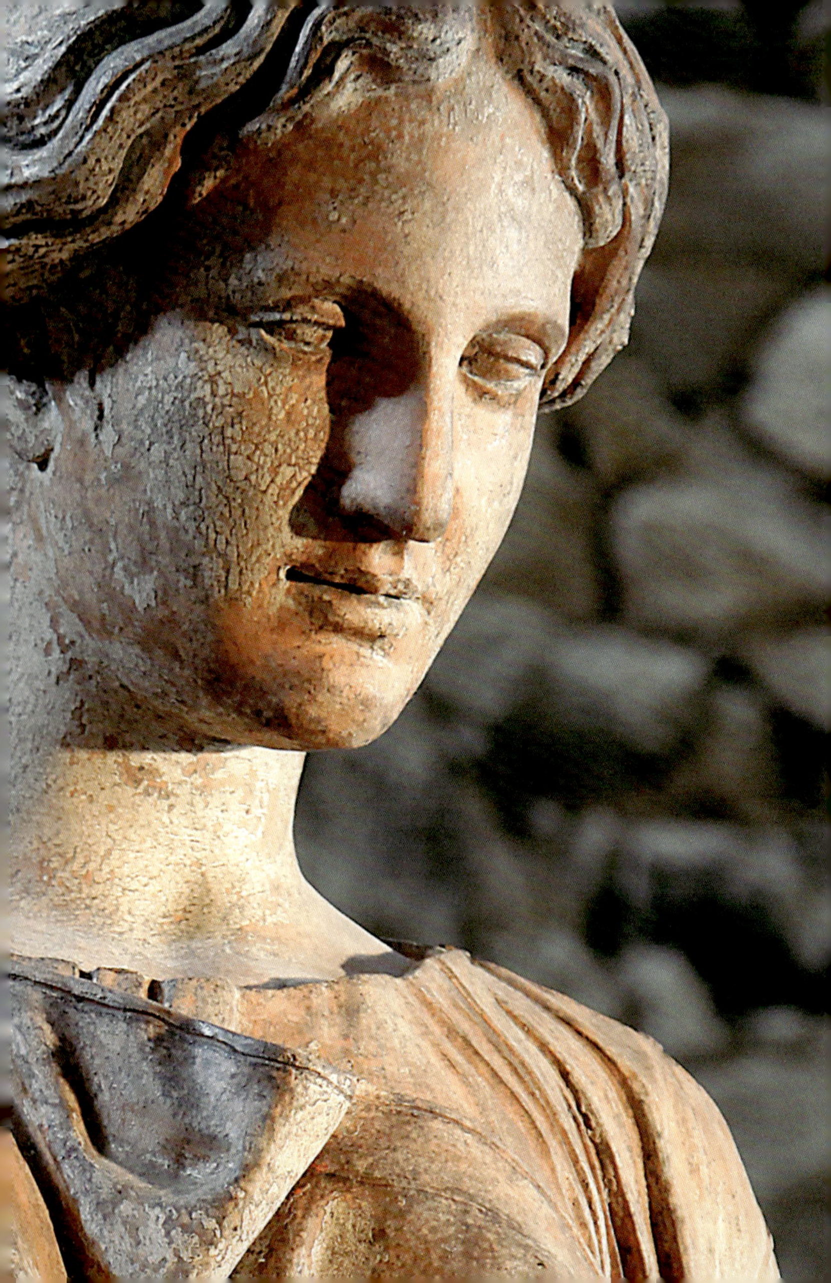

BRUNNEN UND DENKMÄLER

Figur des ehemaligen
Hygieabrunnens.

MARSBRUNNEN (ROLANDBRUNNEN) | Markt

Der 1585 errichtete Marsbrunnen ist der älteste erhaltene Brunnen der Stadt. Geschaffen hat ihn vermutlich der Steinmetzmeister Matthias Zimmermann, dessen Zeichen sich auch an der Kirche zu Seitendorf und an einem Haus in Lückendorf im Zittauer Gebirge fand. Der Brunnen wird auch Rolandbrunnen genannt. Seit dem Hoch- und Spätmittelalter versuchten manche Städte die Überlieferung um Roland, einen Feldherren Karls des Großen, zur Durchsetzung ihrer Rechtsansprüche zu instrumentalisieren. Die Verwendung der Figuren bis in das 18. Jahrhundert sollte zugleich den wirtschaftlichen Wohlstand und die Eigenständigkeit einer Stadt symbolisieren; häufig finden sich Rolande auch an Orten, an denen das sächsische Recht galt. Möglicherweise sind hierzu auch die auf Säulen stehenden Skulpturen städtischer Marktbrunnen des 16. Jahrhunderts zu zählen, wie die in Bautzen (1576) und Görlitz (1590). Die Anlagen in den Oberlausitzer Städten werden auch mit deren Wiedererstarken nach dem Pönfall in Verbindung gebracht. Mit dem Schwert fehlt der Zittauer Brunnenfigur aber ein wichtiges ikonografisches Merkmal, und so bleibt die Identifikation mit Roland Spekulation.

Der Zittauer Brunnen wurde aus Sandstein gearbeitet. Aus der achteckigen Brunnenschale erhebt sich über einer runden Basis eine Kandelabersäule mit korinthischem Kapitell. Auf ihrem oberen Teil finden sich als Ornament Roll- und Beschlagwerk sowie kleine Maskarone. Am unteren Teil befinden sich vier Löwenmasken, aus deren Rachen die Wasserröhren ragen, zwischen diesen Fruchtgehänge. Auf den Löwenmasken stehen Putten. An der Basis der Säule sitzen kräftig ausgebildete Akanthusblätter. Am Säulenschaft ist die Jahreszahl der Errichtung „1585" zulesen, an Brunnenschale und Säule finden sich Restaurierungsinschriften von 1667, 1685, 1891.

Auf der Brunnensäule steht der Kriegsgott Mars mit Helm, Harnisch und Hellebarde, an der Seite trägt er einen Säbel. Der bärtige Mann hält in der linken Hand einen Wappenschild mit dem Doppeladler, das Zeichen der römisch-deutschen Kaiser.

Die Putten präsentieren mit der erhobenen Hand Früchte, Geldbeutel, Korn und Weberschiffchen als Symbole für die Quellen des Zittauer Reichtums. Außerdem hält jeder Putto ein Wappenschild mit den Bestandteilen des Stadtwappens. Zweimal ist das Zittauer „Z" dargestellt und je einmal der böhmische Löwe und der schlesische Adler.

1891 wurde der Marsbrunnen restauriert, wobei man die Marsstatue durch eine Kopie ersetzte. Das Original kam in das KHM Franziskanerkloster. Neuerliche Restaurierungsmaßnahmen am Brunnen erfolgten in den 1990er Jahren.

Matthias Zimmermann: Marsbrunnen. 1585.

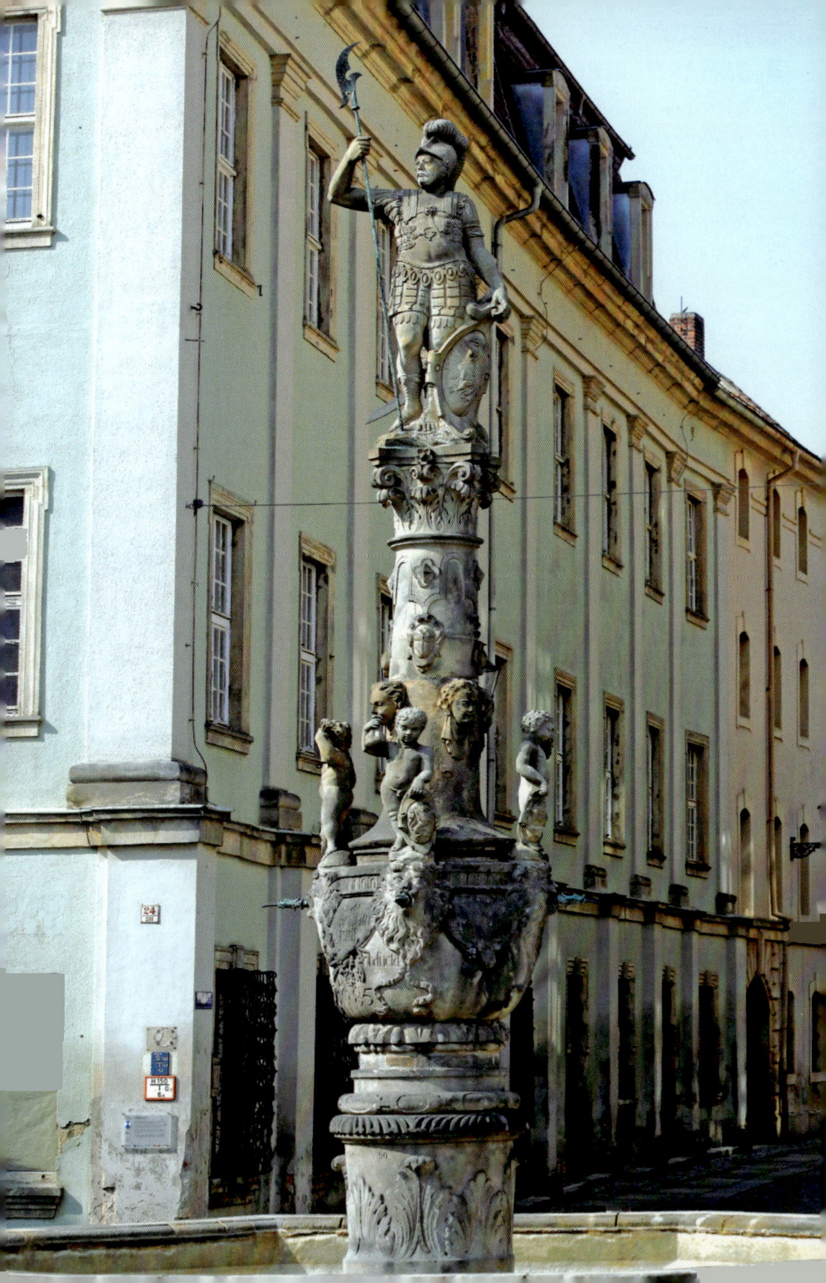
24

■ SAMARITERINBRUNNEN | Neustadt

Der Samariterinbrunnen vor der Stadtschmiede auf der Neustadt wurde anstelle eines Vorgängerbaus 1678 neu errichtet. Ausführender Bildhauer war Johann Friedrich Schmidt. Restaurierungen erfolgten 1842 und 2002.

In der Mitte der achteckigen Brunnenschale steht eine Brunnensäule mit vier Delphinen als Wasserspeier. Außerdem finden sich daran in Stein gehauene Felslandschaften, Pflanzen und Tiere wie Fische, Hummer, Schnecken und hundeartige Wesen. Eine lateinische Inschrift nennt als Initiatoren des Brunnenneubaus den Stadtrat und den Bürgermeister Christian Möller, welche auch für die Kosten aufkamen. Pflanzenblätter bilden den kapitellartigen Abschluss der Brunnensäule, auf dem eine etwa lebensgroße Gewandstatue der Frau aus Samaria mit einem Wassergefäß in der rechten Hand steht. Mit der linken Hand hält sie ihr Gewand. Zu ihren Füßen steht ein Wappenschild mit dem „Z". Die Frau aus der Stadt Samaria ist als Brunnenthema besonders geeignet: Die Juden ließen die Samaritaner nicht in den Tempel in Jerusalem, weil diese neben Jahwe auch andere Götter verehrten. Diese Ausgrenzung rief Feindschaft und Hass hervor; Juden und Samaritaner vermieden jede Begegnung. Jesus von Nazareth behandelte die Samaritaner freundlich. Auf Wanderschaft durch ihr Gebiet kommend, begann er am Jakobsbrunnen der Ortschaft Sychar zur Verwunderung seiner Gefolgschaft ein Gespräch mit einer samaritanischen Frau und sagte zu ihr: „Gib mir zu trinken!" (Joh. 4,1-43).

■ GRÜNER BRUNNEN | Klosterplatz

Der Grüne Brunnen (Grüner Born) entstand 1679. Das schmiedeeiserne Ziergitter schuf der Schlossermeister Michael Fröhlich. Der Brunnen stand bis 1840 auf dem Markt vor dem Rathaus, danach kam er in das Museum. 1906 wurde er auf der Kunstgewerbeausstellung in Dresden gezeigt. 1934 baute man ihn an seinem jetzigen Standort vor dem Museum wieder auf. 2011 wurde die Anlage restauriert.

Auf einer sechseckigen Brunnenschale lagert eine schmiedeeiserne, haubenähnliche Bekrönung, eine meisterliche Arbeit barocker Schmiedekunst. In der reichen Ornamentik befinden sich Monogramme, ein kursächsisches Wappen und die Jahreszahl 1679. Bekrönt wird das Werk von einer vergoldeten Kugel und dem kursächsischen Wappen. Die Brunnenskulptur des kleinen Knaben aus Sandstein ist eine Arbeit von Fritz Föst aus der ersten Hälfte des 20. Jahrhunderts.

Johann Friedrich Schmidt: Samariterinbrunnen. 1678. Detail.
Michael Fröhlich: Grüner Brunnen. 1679. Detail.

Sumptibus et Curâ
Nobiliss. Senatus sub
administratione Christiani
Molleri p.t. Consul.

■ HERKULESBRUNNEN | Neustadt

Der zeitweilig in Zittau tätige Bildhauer Johann Michael Hoppenhaupt d. Ä. schuf 1708 den Herkulesbrunnen auf der Neustadt. Dieser gilt heute als der bedeutendste barocke Brunnen in der Stadt und in der Oberlausitz. Möglicherweise sind auch die Stuckaturen des Bibliothekssaales im Heffterbau Hoppenhaupts Werk; im Zittauer Land wirkte er darüber hinaus an der Ausstattung der Kirche zu Hainewalde mit (1708–1711). Hoppenhaupt wurde später Hofbildhauer bzw. sächsischer Landbaumeister in Merseburg. Die Söhne Hoppenhaupts gehörten zu den wichtigsten Raumkünstlern des friderizianischen Rokokos in Preußen und waren an der Gestaltung von Schloss Sanssouci und der Stadtschlösser zu Berlin und Potsdam beteiligt.

Herakles, der bedeutendste Heros der Griechen, wurde als Hercules frühzeitig von den Römern übernommen. In Rom wurde er u. a. auch als Gott des Gewinns und der Kaufleute verehrt, er schützte Gewicht und Münze und trat so in Konkurrenz zu Merkur. Vor allem aus dieser Gleichsetzung ergibt sich eine enge Verbindung zu einer bedeutenden Handelsstadt, wie sie Zittau damals darstellte. In diese Richtung führen auch seine Eigenschaften als Gott der Eide, des Rechts, der Kaufverträge und des Eigentums. Sein Einsatz für die leidende Menschheit in Verbindung mit seiner Vergöttlichung führte zum Vergleich mit Christus. Außerdem waren dem Heros Quellen heilig, was ihn für ein Brunnenthema zusätzlich qualifiziert. Die Figur des Herkules ist Gegenstand zahlreicher Sagen: Er war Sohn des Zeus und der Alkmene. Hera, die Gemahlin des Zeus, verfolgte ihn eifersüchtig bis an sein Ende. Kurz nach seiner Geburt versuchte sie, ihn und seinen Zwilling Iphikles mithilfe von Schlangen zu töten. Später schlug sie ihn mit Wahn, weshalb er seine eigene Familie tötete. Diese Tat zu sühnen, sollte er nach einem Spruch des Orakels von Delphi zehn Arbeiten verrichten. Die schwerste war, den Unterweltshund Kerberos lebendig aus der Unterwelt heraufzuholen.

Herkules war in der Barockzeit sehr beliebt. Es gab Herrscher, die in barocken Rollenspielen, bei denen sich der Hofstaat mit den olympischen Göttern identifizierte, als Herkules auftraten. Das trifft bereits für den Kurfürsten Johann Georg II. zu und insbesondere für August II. den Starken, dem der Zittauer Brunnen inschriftlich gewidmet ist. Im Zentrum der achteckigen Brunnenschale steht eine reich mit Voluten, Inschriftenkartuschen und Ornamentik verzierte Säule mit ionisierendem Kapitell. In der Mitte der Säule sitzen vier bewegte Kindergestalten, die nach der Geburtssage mit einer Schlange spielen. Auf dem Kapitell steht die muskulöse Gestalt des Herkules, versehen mit seinen Attributen, dem Fell des Nemäischen Löwen und einer Keule. Unter seinem Fuß windet sich der dreiköpfige Kerberos.

Johann Michael Hoppenhaupt d. Ä.: Herkulesbrunnen. 1708. Detail.

Considerati

VIRTUTI
VICTRICI VITIORUM
DEBELLATRICI
[illegible]
S[illegible]

■ SCHWANENBRUNNEN | Neustadt

Der auf dem oberen Teil der Neustadt gelegene Schwanenbrunnen entstand 1710. Bildhauer waren Johann Gottlob Anders und Gottfried Jäch, die 1717–1719 den bildhauerischen Schmuck des Webertores schufen, wovon die Skulptur eines Löwen erhalten blieb (heute Hochwasserreservoir Bahnhofstraße). Anders trat außerdem als Schöpfer der Gräflich Einsiedel'schen Familiengruft zu Reibersdorf (1746) hervor. 1836 und 1995 wurde der Brunnen restauriert.
Die geschweifte Brunnenschale ist mit 5 x 8 Metern relativ groß, darin erhebt sich ein zweieinhalb Meter hoher Muschelberg, auf dem der Schwan mit ausgebreiteten Schwingen sitzt. Der Muschelberg ist reich mit Muscheln und Pflanzen dekoriert, die symmetrisch angeordnet sind. Zwischen der mittleren und der unteren Wasserschale sitzt ein fantastisches Tier mit einem krabbenähnlichen Körper, dem lange Beine angesetzt sind, von denen jedes eine Krebsschere aufweist.

■ SCHLEIFERMÄNNCHENBRUNNEN | Karl-Liebknecht-Ring

Der Schleifermännchenbrunnen in den Parkanlagen am Karl-Liebknecht-Ring gegenüber der Kirche zum Heiligen Kreuz ist 1824 entstanden. Der Schöpfer des kleinen Werkes ist nicht bekannt.
Die kleine namengebende Brunnenfigur eines Scherenschleifers besteht aus Eisen und soll möglicherweise eine reale historische Person darstellen. Der Mann schleift eine Axt, neben ihm steht eine Schubkarre, in der sich der Schleifstein befindet und von einem daneben laufenden Wasserrad angetrieben wird. Die Figur ist farbig bemalt.

■ GEDENKINSCHRIFT | Johannisstraße 6–8

An zahlreichen Häusern der Stadt finden sich Gedenkinschriften, die an die Zerstörung Zittaus im Jahr 1757 und den späteren Wiederaufbau der Brandstellen erinnern. Oftmals wurden diese im Zusammenhang mit Spolien, vom älteren Bau wiederverwendete bauplastische Schmuckelemente, an exponierter Stelle angebracht. Das Haus Johannisstraße 6–8 wurde 1857 von Johann Gottfried Richter erneuert. Im Mittelpunkt der neoklassizistisch gestalteten Fassade steht das Wappen der Familie Anders, welche das Haus 1576 besaß. Beigefügt ist die Jahreszahl 1610; in diesem Jahr kam das Haus durch Legat an Georg Schnitter.

Johann Gottlob Anders, Gottfried Jäch: Schwanenbrunnen. 1710.
Schleifermännchenbrunnen. 1824.
Johannisstraße 6–8: Wappenrelief (1610) mit Gedenkinschrift (1857).

1610

Dieß Haus durch Flammenyluth zerstört
Als Zittau ward durch Krieg verheert
Baute hundert Jahr darauf
Johann Gottfried Richter auf 1857.

■ KONSTITUTIONSDENKMAL | Haberkornplatz

1827 starb König Friedrich August I., der in Sachsen das Ancien Régime verkörperte. Sein Nachfolger Anton erfüllte die Hoffnungen auf eine grundlegende Reformierung des Staatswesens nicht. Im September 1830 kam es in Leipzig und in Dresden zu Unruhen, in deren Folge revolutionäre Ereignisse stattfanden. Eine *Kommission zur Aufrechterhaltung der öffentlichen Ruhe* übernahm die Regierung, Kronprinz Friedrich August (1836 König Friedrich August II.) wurde zum Mitregenten des unbeliebten Königs. Es wurden Reformen in Aussicht gestellt sowie die Schaffung und Verabschiedung einer ersten Landesverfassung. Die Verfassung wurde am 4. September 1831 in Dresden den Vertretern der Stände übergeben. Damit war in Sachsen eine konstitutionelle Monarchie geschaffen worden. Zum Gedenken an dieses Ereignis beschloss man in Zittau, ein Memorial zu errichten. Dafür spendete die Bürgerschaft finanzielle Mittel, 1833 wurde es eingeweiht. Über einem dreistufigen Unterbau erhebt sich ein Postament mit Dreiecksgiebeln und Palmetten verziert, darauf ein Sockel mit Inschriften, darauf ein Obelisk. Die Inschriften lauten an der Nordseite „Anton König von Sachsen"; an der Südseite „Friedrich August, Mitregent"; an der Westseite in einem Kranz „4. September 1831" und auf einer Schriftrolle „Constitution"; am Piedestal: „Hochherzige Fürsten verliehen sie, dankbare Bürger und Bürgerinnen weihten dieses Denkmal".

■ HYGIEABRUNNEN | Töpferberg 1

Vor der Zittauer Johanniskirche stand seit 1527 ein Brunnen, für den Tobias Vopelius eine Herkules-Figur schuf. 1679 erneuerte man den Brunnen und fügte Säulen und schmiedeeiserne Gitter hinzu. 1837, im Jahr der Neueinweihung der Johanniskirche, gestaltete man ihn zu einem Hygieabrunnen um. Er erhielt eine neue Statue, der Herkules blieb nicht erhalten. 1901 brach man den Brunnen wegen des Baus einer Straßenbahnlinie ab.

Der Brunnen bestand aus einer achteckigen Schale, in deren Mitte sich eine kannelierte Säule mit qualitätvoll ausgearbeitetem korinthischem Kapitell erhob. Darauf stand die Statue der Hygieia, Gattin oder Tochter des Asklepios, des Gottes der Heilkunst und als solche die Göttin der Gesundheit. Die aus Terrakotta hergestellte etwas überlebensgroße Figur ist mit Chiton und Mantel bekleidet und hält eine Schale in der linken Hand, aus der sie eine Schlange nährt, die sie mit der Rechten hält. Bei der Säule handelte es sich vermutlich um ein Modell, nach dem eine Kolonnade für den geplanten weiteren Ausbau der Johanniskirche gefertigt werden sollte. Erhalten blieben die Figur der Göttin und das Säulenkapitell, welche sich heute im Stadtbad befinden.

Hygiea. Statue von einem Brunnen. Um 1837. Stadtbad.
Konstitutionsdenkmal. 1833.

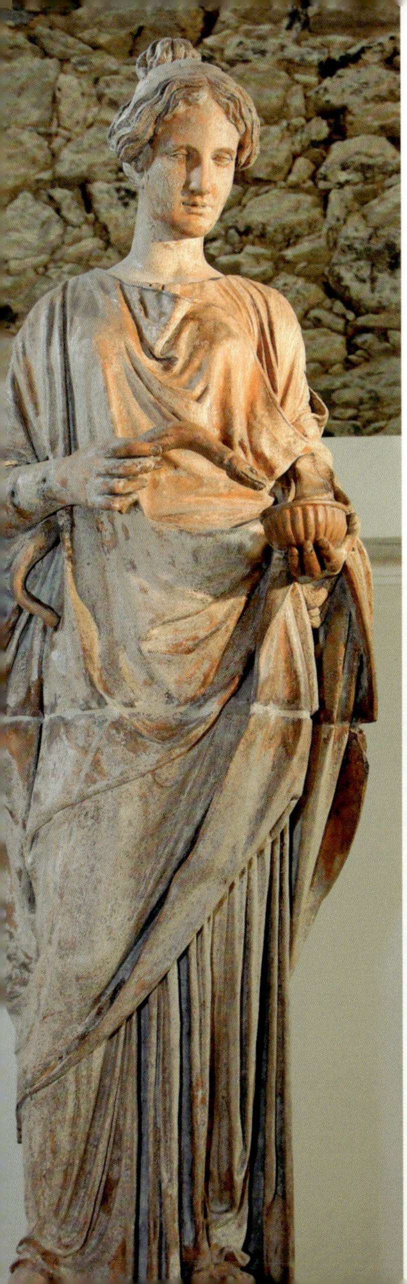
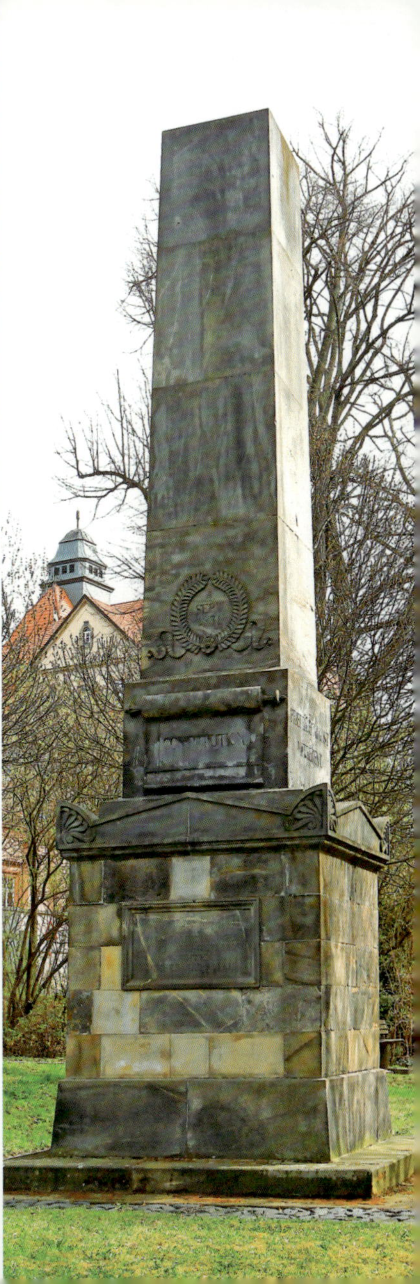

■ HABERKORNDENKMAL | Haberkornplatz

Der Jurist Ferdinand Ludwig Haberkorn stammte aus Kamenz, wo er 1846 in den Stadtrat gewählt wurde. 1849 wurde er Vizepräsident der II. Kammer des Sächsischen Landtages. In Kamenz kam er 1856 in das Bürgermeisteramt, siedelte 1857 nach Zittau über, wo er bis 1886 als Bürgermeister amtierte. 1867 gehörte er dem Reichstag des Norddeutschen Bundes an. 1893 legte er sein Landtagsmandat aus Altersgründen nieder. Haberkorn bewohnte eine Villa an der Bahnhofsstraße. Sein Wirken in Zittau ist eng mit dem Ausbau der Ringstraße verbunden. Die Stadt, deren Ehrenbürgerschaft er seit 1871 innehat, setzte ihm in seinem Todesjahr 1901 an damals exponierter Stelle ein Denkmal. 1997 wurde es restauriert.

Das Denkmal besteht aus mehreren Gesteinsarten. Es hat einen dreistufigen Unterbau mit einem Sockel aus rotem Granit an dem sich Fruchtgehänge aus Bronze, Schmuckurnen sowie beiderseits Bänke und in der Mitte ein kleines Wasserbecken mit reliefierten, farbigen Stadtwappen befinden. Die Büste des Bürgermeisters aus Marmor schuf Karl August Donndorf, Sohn des Rietschelschülers Adolf von Donndorf.

■ MARKTFRAUENBRUNNEN | Klosterplatz

Karl Schönherr modellierte 1977 den Marktfrauenbrunnen, der 1978 in Lauchhammer in Bronze gegossen wurde und in Zittau-Süd vor einem Kaufhaus aufgestellt wurde. Seit 2007 befindet er sich auf dem Klosterplatz.

Die Basis des Brunnens bildet eine oben aufgeschnittene Kugel aus Sandstein, auf welcher die drei Figuren der Marktfrauen aus Bronze sitzen, geschäftig miteinander schwatzend.

Karl August Donndorf: Haberkorndenkmal. 1901.
Karl Schönherr: Marktfrauenbrunnen. 1977.

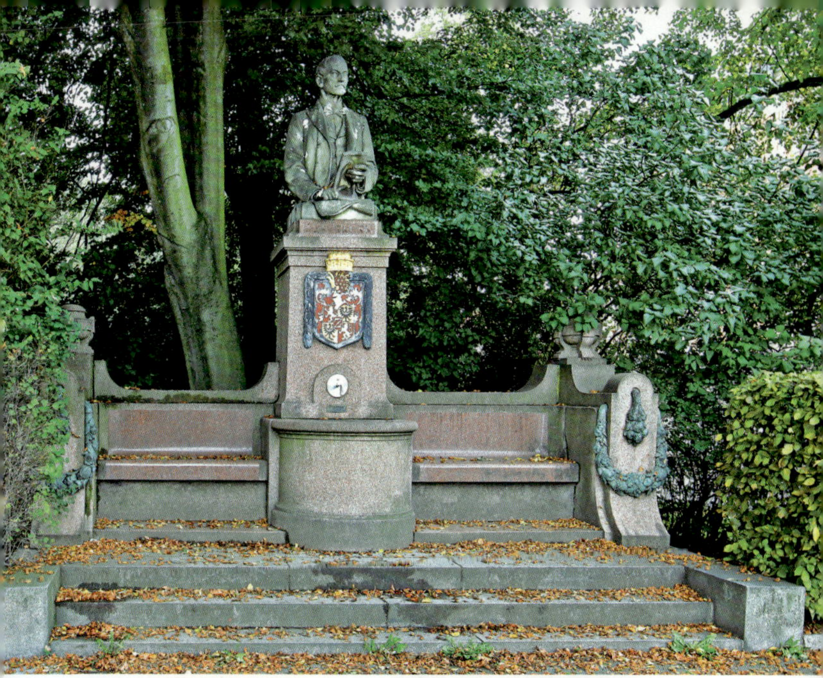

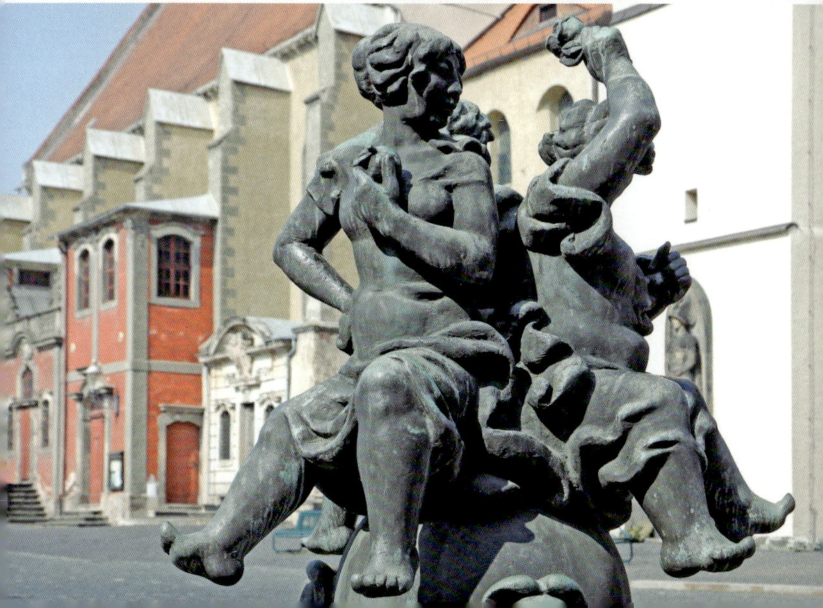

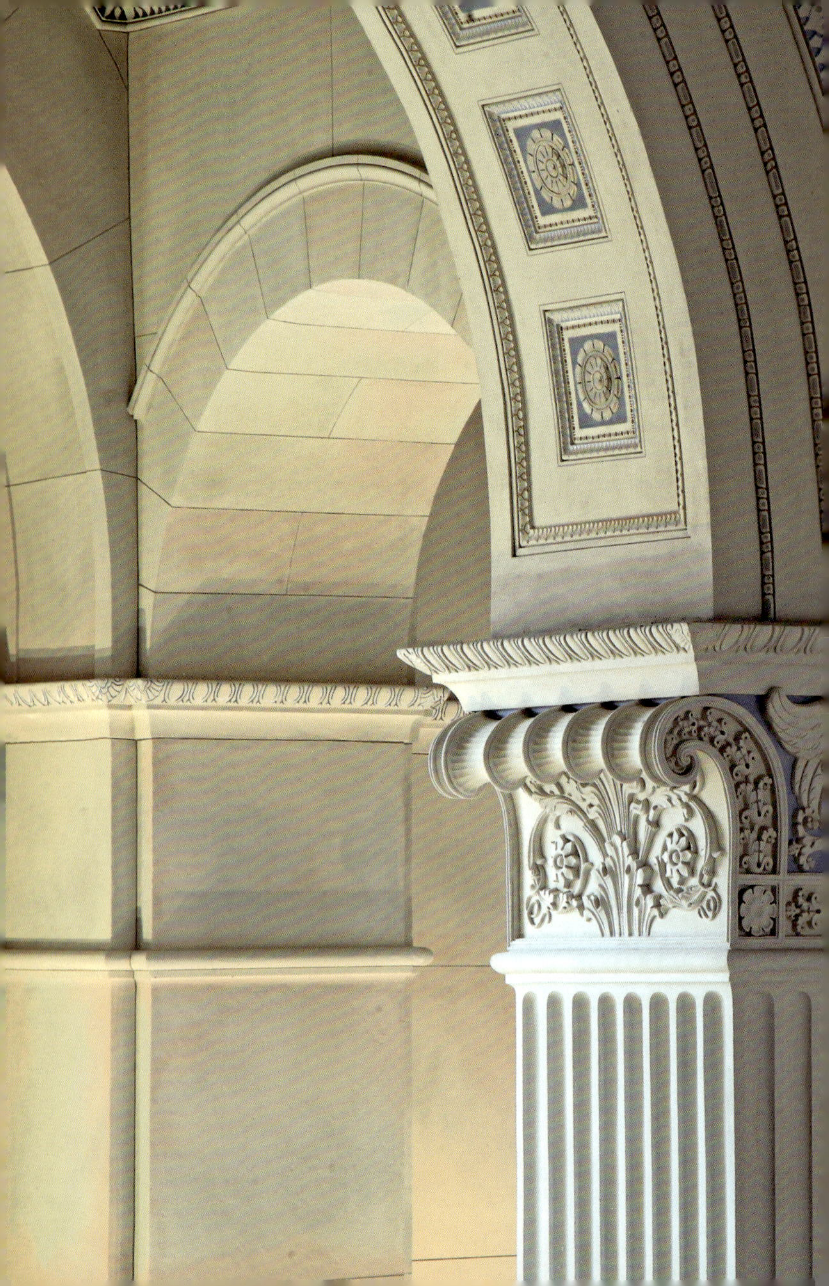

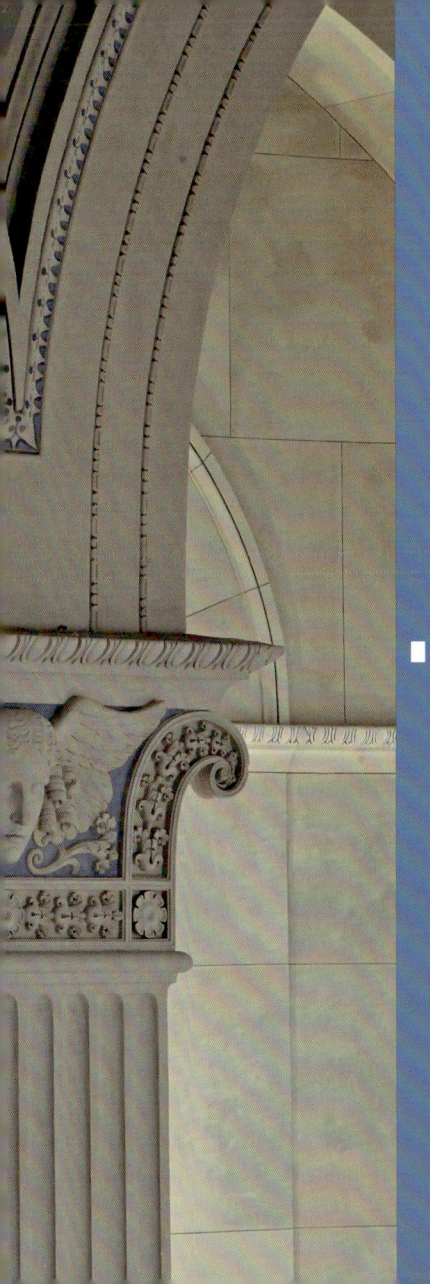

ANHANG

St. Johannis.

Grundriss Franziskanerkloster

A Klosterkirche
B Ostflügel
C Heffterbau
D Klosterhof

1 Chor
2 Sakristei (Nikolaikapelle)
3 Altar
4 Kanzel
5 Turm
6 Loge des Andreas Noack
7 Kapitelsaal
8 Vorsaal
9 Kreuzgang
10 Kreuzgang (Annenkapelle?)
11 sogen. Refektorium
12 Treppenturm
13 Hefftergiebel

Gruftbauten:
14 Kühn/Domsch
15 Junge II
16 Schreer/Naumann
17 Stöcker
18 Nesen
19 Besser
20 Kottwitz
21 Moser/Böttger
22 Rothe
23 Böttiger/Bredahl
24 Junge I/Knispel
25 Herbst/Richter
26 Mönch/Steiner
27 Hennig
28 Meyer
29 Bauer/Möller

30 Grabplatte der Anna von Duba
31 Grabmal des Johann Rösler
32 Grabmal des Carl Gottlob Morawek

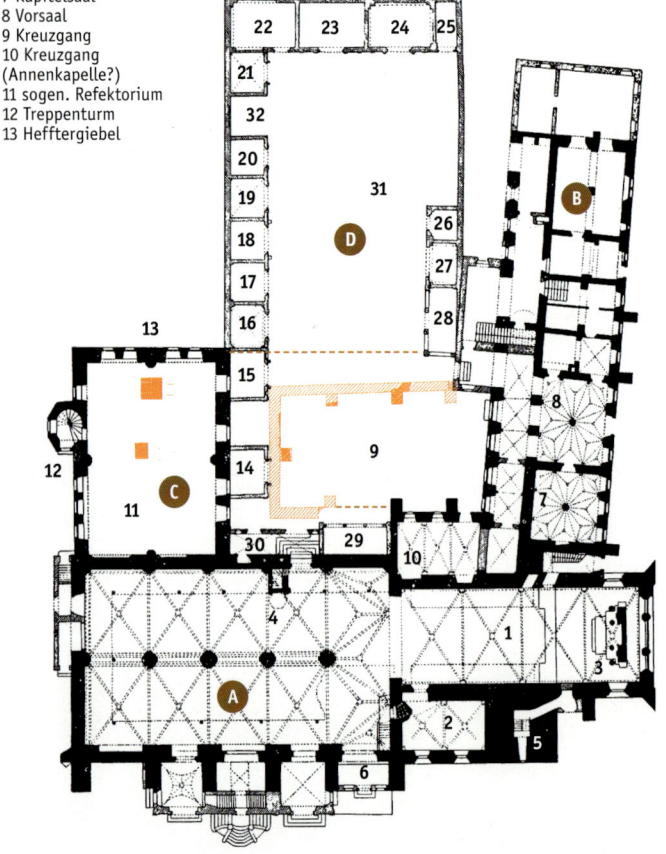

Grundriss Johanniskirche

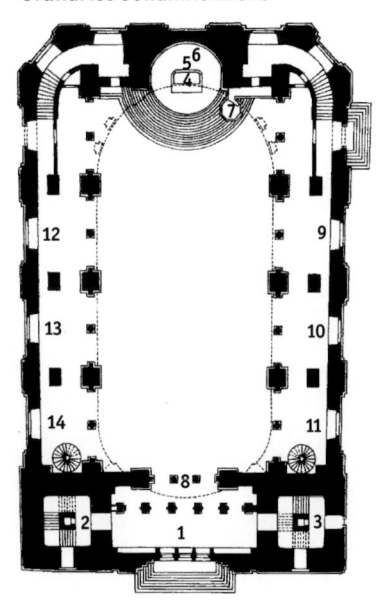

1 Vorhalle
2 Nordturm
3 Südturm
4 Altar
5 Christusstatue nach Thorvaldsen
6 Apsisgemälde von Rosendahl
7 Kanzel
8 Orgel
Buntglasfenster
9 Jesus mit Maria und Martha in Bethanien
10 Jesus und die Tochter des Jaïrus
11 Der barmherzige Samariter
12 Emmauswunder
13 Jesus und der ungläubige Petrus
14 Jesus segnet die Kinder

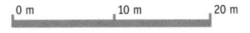

Grundriss Kreuzkirche

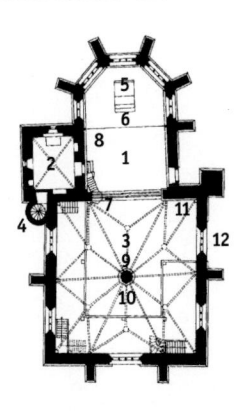

1 Chor
2 Sakristei
3 Kirchenschiff
4 Treppenturm
5 Ehemaliger Hauptaltar
6 Vitrine Großes Zittauer Fastentuch
7 Kanzel
8 Kreuzigungsgruppe
9 Epitaphium Schurich
10 Epitaphium Krodel
11 Epitaphium Leupold
12 Südportal

Map

- Dresdner Straße
- v.-Ossietzky-Straße
- Marschnerstraße
- Bahnhofstraße
- 50
- 45
- 25
- **Töpferberg**
- **Theater**
- 65
- 22
- 63
- 19
- 21
- Poststraße
- Bautzner Straße
- 48
- Pfarrstraße
- 51
- eberstraße
- 54
- 6
- 41
- Lindenstraße
- 37
- 43
- Kirchst
- 17
- 36
- 42
- 30
- 10
- Innere Weberstraße
- Dr.-Brinitzer-Straße
- 38
- 1
- Brunnenstraße
- 33 34
- Innere Oybiner Straße
- Zeichenstraße
- 31
- 57
- MARKT
- 56
- Mandauer Berg
- 40 35
- Grüne Straße
- Baderstraße
- Straße
- Oybiner Straße
- 46
- Rosenstraße
- Amalienstraße
- Breite Straße
- Mandaustraße
- **Theodor-Körner-Allee**
- Mandau
- 27
- Hoch

1. St. Johannis
2. Franziskanerkloster
3. Frauenkirche
4. Kreuzkirche (Museum)
5. Hospitalkirche St. Jakob
6. Dreifaltigkeitskirche
7. Kath. Kirche Mariae Heimsuchung
8. Rathaus
9. Marstall (Salzhaus)
10. Altes Gymnasium
11. Kleine Bastei
12. Große Bastei (Fleischerbastei)
13. Ehem. Armen- und Krankenhaus
14. Ehem. Städisches Mehllager
15. Fleischbänke
16. Baugewerkenschule
17. Alten- und Pflegeheim St. Jakob
18. Pestalozzischule
19. Christian-Weise Gymnasium
20. Mandaukaserne
21. Stadtbad
22. Kaiserliches Postamt
23. Parkschule
24. Weinauschule
25. Neues Amtsgericht
26. Gerhart-Hauptmann-Theater
27. Hochschule Zittau-Görlitz
28. Sächsischer Hof
29. Haus Neustadt 32
30. Dornspachhaus
31. Stollesches Haus
32. Hartigsches Haus
33. Noacksches Haus
34. Haus Markt 2
35. Haus Goldene Sonne
36. Grätzsches Haus
37. Bessersches Haus
38. Haus Markt 16
39. Haus Theaterring 14
40. Fürstenherberge
41. Gewandhaus (Giebel)
42. Priebersches Haus
43. Exnersches Haus (Museum)
44. Haus Karl-Liebknecht-Ring 6
45. Waentighaus
46. Villa Dannenberg
47. Villa Schneider
48. Haus Bautzner Straße 20
49. Haus Rathausplatz 2
50. Ehem. Hotel Reichshof
51. Haus Äußere Weberstraße 10
52. Haus Reichenberger Straße 14
53. Villa Hiller
54. Haus Äußere Weberstraße 17
55. Haus Reichenberger Straße 52
56. Künstlerviertel Mandauer Glanz
57. Marsbrunnen
58. Samariterinbrunnen
59. Grüner Born
60. Herkulesbrunnen
61. Schwanenbrunnen
62. Schleifermännchenbrunnen
63. Konstitutionsdenkmal
64. Haus Johannisstraße 6-8
65. Haberkorndenkmal
66. Marktfrauenbrunnen

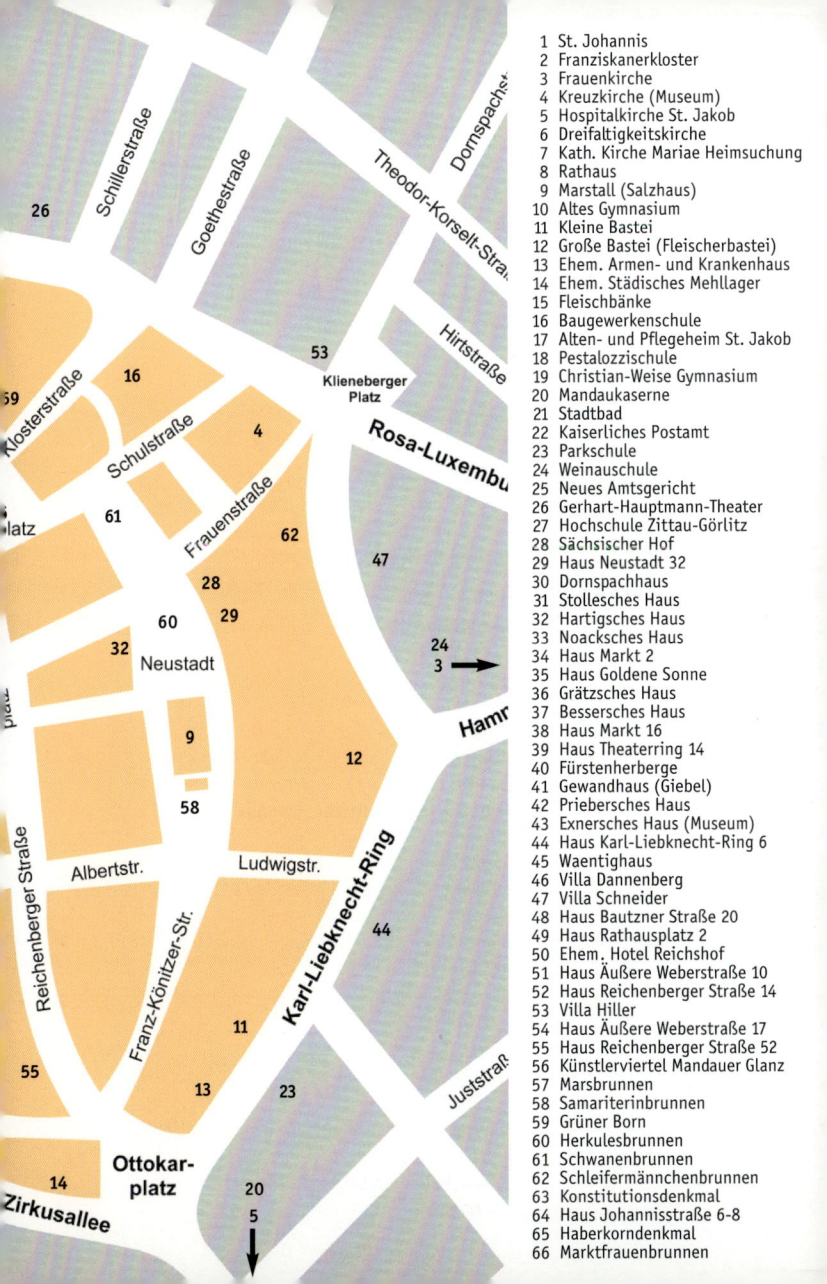

FOTONACHWEIS

© René E. Pech:
Titel (Rathaus, Kassettendecke im Bürgersaal); Rücktitel (Dreifaltigkeitskirche, Friedhof: Grabmal der Anna Sophia Wintziger); Bilder S. 5 (Dreifaltigkeitskirche), 6/7, 8, 11, 13, 17, 21 (links), 23, 25, 27 (unten), 29, 31, 33, 35, 37, 39, 41, 43, 45, 49, 51, 53, 55, 57, 59, 61, 63, 65, 67, 69, 71, 73, 75, 77, 79, 81, 82/83, 85, 87, 89, 91, 93, 95, 97, 99, 101, 103, 105, 109, 111, 113, 123, 125, 127, 129, 133, 135, 137, 139, 141, 143, 145, 146/147, 149, 151, 153, 155, 157, 159, 161, 163, 165, 167, 169, 171, 173, 175, 177, 178/179, 181, 183, 185, 187, 189, 191, 193, 195, 197, 199, 201, 203, 205, 207, 209, 211, 212/213, 215, 217, 219, 221, 223, 225, 226/227, 246/247 (Hospitalkirche St. Jakob).

© Friedemann Raatz:
S. 27 (oben), 183.

© Städtische Museen Zittau:
Jürgen Matschie S. 15, 19, 21 (rechts), 47, 107, 115, 117, 119.
Christoph von Viràg S. 121, 131.

VERZEICHNIS DER ABKÜRZUNGEN

Apg.	Apostelgeschichte
Ausst.-Kat.	Ausstellungskatalog
b.	bei
Bf.	Bischof
Bgmstr.	Bürgermeister
bibl.	biblische
d. Ä.	der Ältere
DDR	Deutsche Demokratische Republik
d. J.	der Jüngere
Ebf.	Erzbischof
ehem.	ehemalig
erw.	erwähnt
geb.	geboren
gef.	gefallen
gest.	gestorben
Gf., Gfn.	Graf, Gräfin
H.	Hälfte
Hg.	Herausgeber
Hl.	Heiliger, Heilige
HRR	Heiliges Römisches Reich (Deutscher Nation)
Hzg., Hzgn.	Herzog, Herzogin
JBDS	Denkmalpflege in Sachsen Jahrbuch
Jh.	Jahrhundert

Kf., Kfn.	Kurfürst, Kurfürstin
Kftm.	Kurfürstentum
Kg., Kgn.	König, Königin
KHM Franziskanerkloster	Kulturhistorisches Museum Franziskanerkloster
Ks.	Kaiser
Mkgf., Mkgfn.	Markgraf, Markgräfin
myth.	mythische
MZGMV	Mitteilungen des Zittauer Geschichts- und Museumsvereins e.V.
n. Chr.	nach Christus
ND	Nachdruck
NLM	Neues Lausitzisches Magazin
NSDAP	Nationalsozialistische Deutsche Arbeiterpartei
Red.	Redaktion
s.	siehe
SED	Sozialistische Einheitspartei Deutschlands
SS	Schutzstaffel
u.	und
u. a.	unter anderem
v.	von
v. Chr.	vor Christus
ZGMV	Zittauer Geschichts- und Museumsverein
ZUB	Zittauer Urkundenbuch I. Regesten zur Geschichte der Stadt und des Landes Zittau 1234–1437. Hrsg. von J Prochno (= Mitteilungen des Zittauer Geschichts- und Museumsvereins 19, 1938). Görlitz 1938.

SCHRIFTTUM IN AUSWAHL
Bibliografien
Hentschel, Walter: Bibliographie zur sächsischen Kunstgeschichte (= Schriften zur Kunstgeschichte 4). Berlin 1960 (ND Frankfurt am Main 1978).
Müller, Frank-Bernhard; Ullmann, Ernst: Bibliographie zur Kunstgeschichte in Sachsen. Stuttgart 2001.

SAMMELWERKE, MONOGRAFIEN, AUFSÄTZE, ARCHIVALIEN
Abri, Martina: Schinkels Entwurf für das Zittauer Rathaus im Vergleich zum Rathausentwurf für Erfurt. In: Internationales Karl-Friedrich-Schinkel-Symposion Oktober 1995 Zittau/Sachsen (Vortragsband), Zittau o. J. [1996?].
Apelt, Franz Ulrich: Aus meiner Zeit. Herausgegeben von Gunter Oettel (=MZGMV Beiheft 2). Görlitz, Zittau 2001.
Asche, Sigfried: Balthasar Permoser. Leben und Werk. Berlin 1978.
Auctores varii: Die südöstliche Oberlausitz mit Zittau und dem Zittauer Gebirge (Werte der deutschen Heimat XIV). Berlin 1970.
Bahlke, Joachim (Hg.): Geschichte der Oberlausitz. Leipzig 2001.
Bauer, Herbert: Der Eisenbahnbau zwischen Löbau und Zittau. Ein Stück Geschichte des deutschen Eisenbahnwesens und der Oberlausitz. Bautzen 1998.
Bednarek, Andreas: Carl August Schramm – Architekt, Baubeamter und Pädagoge. In: Bednarek, Andreas (Hg.): Carl August Schramm. Beiträge zur Architektur der Oberlausitz (=NLM Beiheft 6). Görlitz, Zittau 2008, 8–24.
Bednarek, Andreas (Hg.): Carl August Schramm. Beiträge zur Architektur der Oberlausitz (=NLM Beiheft 6). Görlitz, Zittau 2008.
Blaschke, Karlheinz: Beiträge zur Geschichte der Oberlausitz. Görlitz, Zittau 2000.
Böhmer, Tilo: Der Zittauer Maler und Graphiker K.W. Schmidt. In: Zittauer Geschichtsblätter N.F. 2002, 2.
Brandes, Detlef: Der Weg zur Vertreibung 1938–1945 (= Veröffentlichungen des Collegium Carolinum 94). München 2001.
Bruhns, Bernhard: Zittau in sieben Jahrhunderten. Zittau 1912.
Bund Deutscher Architekten Landesverband Sachsen (Hg.): Architektur in Sachsen. Zeitgenössisches Bauen seit 1991. Leipzig 2011.
Büsching, Johann Gustav: Wöchentliche Nachrichten für Freunde der Geschichte, Kunst und Gelahrtheit des Mittelalters. Breslau 1816.
Carpzov, Johann Benedict: Analecta Fastorum Zittaviensium oder Historischer Schauplatz der Löblichen Alten Sechs-Stadt des Marggrafthums Ober-Lausitz Zittau. Zittau 1716.
Chronik der Stadt Zittau 1255–1625. Herausgegeben von Tino Fröde. Görlitz 2013.
Chronik der Stadt Zittau. Abschrift der Zittauer Chronik, [die mit Johann von Guben beginnt]. Von Crudelius, Johann Christian Carl. In: Scriptores Rerum Lusaticarum Bd. 1 (1839), 1–104.
Class, Oliver: Karl Donndorf. Eine spätbürgerliche Künstlerkarriere. Diss. Stuttgart 1993.
Damzog, Dietmar; Dudeck, Volker; Oettel, Gunter: Frühling der Nationen. Zu den Wirkungen der bürgerlich-demokratischen Revolution von 1848/49 im Zittauer Land

und in den angrenzenden Gebieten (=MZGMV 26). Görlitz Zittau 2000.

Dehio, Georg: Handbuch der Deutschen Kunstdenkmäler. Sachsen I. Bearbeitet von Barbara Bechter, Wiebke Fastenrath u.a. Berlin 1996.

Dohmann, Albrecht: Sachsen (Deutsche Kunstdenkmäler). Leipzig 31993.

Dudeck, Volker: Zittau, Böhmen und das Haus Habsburg. Stadtgeschichte und personelle Kontakte in Spätmittelalter und Frühneuzeit. In: Welt-Macht-Geist. Das Haus Habsburg und die Oberlausitz 1526-1635. Ausstellungskatalog. Görlitz Zittau 2002.

Dudeck, Volker: Zittau so wie es war. Düsseldorf 1993.

Dudeck, Volker; Tomlow, Jos: Der Zittauer Ring. Phantasievoller Städtebau des 19. Jahrhunderts. Ausstellungskatalog, hrsg. von Dietmar Reichel. Görlitz Zittau 2000.

Ermisch, H.G.: Sächsische Rathäuser. Leipzig 1920.

Estler-Ziegler, Tania: Kirche zum Heiligen Kreuz zu Zittau. Görlitz Zittau 2000.

Freunde der Städtischen Sammlungen für Geschichte und Kultur Görlitz e.V. (Hg.): Zum Maler geboren. Franz Gareis (1775–1903). Gemälde, Zeichnungen und Druckgrafik eines Wegbereiters der deutschen Romantik. (=Schriftenreihe der Städtischen Sammlungen für Geschichte und Kultur Görlitz N. F. Bd. 36). Ausst.-Kat. Görlitz, Zittau 2003.

Gärtner, Theodor: Quellenbuch zur Geschichte des Gymnasiums in Zittau. Leipzig 1905.

Frommann, Anne; Müller-Merten, Heike: Die Hillersche Villa. Ein Haus und seine Bewohner (=Zittauer Geschichtsblätter 44, 2011). Zittau, Görlitz 2011.

Große, Gerhard; Tomlow, Jos: Buntglasfenster aus Zittauer Werkstätten in Zittau und anderswo. Eine kulturhistorische Dokumentation. (= Schriftenreihe Wissenschaftliche Berichte / Hochschule (FH), University of Applied Sciences Zittau, Görlitz; Band 92). Zittau, Görlitz 2006.

Grundmann, Günther: Gruftkapellen des achtzehnten Jahrhunderts in Niederschlesien und der Oberlausitz (=Studien zur deutschen Kunstgeschichte 193). Straßburg 1916.

Günther, Fritz: 100 Jahre katholisches Pfarramt Zittau. O. O. u. o. J. [1973].

Gurlitt, Cornelius: Beschreibende Darstellung der älteren Bau- und Kunstdenkmäler des Königreiches Sachsen XXIX. Zittau (Land). Dresden 1906.

Gurlitt, Cornelius: Beschreibende Darstellung der älteren Bau- und Kunstdenkmäler des Königreichs Sachsen XXX. Zittau (Stadt). Dresden 1907

Häuserchronik der Stadt Zittau innerhalb des Grünen Ringes für den Zeitraum bis 1900. Bearbeitet und zusammengestellt von Tino Fröde. Olbersdorf 2008.

Heckmann, Hermann: Baumeister des Barock und Rokoko in Sachsen. Berlin 1996.

Hoensch, Jörg K.: Geschichte Böhmens. München 21992.

Jaeger, Falk: nps tchoban voss: Vom Detail zum Stadtraum. From Detail to Urban Space. Basel, Boston, Berlin 2008.

Kober, Karl Max: Die Wandmalerei des späten Mittelalters in Sachsen. Leipzig 1968.

Kramer, Richard: Zittau und Umgebung. Zittau 1905. Reprint Naumburg 2004.

Krause, Hans-Joachim: Zum Einfluß der Prager Parler-Architektur auf Sachsen und die Oberlausitz. In: Legner, Anton (Hg.): Die Parler und der Schöne Stil 1350–1400. Ausst.-Kat. Bd. 2, Köln 1978, 553–556.

Külz, Wilhelm und Rat der Stadt Zittau (Hgg.): Deutschlands Städtebau. Zittau i. Sa. Berlin 1922.

Kuthan, Jiří: Česká architektura v době posledních Přemyslovců. Vimperk 1994.

Kuthan, Jiří: Premysl Ottokar II. Wien, Köln, Weimar 1996.
Löffler, Fritz: Die Stadtkirchen in Sachsen. Berlin 41980.
Lüdinghausen, Reinhold von: Die sächsische Oberlausitz. Bauten und Landschaft. Berlin 1922.
Mennekes, Friedhelm (Hg.): Die Zittauer Bibel. Stuttgart 1998.
Menzhausen, Joachim: Kulturgeschichte Sachsens. Leipzig 2007.
Mälzer, Bernd, Die südöstliche Oberlausitz in künstlerischer Darstellung. In: Sächsische Heimatblätter 4/5 2001. [Dresden 2001].
Mälzer, Bernd: Max Arthur Stremel. Zittau. In: Zittauer Geschichtsblätter N. F.1999, 3.
Mälzer, Bernd: Oswald Jarisch – ein Zittauer Maler und Insektenfotograf. In: Zittauer Geschichtsblätter N. F. 2002, 2.
Mohrmann, Ivo; Zech, Susann-Cathrin: Das Epitaph des Matthias Schemisch aus dem Jahre 1586. Konservierung und Restaurierung. In: Zittauer Geschichtsblätter. Sonderheft 1, 2002, Zittau Görlitz 2002, 18–21.
Montalegre, Johann Daniel de: Die vormahls in ihrem Flor stehende nunmehro aber in Ruin und Asche liegende Königl. Pohlnische und Churfürstl. Sächsische Sechs - Stadt Zittau in der Ober-Lausitz in XXI. Kupffer - Platten nebst einer kurzen Beschreibung etc. Zittau 1758. Reprint Zittau 2000.
Morawek, Carl Gottlob: Die Dreifaltigkeitskirche zu Zittau in Sage, Geschichte und Bild. Zittau 1891.
Morawek, Gottlob: Zittavia oder: Zittau in seiner Vergangenheit und Gegenwart. Zittau 1848/49. (Nachdruck Zittau 2000).
Müller, Reinhard: Der alte Klosterfriedhof zwischen ehemaligem Franziskanerkloster und Heffterbau in Zittau. Zittau 1930.
Müller, Reinhard: Der alte Kreuzkirchhof in Zittau und seine Erbbegräbnisse. Ein Beitrag zur älteren Zittauer Familiengeschichte. Zittau 1937.
Naumann, Ursula: Pribers Paradies. Frankfurt am Main 2001.
Nimoth, Torsten: Die Wandmalereien in der Kreuzkirche zu Zittau. In: Zittauer Geschichtsblätter 2000, 1.
Oettel, Andreas: Der Landkreis Löbau-Zittau. In: Zittauer Geschichtsblätter 2000, 3–4.
Oettel, Gunter: Archäologische Untersuchungen auf dem Zittauer Klosterhof. In: Zittauer Geschichtsblätter. N. F. 1995, 2.
Oeser, Louis (Hg.): Album der sächsischen Industrie oder: Sachsens größte und ausgezeichnetste Fabriken, Manufakturen, Maschinen und andere wichtige gewerbliche Etablissements in vorzüglichen naturgetreuen Abbildungen mit statistisch-topographischem, historischen und gewerblichen Texten. Neusalza 1856–1863.
Oettel, Gunter: Der Gau Zagost und der mittelalterliche Landesausbau an oberer Neiße und Mandau bis zur Gründung der Stadt Zittau Mitte des 13. Jahrhunderts. In: Die Besiedelung der Neißeregion Urgeschichte Mittelalter Neuzeit (=MZGMV 22, 1995). Zittau 1995.
Peschek, Christian Adolph: Handbuch der Geschichte von Zittau. 2 Bde. Zittau 1834.
Pietschmann, Thorsten: Das Franziskanerkloster zu Zittau. Zittau 2004.
Pietschmann, Thorsten: Das Zittauer Rathaus. Zittau 2003.
Pietschmann, Thorsten: Die Götter der Antike im barocken Zittau. In: Winzeler, Marius

(Hg.): Weises Geschenk. 300 Jahre Bibliotheksaal und Wunderkammer in Zittau (= Zittauer Geschichtsblätter 40). Ausst.-Kat. Zittau, Görlitz 2009, 36–51.

Pietschmann, Thorsten: Zittau. In: Frank Nürnberger (Hg.): Oberlausitz Schöne Heimat. Spitzkunnersdorf 2004, S. 258–263.

Pietschmann, Thorsten: Zittau. Acht Jahrhunderte Architektur und Kunst. Zittau 2005.

Pillep, Yves A.: Erich Barsarke. Ein Chemnitzer Architekt. Chemnitz 2004.

Prescher, Hans; Walther, Harald: Museum für Geologie der Südostoberlausitz. Zittau 1977.

Rapp Buri, Anna: Der Zittauer Jungbrunnen (=Zittauer Zimelien 1). Zittau, Görlitz 2011.

Ritschel, Hartmut: Aspekte zur Barockplastik der Oberlausitz. In: Blaschke, Karlheinz; Magirius, Heinrich; Seifert, Siegfried (Hgg.): 750 Jahre Kloster St. Marienstern. Festschrift. Halle/S. 1998, 384–401.

Rosner, Ulrich: Die Sanierung der Zittauer Altstadt – eine Zwischenbilanz aus denkmalpflegerischer Sicht. In: Sächsische Heimatblätter 4/5 2001. [Dresden 2001].

Rosner, Ulrich: Der Zittauer Stadtbaudirektor Carl August Schramm. Anmerkungen zur Instandsetzung ausgewählter Bauten. In: JBDS 2009. Beucha 2010, S. 6–12.

Rosner, Ulrich: Oberlausitzer Grufthäuser des Barock. Ein Beitrag zur Sepulkralkunst des 18. Jahrhunderts. In: JBDS 2006. Beucha 2007, S. 24–55.

Rosner, Ulrich: St. Johannis Zittau. München Berlin 2000.

Rosner, Ulrich: Zur Baugeschichte und denkmalpflegerischen Wiederherstellung des ehemaligen Franziskanerklosters in Zittau. In: Welt-Macht-Geist. Das Haus Habsburg und die Oberlausitz 1526-1635. Ausst.-Kat. Zittau, Görlitz 2002.

Roos, Dorothea: Der Karlsruher Architekt Hermann Reinhard Alker. Bauten und Projekte 1921 bis 1958. Tübingen 2011.

Schenkluhn, Wolfgang: Architektur der Bettelorden. Darmstadt 2000.

Schlesinger, Walter (Hg.): Sachsen (=Handbuch der historischen Stätten Deutschlands VIII). Stuttgart 1990.

Seeliger, Ernst A.: Denkmale der Frührenaissance in Zittau. In: NLM 106. 1930, S. 1–10.

Seeliger, Ernst A.: Welsche Bauleute in und um Zittau zur Zeit der Renaissance. In Zittauer Heimatblätter 3, 3 (1926).

Simon, Alfred: Die figürliche Plastik der Oberlausitz von ihren Anfängen bis um 1530. Reichenau i. Sa. 1925.

Stoob, Heinz: Kaiser Karl IV. und seine Zeit (mit Itinerar). Graz, Wien, Köln 1990.

Swoboda, Karl M. (Hg.): Gotik in Böhmen. München 1969.

Tomlow, Jos: Das Grenzlandtheater in Zittau – Der erste Theaterbau für das „Dritte Reich". In: Hermann, Konstantin (Hg.): Führerschule, Thingplatz, „Judenhaus". Orte und Gebäude der nationalsozialistischen Diktatur in Sachsen. Dresden 2014, 174–177.

Tomlow, Jos: Der Zittauer Ring – Die Stadtbaumeister Eschke, Schramm und Trummler und ihr kongeniales Wirken für die industriezeitalterliche Stadterneuerung (1820–1875). Tagungsbericht 42. Tagung für Ausgrabungswissenschaft und Bauforschung der Koldewey-Gesellschaft München 8.–12.5. 2002. Stuttgart 2004, 94–100.

Tomlow, Jos: Die Zittauer Ringstraße als städtebauliches Ensemble. In: Sächsiche Heimatblätter 4 (2001), S. 218–229.

Torbus, Tomasz (Hg. unter Mitarbeit von Markus Hörsch): Die Kunst im Markgraftum Oberlausitz während der Jagiellonenherrschaft (= Studia jagellonica Lipsiensia 3).

Ostfildern 2006.

Weise, Christian: Johannes William Roth – ein bedeutender Mitgestalter der Industriearchitektur des vergangenen Jahrhunderts. In: Neugersdorf. Beiträge zur Heimatgeschichte 25 (2009), 22–32.

Wenzel, Kai; Winzeler, Marius: Kunst und Architektur in der Oberlausitz 1526 bis 1635. In: Welt-Macht-Geist. Das Haus Habsburg und die Oberlausitz 1526–1635. Ausst.-Kat. Görlitz, Zittau 2002.

Wetter, Evelin: Die Lausitz und die Mark Brandenburg. In: Fajt, Jiří (Hg.): Karl IV. Kaiser von Gottes Gnaden. Kunst und Repräsentation des Hauses Luxemburg 1310–1437. Ausst.-Kat. München, Berlin 2006, 341–355.

Winzeler, Marius: Baugeschichte und Architektur der Zittauer Phänomen-Werke. In: Pioniere des Automobilbaus an der Neiße. Pionýři automobilismu podél Nisy. (=Zittauer Geschichtsblätter 48, 2013). Zittau, Görlitz 2013, S. 161–171.

Winzeler, Marius: „Mit so gefälliger Bereitwilligkeit und dem völligen Vertrauen auf meinen Entwurf ... durchgeführt". Zwei unbekannte Originalzeichnungen Karl Friedrich Schinkels für die Zittauer Johanniskirche. In: Zittauer Geschichtsblätter 34, 2007. Zittau, Görlitz 39 f.

Winzeler, Marius: Die Oberlausitz im Mittelalter. Skizze einer Kunstlandschaft zwischen Sachsen, Böhmen und Schlesien. In: Denkmalpflege in Sachsen Jahrbuch 2000. Beucha 2001, 118-131.

Winzeler, Marius: Ein Hauptwerk der romantisch geprägten Monumentalkunst des Historismus – der sächsische Maler Anton Dietrich und seine Zittauer Gemälde. In: Kleinert, Ulfried (Hg.): Paulus und der unbekannte Gott damals und heute. Anstößiges zu Anton Dietrichs Wandbild im Zittauer Johanneum und seine Geschichte. Radebeul 2009, 53–62.

Winzeler, Marius; Kahl, Uwe (Hgg.): Für Krone, Salz und Kelch. Wege von Prag nach Zittau (= Zittauer Geschichtsblätter 45, 2011). Zittau, Görlitz 2011.

Zießler, Rudolf, Die Bettelordenskirchen in Sachsen. Dipl.-Arbeit Greifswald 1957.

ZGMV (Hg.): Zittauer Glasmalerei 1865–1964 (= Zittauer Geschichtsblätter 33). Zittau, Görlitz 2007.

ZGMV (Hg.): Kreuzzeichen. Bilder aus sieben Jahrhunderten. Die Sammlung Wolfgang Sternling in Zittau (= Zittauer Geschichtsblätter 39). Zittau, Görlitz 2009.

Zittauer Urkundenbuch I. Regesten zur Geschichte der Stadt und des Landes Zittau 1234–1437. Hrsg. von J. Prochno (= MZGMV 19, 1938). Görlitz 1938.

PERSONENREGISTER

Bei weltlichen und geistlichen Herrschern ist die die Regierungszeit angegeben, bei andern, z. B. Künstlern, die Lebenszeit.

AA, (Monogrammist; erw. um 1520), Maler 34, 114
Abraham, bibl. Gestalt 130
Adalbert v. Prag (um 956–997), Hl., Märtyrer, Bf. v. Prag 114
Adam, bibl. Gestalt 130
Adeler, Nikolaus (erw. 1511/13), Humanist 30, 156
Ägypten, Personifizierung 62, 166
Aktiengesellschaft Sächsischer Werke, Unternehmen 68
Alberti, Leon Battista (1404–1472), Humanist, Architekt 58
Albrecht v. Habsburg (1438–1439), Kg. v. Ungarn u. Kg. v. Böhmen 22
Alert, Maria (geb. Linke; 1627–1699) 128
Alexander III. der Große (336–323 v. Chr.), Kg. v. Makedonien 184
Alker, Hermann Reinhard (1885–1967), Architekt 72, 176
Alkmene, myth. Gestalt 32, 182
Amaltheia, myth. Gestalt 32, 182
Amida-Buddha 116
Anders, Familie 220
Anders, Johann Gottlob (wirkte 1710–1746), Bildhauer 40, 44, 148, 220
Anna, Hl., bibl. Gestalt 144
Anna v. Duba (gest. 1449) 26, 104
Ansorge, Anna (geb. 1972), Künstlerin 138
Antonius v. Padua (1195–1321), Hl. 144
Anton (1827–1836), Kg. v. Sachsen 222
Apelt, Familie 134
Apelt, Franz Ulrich (1882–1944), Rechtsanwalt, Kunstsammler 70, 172
Apollo, Gott 164
Aristoteles v. Stageira (384–322 v. Chr.), Philosoph 166
Askanier, Dynastie 10
Asklepios, Gott 222
August II., Kg. v. Polen, s. Friedrich August I. (Kf. v. Sachsen)
August III., Kg. v. Polen, s. Friedrich August II. (Kf. v. Sachsen)
Auster, Friedrich August (erw. 1871), Unternehmer 206
Babberger, August (1885–1936), Maler 72, 176
Bahns, Georg (wirkte 1657–1668), Kunsttischler 36, 44, 100, 128
Barbara (Ende 3. Jh.), Hl., Märtyrerin 106
Barsarke, Erich (1878–1941), Architekt 68, 72
Bäumer, Theodor Heinrich (1836–1906), Bildhauer 64
Beethoven, Ludwig van (1770–1827), Komponist 166
Benedikt v. Nursia (um 480–547), Hl., Klostergründer 144
Beneš, Eduard (1884–1948), Staatspräsident der Tschechoslowakei 74
Bendix (erw. 1881/83), Steinmetz 170
Bernhard, Friedrich August (1823–1891), Unternehmer 96
Bernhard v. Clairevaux (um 1090–1153), Zisterzienser, Hl. 102, 114
Berson, Philipp Bernhard (erw. 1787/1803), Architekt 150
Besser, Familie 108
Besser, Carl Christian (1701–1769), Kaufmann, Kammerrat 108, 196
Beyer, Karl Gottlob (1812–1854), Bildhauer 58, 64, 150, 152
Bismarck, Otto v. (1815–1898), Reichskanzler 64
Boček, Bohumil (1894–1952), General 74
Bock, Tilmann (geb. 1969), Architekt 78, 80
Böhmer, Christian Gottlob (1751–1780), Jurist 96
Born, Rudolf (1882–1970), Bildhauer 172
Borott, Johann (1757–1832), Pastor 112
Böttiger, Johanna Dorothea (1695–1758), 102
Böttger, Familie 40

Brandt, Christian Gottlob (1699–1716), Gymnasiast 140
Braun, Matthias Bernhard (1684–1738), Bildhauer 46
Brokoff, Ferdinand Maximilian (1688–1731), Bildhauer 46
Brosch, Franz Anton (wirkte um 1750), Maler 112
Brosse, Joachim Hannibal (erw. um 1696), Stück- und Glockengießer 102
Bubenik, Hans (wirkte 1658–1668), Bildschnitzer 36, 100, 102
Burckhardt, Tobias (erw. 1748/49), 180
Büsching, Johann Gustav (1783–1829), Archäologe, Germanist 182
Buschkiel, Jakob Ludwig (wirkte um 1834/37), Maler 88
Butschke, Gottfried (1669–1706), 132
C. Türcke und Co, Glasmalereiwerkstatt 62, 64
Cacus, myth. Gestalt, 32, 182
Cicero, Marcus Tullius (106–43 v. Chr.), Philosoph, Politiker 158
Conrad, Karl (gest. 1896), Sattler 96
Cranach d.Ä., Lucas (1472–1553), Maler 34, 112
Daniel (7./6. Jh. v. Chr.), Prophet 138
Dannenberg, Julius (erw. um 1845), Unternehmer, Kommerzienrat 204
Dante Alighieri (1265–1321), Dichter 166
Daleminzier, Volk 9
Daun, Leopold Joseph Gf. v. (1705–1766), Feldmarschall 48, 154
Deutschland, Personifizierung 62, 164
Dientzenhofer, Kilian Ignaz (1689–1751), Architekt 42
Dietrich, Anton (1833–1904), Maler 60, 62, 166
Domsch, Antonin 40, 108
Donndorf, Adolf von (1835–1916), Bildhauer 64
Donndorf, Karl August (1870–1941), Bildhauer 64, 224
Dornspach, Christine v. (geb. Just; verw. Lankisch; erw. 1539), Stam
Dornspach, Nikolaus v. (1516–1580), Humanist, Bgrmstr. 28, 34, 156, 158, 184
Dott, Sergej Alexander (geb. 1959), Bildhauer, Maler 80
Dunger, Erich (1886–1956), Architekt, Stadtbaudirektor 70, 74
Dyck, Anthonis van (1599–1641), Maler 202
Eberhard, Gottfried (1641–1680), Hospitalverwalter 124
Eberhard, Maria (geb. Schnitter; 1636–1681) 124
Eckardt, Anna (geb. Schäfer; gest. 1771), 132
Eckardt, Christian (1700–1775), Gasthofbesitzer 132
Eichler v. Auritz, Familie 198
Eichler v. Auritz, Gottfried (1618–1667), 140
Eichler v. Auritz, Johann (gest. um 1660), 96, 128
Eichler v. Auritz, Martin (erw. 1606/08), Kaufmann 198
Eichner, Georg Ernst (1652–1703), Stadtrichter 96
Einsiedel, v., Familie 220
Eirene, Göttin 172
Elisabeth v. Thüringen (1207–1231), Hl. 144
Emmenius, Gallus (gest. 1599), Arzt 128
Engelmann, George (erw. 1690), Pfarrer 110, 116
Engler, Valentin (erw. 1788/91), Orgelbauer 102
Erasmus v. Rotterdam (1466/69–1536), Humanist 166
Eros, Gott 158
Eschke, Carl Christian (wirkte 1796–1828), Stadtbaumeister 50, 52, 84, 86, 148
Exner, Familie 200, 202
Exner, August Christian (1771–1847), Kaufmann 200
Eyselt, J. Thomas (erw. 1739/58), Maler 102
Fabricius, Paul (1529–1589), Humanist 110
Fama, Göttin; Personifizierung (Ruhm) 164
Feltsch, Jakob (erw. 1560; 1566), Bildschnitzer 28
Ferdinand I. (1531–1564), Ks. (HRR) 28, 90, 198
Ferdinand II. (1617–1637), Ks. (HRR) 36
Finck, Familie 134, 136

Finck, Carl Christian (erw. um 1730)
Finck, Christian (1674–1756), Kaufmann 134, 136
Finck, Christian d. Ä. (erw. 1734), Kaufmann 136
Finck, Henriette Jacobine (geb. Wintziger; 1701–1759), 136
Finck, Magdalena Regina (geb. Uhle; erw. 1705) 136
Finck, Maria Sophia (geb. Böhme; 1691–1746), 136
Förster, August Michael (erw. 1746), 188
Föst, Fritz (1903–1940), Bildhauer 216
Franke, Gustav Reinhold (erw. 1893), Hotelier 208
Franklin Weidhase, Unternehmen 174
Franz (Franziskus) v. Assisi (1181/82–1226), Hl., Ordensgründer 144
Friedrich II. (1740–1786), Kg. v. Preußen 48
Friedrich I. Barbarossa (1152–1190), Ks. (HRR) 9
Friedrich August I. der Starke (1694–1733), Kf. v. Sachsen, als August II. (1697–1706; 1710–1733) Kg. v. Polen 112, 198, 218
Friedrich August II. (1733–1763), Kf. v. Sachsen, als August III. Kg. v. Polen 112
Friedrich August III. der Gerechte (1763–1827), Kf, seit 1806 Kg. v. Sachsen (Friedrich August I.) 112, 152, 222
Friedrich August II. (1836–1854), Kg. v. Sachsen 152, 222
Friedrich V. von der Pfalz (1610–1623), Kf. 36, 198
Fritsche, Oswald (erw. 1893/1905), Baumeister 170, 196, 208
Fritzsch, Anna Margaretha (geb. Kemmel; gest. 1590), 112
Fritzsch, Paul (1500–1570), Bgrmstr. 112
Fröhlich, Michael (gen. 1679), Schlossermeister 44, 216
Gallienus (253–268), Ks. (Römisches Reich). 9
Gärtner, Friedrich Wilhelm v. (1791–1847), Architekt 150
Georg v. Podiebrad (1458–1471), Kg. v. Böhmen 22
Gerechtigkeit, Personifizierung 106
Gerlach, Gottlieb Benjamin (1698–1756), Philosoph, Rektor 156
Gerlach, Melchior (1562–1616), Rektor 110, 156, 158
Germania, Personifizierung (Deutschland) 172
Giese, Ernst Friedrich (1832–1903), Architekt 206
Glaube, Personifizierung 64, 132, 152
Goethe, Johann Wolfgang v. (1749–1832), Dichter 166, 172
Gorteler, Jacob (erw. 1472); Gewürz- und Getreidehändler 130
Golz, Martin Maximilian (erw. 1632/33), Oberst 148
Grasselt, B. A. (erw. 1911/14), Architekt 172
Grätz, Familie 100, 132
Grätz, Heinrich (1671–1730), Kaufmann 134, 194
Greger d. J. Michel (wirkte 1567–1619), Bildhauer 34, 92, 94
Griechen, Volk 218
Griechenland, Personifizierung 62, 166
Grohmann, Familie 132
Gropius, Walter (1883–1969), Architekt 174
Grulich, Georg (1911–1993), Maler 112
Grünwald, Familie 48
Gundelfinger, Johann (1551–1609), Kaufmann 112
Gurlitt, Cornelius (1850–1938), Kunsthistoriker 10, 12, 14, 16, 22, 26
Haberkorn, Ludwig Daniel (1811–1901), Bgrmstr. 56, 64, 162, 224
Habsburger, Dynastie 22, 26, 28, 38
Haller, Jakob (1859–1920), 70
Haller, Wilhelm (1884–1956), Architekt 70
Hans v. Aechten (1552–1615), Maler 112
Hans v. Huberk (erw. 1551/54; gest. 1559) Bgrmstr. 168
Hänsel, Familie 202
Hartig, v., Familie 38, 186, 188
Hartig, Christian v. (1605–1677), Bgrmstr. 96, 152, 186, 188
Hartig, Jacob (erw. 1561), Kaufmann, Ratsherr 188
Hartig, Johann Jacob v. (1639–1718), Bgrmstr. 128, 186, 188

Hartmann, Paul (erw. 1685), Bildschnitzer 88
Hartranft, Barbara (gest. 1600), 96
Hartzer, Carl Ferdinand (1838–1906), Bildhauer 64
Haupt, Ernst Friedrich (1774–1843), Bgrmstr. 152, 200
Heffter, Heinrich v. (1610–1663), Bgrmstr. 36, 98, 100, 106
Heidenreich, Lorenz (1483–1557), Reformator 26, 84, 152
Heinke, Curt (1890–1934), Geologe, Studienrat 200
Heinrich I. (919–936), dt. Kg. 9
Heinrich I. (1312–1346), Hzg. v. Jauer 16
Heinrich VII. (1308–1313), dt. Kg. 16
Heintze, Franz (erw. 1627), Glasermeister 92
Helle, Familie 96
Hempel, Bernhard (erw. 1846–1877), Architekt 58
Hennig, Eduard (erw. 1846–1907), Baumeister 60
Hera, myth. Gestalt, Göttin 218
Herkules (Herakles), myth. Gestalt 32, 44, 182, 210, 218, 222
Herodot von Harlikarnassos (um 490–um 424 v. Chr.), Historiker 166
Hertzing, Hans (1890–1971), Maler 112
Hertzog, Dorothea Juliana (1661–1723), 102
Hesekiel (6. Jh. v. Chr.), Prophet 138
Heuchler, Johann Eduard (1801–1871), Architekt 58, 60
Heydrich, Anna Maria (geb. Gruner; 1668–1742), 132
Heydrich, Johann (1666–1739), Fleischhauer 132
Hiller, Karl Gustav (1863–1913), Erfinder, Unternehmer 96, 208
Himmlischer Ruhm, Personifizierung 136
Himmlisches Regiment, Personifizierung 44
Hirsch, Ludwig (1856–1942), Architekt 170
Hirschfeld, C. (erw. 1873), Maler 152
Hirschfeld, Christina Rosina (geb. Prieber; 1725–1788), 140
Hirschfeld, Johann Carl (1714–1764), Kaufmann 140
Hitler, Adolf (1889–1945), Parteiführer (NSDAP), Reichskanzler 72
Hoffmann, Gottfried (1658–1712), Philosoph, Rektor 112, 156, 200
Hoffnung, Personifizierung 132, 134, 136
Homer (8. Jh. v. Chr.), Dichter 166
Hopp Alfred, (erw. 1935), Architekt 72, 176
Hoppenhaupt, Johann Michael (1685–1751), Bildhauer 40, 44, 218,
Horn, Anna Dorothea (geb. Linck; erw. 1701), 140
Horn, Moritz (1814–1874), Dichter 112
Horn, Tobias (1652–1703), 140
Hübner, Daniel (um 1728), Bildhauer 40
Humboldt, Alexander v. (1769–1859), Wissenschaftler 166
Hünigen, Andreas (1712–1781), Baumeister 50, 84, 86, 100, 150
Hygiea, Göttin 54, 168, 222
Innozenz IV. (1243–1254), Papst 10
Iphikles, myth. Gestalt 218
Irdisches Regiment, Personifizierung 44
Italien, Personifizierung 62, 166
Jäch, Gottfried (1672–1739), Bildhauer 40, 44, 148, 220
Jacobitz, N. N. (geb. Hartranft; um 1619–1640), 140
Jagiellonen, Dynastie 22
Jähne, Johann Georg (erw. 1715), Handwerker 90
Jaïrus, bibl. Gestalt 88
Jakob, bibl. Gestalt 124, 130, 132, 216
Jakobus, Apostel, Hl. 62,144
Jary, Johann (erw. 1757), Pastor 112
Ječek, Bruno (erw. 1908/45), Hotelier 192
Jehmlich, Orgelbauwerkstatt 144
Jehmlich, Johann Gotthold (1781–1862), Orgelbauer 88
Jeremias (um 650–ca. 585 v. Chr.), Prophet 138
Jesaias (2. Hälfte 8. Jh. v. Chr.), Prophet 138
Jesus v. Nazareth (Christus; ca. 2/1 v. Chr.–30 n. Chr.), Religionsstifter 32, 56, 64, 88, 94, 102, 114, 120, 124, 126,

128, 130, 140, 144, 216, 218
Johann der Blinde (1311–1346) Kg. v. Böhmen 16
Johann Georg I. (1611–1656), Kf. v. Sachsen 36, 112, 152
Johannes d. Evangelist (Identität umstritten), Apostel, Hl. 20, 32, 34, 56, 88, 112, 114, 120, 128
Johann Philaletes (1854–1873), Kg. v. Sachsen 164
Judas Ischariot, Apostel 120
Juden, Volk 216
Junge, Familie 40, 108
Junge, Johann Friedrich (1649–1718), Patrizier, Stadtrichter 108
Jupiter (Zeus), Gott 32, 106, 182, 218
JUST ARCHITEKTEN + STADTPLANER, Architekturbüro 196
Just, Familie 118
Just, Ernst Friedrich Wilhelm (1773–1858), Bgrmstr. 152
Just, Harald, Architekt 76, 78, 196
Just, Ferdinand Adolph (1783–1868), Ratsherr 198
Kaiser, Karl Herrmann (erw. 1904/05), Baumeister 210
Kanitz-Kyaw, Familie 40, 42, 134
Karl d.Gr. (768–814), Kg. d. Frankenreiches, Ks. (Frankenreich) 213
Karl IV. (1346–1378), Ks. (HRR) 14, 16, 18, 20, 24, 122, 126, 154
Keimann, Christian (1607–1662), Dichter, Pädagoge, Rektor 156
Kerberos, myth. Gestalt 218
Kiesler, Albert (1828–1876), Unternehmer 56
Kießling (gest. 1896), Generalarzt 208
Knispel, Familie 40, 108
Knispel, Johann Georg (erw. 1812), Apotheker 168
Knoch, Carl Heinrich (erw. 1866/67), Kaufmann 204
Knöffel, Johann Christoph (1686–1752), Architekt 50, 198
Knothe-Seeck, Hermann (1836–1911), Architekt 60, 142, 144
Kohl, Orgelbauwerkstatt 138
Kolumbus, Christoph (um 1451–1506), Seefahrer 166
Königlich Sächsische Hofglasmalerei Türcke und Schlein, Glasmalereiwerkstatt 62, 64, 102, 138, 144, 152
Könitzer, Franz E. (erw. 1887), Unternehmer 206
Könitzer, Franz Theodor (erw. 1887/88), Unternehmer 206
Konrad III. (1128–1135/1138–1152), dt. Kg. 9
Konrad v. Vechta (1413–1425), Ebf. v. Prag 18
Krampf, Fritz (erw. 1920), Maler 70, 172
Krauß, Veit (1893–1968), Maler 112
Kremsier, Friedrich (wirkte 1645–1695), Maler 36, 128
Krodel, Christian Friedrich (1740–1797), Kaufmann 128
Krodel, Dorothea (geb. Herbst; 1750–1786), 128
Krodel, Johann Philipp (1661–1705), iurisdictiones candidatus 12
Kronos, Gott 182
Kühn, Familie 40, 108
Kühne, Hans Max (1874–1942), Architekt 110
Külz, Wilhelm (1875–1948), Bgrmstr. 152
Kunert, Hans (erw. 1668), Glockengießer 96
Kunstwerkstätten für Glasmalerei, Kunstglaserei und Messingvergasung Richard Schlein, Glasmalereiwerkstatt 64, 70, 74, 88, 172, 174, 196, 208
Ladislaus V. Postumus (1440–1457), Kg. v. Ungarn u. Kg. v. Böhmen 22
Langer, Max (1897–1985), Maler 112
Langner, Michael (erw. 15.Jh.), Stifter 138
Laurentius (gest. 258), Hl., Märtyrer 114
Leipa, v., Familie 10, 16, 98
Leonardo da Vinci (1452–1519), Maler, Bildhauer, Architekt 166
Lessing, Gotthold Ephraim (1729–1781), Dichter 166
Leubner, Jakob (gest. 1561), Glockengießer 96
Leupold, Christiane, Sabine (um 1666–1707) 128
Leupold, Eleonore (geb. Schmid; 1663–1704) 128
Leupold, Heinrich Georg (1651–1722), Ratsherr 128
Liebscher, Joachim (1926–1994), Bildhauer 76, 174, 176

Lillig, Hans (1894–1977), Maler 112
Liszt, Franz (1811–1886), Komponist 166
Löffler, Bogislaus (erw. 1797), Bildhauer 54
Löffler, Fritz (1899–1988), Kunsthistoriker 12, 54
Lombard, Lambert (1505/06–1566), Humanist, Maler, Architekt 32, 120
Longinus, Hl., Märtyrer 114, 120
Lossow und Kühne, Architekturbüro 66, 68, 204
Löwe und Wäntig, Unternehmen 68, 72
Lübenau, David (erw. 1595), Baumeister 168
Lucas, Erich (1892–1964), Glasmaler 74
Ludwig I. (1825–1848), Kg. v. Bayern 150
Luther, Martin (1483–1546), Reformator 26, 62, 84, 166
Luxemburger, Dynastie 16, 18, 22
Mahler, Lucas (erw. 1535; gest. 1544), Ratsherr 180
Margaretha v. Antiochia (gest. um 305), Hl., Nothelferin, Märtyrerin 114
Maria, Mutter Jesu, Hl. 24, 32, 34, 60, 62, 64, 88, 94, 112, 114, 120, 124, 126, 128, 142, 144, 208
Maria Magdalena, Hl. 32, 114, 120
Maria Theresia (1740–1780), Erzhzg.in v. Österreich 48
Markus, Apostel, Hl. 30, 186
Mars (Ares), Gott 32, 196, 214
Marschner, Heinrich (1795–1861), Komponist 64, 76
Martha, Hl. 88
Martin v. Tours (um 316/17–397), Hl., Bf. v. Tours 122
Martini, Gottfried Benjamin (1666–1733), Pastor 48, 102
Maschke, Martha (gest. 1586) 140
Mascus, Andreas (wirkte 1535/45, gest. 1553), Rektor 156
Matthias I. Corvinus Hunyadi (1458–1490) Kg. v. Ungarn 22
Matthias (1612–1619) Ks. (HRR) 30, 34
Max, Anton (1734–1808), Bildschnitzer 46
Maximilian I. (1486–1519), Ks. (HRR) 34, 112
Maximilian II. (1521–1564), Ks. (HRR) 28, 198
Melanchthon, Philipp (1497–1560), Humanist, Reformator 166
Merian, Matthäus (1593–1650), Kupferstecher 148
Merkur (Hermes), Gott 44, 194, 108, 158, 164, 206, 218
Michael, Familie 134
Michelangelo Buonarroti (1475–1564), Maler, Bildhauer, Architekt 32, 120, 166, 202
Milzener, Volk 9
Minerva (Athena), Göttin 196, 166, 172
Mirus, Adam Erasmus (erw. 1696/1700), Konrektor 132
Mönch, Familie 134
Morawek, Carl Gottlob (1816-1896), Gärtner, Chronist 76, 96, 108
Moser, Familie 40, 108
Moses, jüdischer Gesetzgeber 118, 130
msp Architekten, Architekturbüro 80
Mudrach, Barbara (um 1578–1634), 132
Müller, Hugo (erw. 1889), Baumeister 138
Müller-Lückendorf, Willy (1905–1969), Maler 112
Murat, Joachim (1808–1815), Kg. v. Neapel 52
Mutschmann, Martin (1879–1947), Politiker (NSDAP) 72
Napoleon I. Bonaparte (1804–1814/15), Ks. v. Frankreich 52, 198
Naso, Prokopius (1548–1608), Bgrmstr. 152, 158, 168
Nemäischer Löwe, myth. Gestalt 182, 218
Neptun, Gott 44
Nesen, Familie 40, 108
Nesen, Konrad (1495–1560), Bgrmstr. 28
Nicolaus v. Ratybor (erw. 1347/55), Johanniter, Komtur 90
Nike, Göttin 172
Nikodemus, bibl. Gestalt 124
Nikolaus von Myra (wirkte 1. Hälfte d. 4.Jh.), Bf. v. Myra, Hl. 114
Noack, Familie 40, 102, 112
Noack, Andreas (1647–1701), Patrizier 38, 100, 112, 190
Noack, Anna Maria (geb. Heinrich; 1652–1691), 46, 112
nps tchoban voss, Architekturbüro 76, 78, 80

Ockelmann, Robert Heinrich (1849–1915), Bildhauer 96
Oertel, Johannes Herrmann (1840–1916), Bgrmstr. 56
Orleans- und Halbwollen-Waaren-Fabrik, Unternehmen 204
Otto I. (936 – 973), Ks. (HRR) 9
Otto, Johann Paul (gest. 1780), 132
Ottokar II. Přemysl (1253–1278), Kg. v. Böhmen 9, 10, 12, 14, 16, 76, 90, 98, 148, 152
Ovid (43 v. Chr.–17 n. Chr.), Dichter 32
Pahl, Emil (erw. 1846), Buchhändler 198
Pandora, myth. Gestalt 42, 106
Parler, Peter (um 1330–1399), Baumeister 18, 20, 126
Pauli, Christoph (1642–1723), Kaufmann 128
Paulus (Saulus; Anfang des 1. Jh.–60/62), Apostel, Hl., Missionar 60, 100, 114, 158, 166, 172
Pegasos, myth. Gestalt 66
Pescheck, Christian Adolph (1787–1859), Theologe 110
Petrus (gest. um 67), Apostel, Hl., Missionar 88, 100, 114
Phänomenwerke Gustav Hiller AG, Unternehmen 56, 68, 72, 208
Phidias (um 500–um 432 v. Chr.), Bildhauer 166
Pietzsch, Martin (1886–1961), Architekt 70
Platon (428/27–348/47 v. Chr.), Philosoph 166
Plutarch (um 45–um 125), Philosoph, Biograf 184
Ponhut, Peter (erw. 1493), Glockengießer 138
Pontius, Pilatus (wirkte 26–36), Präfekt v. Judäa 120, 124
Poppe, Wilhelm Rudolf (erw. 1891/90), Baumeister 204, 208
Pöppelmann, Peter (1866–1947), Bildhauer 114
Porsche, Johann (1931–1994), Bildhauer 76
Posselt, Familie 96
Pötzsch, Martin (wirkte 1658–1666), Baumeister 34, 36, 106
Pradel, Dirk (geb. 1962), Maler 112
Prescher, Heinrich (erw. 1668), Tischler 44, 100
Prescher, Nikolaus (1673–1741), Maler 42, 106
Preußker, Hermann (1820–1900), Maler 112
Prieber, Familie 200
Prieber, Christiana Dorothea (geb. Hoffmann; gest. 1757), Malerin 112, 200
Prieber, Johann George (1689–1749), Kaufmann 48, 52
Prieber, Christian Gottlieb (1697–nach 1744) Kaufmann, Jurist, Utopist 200
Prieber Friedrich (1661–1721), Kaufmann 200
Prometheus, myth. Gestalt 106
Přemysliden, Dynastie 9, 16, 98
Reimer, Martin (erw. 1619), Kirchenvorsteher 94
Reinstein, Michael (gest. 1554), Franziskaner 98
Reiter und Rentzsch Dresden, Architekturbüro 78
Religion, Personifizierung 106
Rheia, Göttin 182
Richter, Johann Gottfried (erw. 1857), 220
Richter, Johannes (erw. 1939), Bildhauer 114
Rietschel, Ernst (1804–1861), Bildhauer 64, 224
Rogge, Friedrich Johannes (1898–1983), Bildhauer 76
Roland (um 736–778) Gf. d. bretonischen Mark 214
Rolle, Carl Gottlieb (1814–1862), Maler 112
Römer, Volk 218
Rosencrantz, Familie 134
Rosendahl, Bernhard Julius (1804–1846), Maler 56, 88
Roth, Johannes William (1860–1925), Baumeister 68
Rothe, Eva Rosina (geb. Kayßer; 1743–1803) 54, 140
Rothe, Johann Friedrich (1733–1799), Kaufmann 54,140
Rubens, Peter Paul (1577–1640), Maler 130
Rudolf II. (1575–1612), Ks. (HRR) 88, 156, 198
Rudolph, Carl Adolph (wirkte 1874–1903), Stadtbaudirektor 168
Rudolph, Friedrich Wilhelm, (1771–1826), Philosoph, Pädagoge 112
Sachs, Norbert (geb. 1964), Architekt 78, 80
Sachsen, Stamm 36
Samariter, bibl. Gestalt 88
Samariterin, bibl. Gestalt 38, 216

Sandrart, Joachim von (1606–1688), Maler, Kupferstecher 42, 106
Saupe, Louis (wirkte um 1840/50), Maler 112
Scharnhorst, Gerhard Johann David v. (1755–1833), General 192
Schatte, Christiane Rosine (geb. Müller; 1755–1820), 132
Schemisch, Matthias (1527–1585), 34, 118
Schenau (Johann Eleazar Zeissig; 1737–1806), Maler 112
Schiffner, Richard (1881–1953), Architekt 66, 70, 72
Schiller, Friedrich v. (1759–1805), Dichter 166
Schilling, Johannes (1828–1910), Bildhauer 64
Schinkel, Karl Friedrich (1781–1841), Architekt 54, 56, 58, 84, 86, 88, 150, 160
Schlein, Richard (1857–1940), Kaufmann, Unternehmer 62, 64, 70, 88, 172, 174, 196, 208
Schlütter, Christiane Sophie (geb. Finck; 1709–1746), 136
Schmeiß v. Ehrenpreißberg, Anna Margaretha (geb. Eichler v. Auritz; gest. 1695) 206
Schmeiß v. Ehrenpreißberg, Gustav Friedrich (gest. 1696), Oberst 102
Schmidt, Johann Friedrich (1641–1686), Bildhauer 38, 40, 44, 214
Schmidt, Karl Wilhelm (1902–1976), Maler 112, 152
Schmied, Johann Christian (erw. 1737), Maler 124
Schneevogel, Paul (Paulus Niavis; um 1460–um 1517), Humanist 30
Schneider, Hermann (erw. 1907), Kommerzienrat 204
Schneider, Sascha (1870–1927), Maler, Bildhauer 70
Schnitter, Georg (1552–1624), Bgrmstr. 128, 220
Schnitter, Matthäus (erw. 1610), 184
Schnitter, Rudolf (1591–1658), 118
Schober, Hans Wilhelm (wirkte 2. H. d. 17. Jh.), Maler 42, 100
Schönfelder, Christoff (erw. 1715), Handwerker 90
Schönherr, Karl (1925–1981), Bildhauer 76, 224
Schortens, Familie 134
Schramm, Carl August (1807–1869), Architekt 54, 56, 58, 84, 96, 142, 150, 152, 160, 174, 202,
Schramm-Zittau, Rudolf (1874–1950), Maler 112
Schreiber (erw. 1881/83), Bildhauer 170
Schröer, Familie, 132, 134
Schröer, Johann Friedrich (1696–1743), Kaufmann 134
Schubert, Carl Gottlieb (1742–1820), Tuchmachermeister 48, 132
Schubert und Salzer Maschinenfabrik, Unternehmen 68
Schuhmacher, Fritz (1869–1947) Architekt 68
Schurich, Abraham (1641–1679), Ratsherr 128, 132
Schuster (A. Schuster und Sohn), Orgelbauwerkstatt 88, 94, 144
Schwarz, Franz Josef (1841–1911), Bildhauer 64, 88, 96, 142
Schweden, Volk 36, 126
Seeliger, Ernst Alwin (1867–1946), Oberschulrat 182
Semper, Gottfried (1803–1879), Architekt 60, 204
Shakespeare, William (1564–1616), Dramatiker 166
Sigismund (1387–1437), Ks. (HRR) 18
Silbermann, Gottfried (1683–1753), Orgelbauer 88
Silvestre, Louis de (1675–1760), Maler 112
Simonides, Adam (1695–1726), Pastor 112
Sirer, Martha (erw. 1619), 94
Sirer, Tobias (erw. 1619), 94
Sokrates (469–399 v. Chr.), Philosoph 166
Sophia, Personifizierung (Weisheit) 58, 64, 150
Sorben, Volk 74
Sperber, Hans (1551?–1621), Maler 34, 124
Starcke, Johann Georg (um 1640–1695), Architekt 40
Steinmetz, Johanna Rosina (geb. Höhne; 1718–1795), 140
Sternling, Wolfgang (geb. 1924), Kunstsammler 110
Steuer, Heinrich August (1800–1849), 48, 140
Stöcker, Familie 40, 108
Stoll, Familie 198
Stoll, Carl Philipp (1668–1741), Jurist, Bgrmstr. 42, 110

Stoll, Johann Philipp (1636–1700), Bgrmstr. 38, 186
Stoll, Martin (gest. 1573), 140
Stoll, Philipp Adolph (erw. 1767), Kaufmann 198
Stremel, Max Arthur (1859–1928), Maler 112
Stuhlmacher, Johann (1724–1800), Schuster 94
Stürzenacker, August (1871–1943), Architekt 68
Textilkombinat Zittau (VEB), Unternehmen 74
Themis, Göttin 64, 150
Thiemer, Familie 140
Thomas, Adolph (1834–1887), Maler 96, 112
Thorwaldsen, Berthel (1770–1844), Bildhauer 88
Tiffany, Louis Comfort (1848–1933), Designer 62
Titus (Titus Flavius Vespasianus; 79–81), Ks. (Römisches Reich), Gott 172
Tod, Personifizierung 44, 96, 134, 136
Trübenbach, G. F. (erw. um 1895), Stadtbadinspektor 168
Trummler, Emil (1823–1894), Architekt 58, 60, 160, 162, 164, 168
Trunkel, Karl (gest. 1914), Stadtbaudirektor 122, 172
Türcke, Carl Ludwig (1841–1909), Unternehmer 62, 102
Türcke, Curt (geb. 1876; Todesjahr nicht bekannt), Glasmaler, Unternehmer 62
Ulrich, Martha (geb. Lanckisch; um 1623–1669), 132
Veit (gest. um 305), Hl., Nothelfer, Märtyrer 114
Velde, Adriaen van de (1636–1672), Maler 112
Velde, Henri van de (1863–1957), Architekt 66
Venus (Aphrodite), Göttin 106, 158, 194
Vergil (70–19 v. Chr.), Dichter 32, 182
Veronika, Hl. 120
Vincentius (2. H. 15. Jh.), Franziskaner, Maler 24, 98
Vladislav (1140–1172), Hzg., seit 1158 Kg. v. Böhmen 9
Voigt, Emil (erw. 1898/99), Baumeister 66
Voit, George (um 1525–1588), Tuchmacher (?) 96
Vogel, Christoph (1628–1678), Rektor 156
Vogel, Johannes (1534–1599), Pfarrer 128
Vopelius, Tobias (erw. 1658/79), Bildhauer 222
Vulcan (Hephaistos), Gott 106

Wäntig und Co., Unternehmen 202
Wäntig, Heinrich Ferdinand (1813–1853), Unternehmer 202
Wäntig, Paul Heinrich (1846–1927), Unternehmer, Politiker 202
Wagner, Familie 134
Wagner und Moras, Unternehmen 202
Wahl, Ludwig (1890–1905), Bf. v. Bautzen 142
Wahrheit, Personifizierung 106
Weber, Godwin (1902–1990), Maler 112
Weindt, Georg (erwähnt 1661/62), Orgelbauer 102
Weise, Christian (1642–1708), Theologe, Pädagoge, Rektor 60, 76, 78, 110, 112, 154, 156, 162, 164, 184
Weise, Johann Traugott (1760–1832), Bgrmstr. 96
Weise, Michael (1577–1620) Notar 118
Wenzel I. d. Hl. (921–929/35), Hzg. v. Böhmen, Hl. 14, 20, 88, 114
Wenzel I. (1230–1253), Kg. v. Böhmen 10, 12
Wenzel II. (1278–1305), Kg. v. Böhmen 16, 90
Wenzel IV. der Faule (1363–1419), dt. Kg., Kg. v. Böhmen 20
Werner, Selmar (1864–1953), Bildhauer 96
Wiederanders, Max (1890–1976), Architekt 70, 174
Wilke, Sebastian (um 1552–1626), 140
Winkler, Friedrich Ernst (erw. 1900/04) Buchbinder 116
Wintziger, Anna Sophia (1657–1665), 140
Wladislaw II. Jagiello (1471–1516), Kg. v. Polen u. Kg. v. Böhmen 22
Wolff, Stefan, Architekt 76, 80
Zimmermann, Matthias (erw. 1569/85), Steinmetz 214
Zittavia, Personifizierung (Stadt Zittau), 64, 152
Zopff, Carl Christian (gest. 1923), Baumeister, Postbaurat 170
Zschachel, Familie 96
Zwirnerei und Nähfadenfabrik Hermann Schubert, Unternehmen 66

GEOGRAPHISCHES REGISTER

Adria 9
Ägypten 143
Athen 60, 166
Bautzen (terra Budissin) 9, 10, 16, 18, 28, 36, 40, 52, 60, 62, 74, 106, 142, 152, 160, 172, 190, 214
Bayern 46, 74, 150
Belfast 62
Berlin 56, 80, 88, 160, 196, 218
Bern 120
Bertsdorf 144
Bethanien 88
Böhmen 9, 10, 12, 14, 16, 18, 22, 26, 28, 34, 38, 46, 64, 90, 112, 114, 122, 152, 168, 188, 198
Böhmisch Budweis 12
Brandenburg 10, 16, 18
Braunschweig 116
Brüx 76
Bürgstein 88, 114
Chemnitz 62, 68, 74, 160
Chicago 62
Cluny 130
Delphi 218
Deutschland 14, 20, 22, 54, 60, 62, 70, 72, 80, 116, 152, 160, 166, 168, 170, 176, 198
Dessau 72, 174
Dresden 42, 52, 56, 60, 62, 64, 66, 68, 70, 72, 78, 80, 88, 130, 152, 160, 170, 216, 222
Ebersbach OL 88
Ebersbach b. Görlitz 20
Elbe 9
Emmaus 88, 124
Enns 14
Erzgebirge 136
Flandern 9
Franken 9
Frankreich 46, 188
Freiberg 58
Freiburg im Breisgau 72
Gabel 18, 52, 102, 114
Gabler Straße 18
Georgia 200
Göda 60
Golgatha 120
Görlitz 9, 10, 16, 18, 20, 24, 28, 30, 32, 40, 42, 52, 62, 74, 76, 78, 102, 152, 176, 182, 214
Grafenstein 10
Griechenland 172
Großgörschen 192
Großschönau 38
Grottau 62
Gurk 22
Hainewalde 42, 44, 134, 218
Hammerstein 10
Hirschfelde 20, 42
Idäische Grotte 182
Istanbul 80
Italien 166, 188
Japan 116
Jena 170, 186
Jerusalem 124, 214
Jonsdorf 34, 88
Kamenz 16, 58, 114, 152, 224
Karlsfried 12, 18
Karlsruhe 68, 72

Kleinschönau 114
Königshain 46
Kolin 48, 154
Konstanz 22
Krakau 30
Kratzau 18
Kreta 182
Kristiania (Oslo) 62
Lauban 16, 52, 152
Lauchhammer 76, 224
Lausitzer Gebirge 9
Lausitzer Neiße 9, 74, 78
Leipzig 38, 62, 70, 76, 160, 176, 188, 200, 222
Löbau 16, 42, 78, 152
Löwenberg 26
Lückendorf 9, 12, 42, 214
Lüneburg 194
Lüttich 32
Magdeburg 9, 10
Mähren 64
Mährisch Trübau 184
Mandau 9, 80, 122, 142, 162
Marienstern 114
Marienthal 10, 14, 46, 102, 114
Meißen 9, 10, 62
Merseburg 44, 62
Mittelherwigsdorf 42
Moskau 80
Mühlberg 28
München 72
Neuengland 200
Neugersdorf (Altgersdorf) 46
Neuruppin 150
Neustadt/Haardt 72
Neustädtel 136
Niederlausitz 16
Nürnberg 28
Oberlausitz (Sechsstädteland) 10, 14, 16, 18, 22, 24, 26, 28, 30, 32, 38, 40, 42, 52, 56, 66, 70, 74, 78, 98, 106, 110, 114, 116, 120, 152, 162, 182, 200, 206, 208, 214, 218
Oberösterreich 14
Oberseifersdorf 114
Oder 9, 14
Österreich 46, 48, 56, 62, 74, 150, 154, 162
Österreich-Ungarn 62
Ostritz 9, 46, 60, 114
Ostsee 9
Oybin 9, 16, 18, 28, 46, 124, 130
Padua 144, 158, 188
Petersdorf 9
Pillnitz 62
Plauen 62
Potsdam 56, 218
Polen 22, 198
Prag 10, 14, 18, 20, 28, 30, 34, 36, 38, 42, 62, 84, 98, 124, 126, 188
Preußen 48, 52, 56, 154, 162, 218
Raudnitz 188
Reibersdorf 220
Reichenau 114
Riggisberg 120, 130
Rohnau 10
Rom 9, 32, 120, 134, 172, 182, 196, 218
Russland (Sowjetunion) 52, 74, 152, 208

Saale 9
Saarbrücken 72
Sachsen 9, 26, 38, 42, 46, 48, 52, 54, 62, 66, 68, 74, 110, 112, 134, 148, 152, 160, 162, 186, 222
Samaria 216
Schlesien 16, 30, 64, 74, 188
Schneeberg 136
Schönbuch 10
Schweden 112
Seitendorf 46, 214
Serbien 64
Spanien 38
Speyer 64
Storcha 60
Straßburg 172
Stuttgart 64
Sychar 216
Tel Aviv 70
Thüringen 9
Tschechoslowakei 74
Ungarn 22, 64, 74
Vatikan 142
Via Regia 9
Waltersdorf 46, 76
Weimar 68, 172
Weißer Berg 36
Wien 52, 62, 188, 192
Wittgendorf 46
Zagost 9, 10

244

ZITTAU REGISTER

Alten- und Pflegeheim St. Jacob 58, 160
Altes Gymnasium 156, 158
Amalienstraße 10, 192
Armen- und Krankenhaus 54
Äußere Oybiner Straße 66
Äußere Weberstraße 66, 70, 210
Bahnhof 58, 60, 68
Bahnhofstraße 72, 148, 170, 208, 220, 224
Baugewerkenschule 58, 60, 70, 142, 160
Bautzner Straße 30, 50, 66, 184, 196, 206
Bet- und Vereinshaus 60
Böhmische Vorstadt 60
Breite Straße 54
Brüderstraße 10, 174
Brunnenstraße 32, 48
Burgberg 9
Bürgerschule (1.), s. Pestalozzischule
Bürgerschule (2.), s. Parkschule
Christian-Weise-Gymnasium (Neues Gymnasium; Johanneum), 58, 60, 78, 162, 164, 166
Exner'sches Haus 54, 200
Feuergasse 10
Fleischbänke 54
Frauenhoferinstitut 78, 80
Frauenstraße 50, 52, 58, 66, 78, 126, 128, 130, 132, 134, 136, 180, 188
Franziskanerkloster
    Klosterkirche 14, 16, 20, 24, 26, 34, 36, 40, 42, 44, 48, 50, 64, 70, 83, 98, 100, 102, 104, 110, 112, 114, 126
    Klausur/Nord- u. Ostflügel 24, 98, 104, 108, 110, 116, 152,
    Heffterbau 34, 42, 44, 78, 98, 106, 108, 110, 112, 116, 218
    Bethäuser 44, 46, 48, 100, 102
    Klosterhof 40, 98, 108
Friedrich-Schneider-Straße 66
Fürstenherberge 50, 198
Gabelsberger Straße 66, 210
Gewandhaus 44
Goldene Sonne (Haus), 38, 192
Görlitzer Straße 58, 68, 70
Grätz'sches Haus 38, 194
Grüner Brunnen 216
Grüner Ring 12, 66, 80, 180
Grüne Straße 30, 80
Haberkornplatz 58, 60, 170, 202, 222, 224
Handwerkerschule 70, 72, 76, 174
Hartig'sches Haus 38, 188
Hauptturmhalle 66
Heinrich-Heine-Platz 204
Heinrich-Mann-Straße 60
Herkulesbrunnen 44, 218
Heydenreichstraße 60
Hochschule Zittau-Görlitz
    Bibliothek und Mensa 76, 78, 80
    Campus 78, 80
    Verwaltungsgebäude 68, 74, 76, 176
Hochwaldstraße 66, 74, 174
Höhere Webschule 74
Hospital 16, 90, 122, 124, 160

Humboldtstraße 66
Hygieabrunnen 54, 168, 213, 222
Innere Weberstraße 30, 38, 50, 78, 138, 140, 160, 194, 200
Innere Oybiner Straße 66
Internationales Hochschulinstitut 78
Johanneum (s. Christian-Weise-Gymnasium)
Johannisstraße 30, 50
Kaiserhaus 18, 20, 154
Kaiserliches Postamt 60, 170
Karl-Liebknecht-Ring 54, 60, 66, 160, 170, 202, 204, 220
Katholische Pfarrschule 58
Kirchen
    Bethaus (Neißstraße) 64
    Dreifaltigkeitskirche (Weberkirche) 22, 32, 34, 48, 52, 54, 64, 138, 140, 160
    Frauenkirche 9, 10, 12, 14, 24, 26, 30, 32, 34, 36, 42, 44, 64, 88, 90, 92, 94, 96, 118, 202
    Hospitalkirche St. Jacob 12, 14, 16, 34, 42, 122, 124, 142
    Johanniskirche 12, 14, 20, 22, 26, 28, 34, 38, 48, 50, 52, 54, 56, 58, 64, 86, 94, 98, 114, 120, 130, 156, 158, 168, 190, 200, 222
    Katholische Kirche Mariae Heimsuchung 60, 62, 64, 144
    Klosterkirche s. Franziskanerkloster
    Kreuzkirche (Museum Kirche zum Hl. Kreuz), 16, 18, 20, 22, 24, 34, 36, 40, 42, 48, 88, 126, 128, 130, 132, 134, 136, 220
Kirchstraße 10, 54, 196, 200
Klosterplatz 76, 98, 100, 102, 106, 216, 224
König-Ludwig-Kaserne 66, 70
Königin-Carola-Brücke 70
Konstitutionsdenkmal 54, 222
Krematorium 64, 68
Külzufer 66
Lateinschule (Stadtschule) 26, 156
Leipziger Straße 76
Lessingstraße 58, 60, 142, 144, 172
Lindenstraße 194
Mandaukaserne 58, 162
Markt 10, 12, 20, 28, 30, 32, 38, 40, 42, 44, 46, 50, 52, 58, 76, 150, 152, 186, 188, 190, 192, 198, 214, 216
Marktfrauenbrunnen 76, 224
Marsbrunnen 32, 214
Marschnerstraße 70
Marstall s. Salzhaus
Martin-Wehnert-Platz 50, 122, 124, 162
Milchstraße 170
Neißstraße 60, 64
Neues Amtsgericht 68, 172
Neues Gymnasium s. Christian-Weise-Gymnasium
Neustadt 12, 26, 30, 32, 38, 44, 50, 52, 154, 176, 180, 182, 188, 216, 218, 220
Noack'sches Haus 38, 190, 192
Paradiesgarten 44
Parkschule (2. Bürgerschule), 170

Pestalozzischule (1. Bürgerschule; Christian-Weise-Gymnasium Haus II), 78, 162
Pop-Artviertel Mandauer Glanz 80, 179
Poritzsch 74
Rathaus 9, 28, 30, 32, 34, 44, 48, 58, 64, 110, 116, 147, 150, 152, 186, 216
Rathausplatz 60, 66
Rathenaustraße 66
Reichenberger Straße 10, 54, 66, 76, 78
Rektorgasse 156, 158
Sachsenstraße 68, 70
Sächsischer Hof (Neustadt 34), 26, 180, 182
Salzhaus 20, 22, 154
Samariterinbrunnen 38, 216
Schießhaus 50
Schillerstraße 66
Schwanenbrunnen 44, 220
Sozietätsgebäude 58
Stadtarmenhaus 50
Stadtbad 54, 60, 148, 168, 222
Städtisches Mehllager 54
Stadtmauer 12, 20, 32, 56, 58, 122, 126, 148, 168
Stadtschmiede 154, 216
Stadttheater 52, 72, 176, 196
Stolle'sches Haus 38, 186
Synagoge 72
Theaterring 50, 60, 160, 162, 164, 166, 172, 176, 196
Theodor-Korselt-Straße 66
Töpferberg 148, 168, 170, 222
Verlängerte Eisenbahnstraße 60, 64
Villa Dannenberg 204
Villa Hiller 208
Villa Johanna 206
Villa Schneider 204
Villa Schubert 66
Wäntighaus 58, 202
Weberstraße s. Innere, Äußere
Webertor 44, 138, 148, 152, 160, 164, 220
Weinau 66, 206
Weinaualle 70, 172, 206
Weinauschule 70, 172
Westendstraße 60, 64
Zittau-Süd 76, 224

■ **DER VERLAG DANKT FÜR DIE FREUNDLICHE UNTERSTÜTZUNG:**

Zittauer Stadtentwicklungsgesellschaft mbH
Treuhänderischer Sanierungsträger

Altes Kurhaus Lückendorf
G★★★★ Wellness-Pension | Restaurant
www.altes-kurhaus-lueckendorf.de

Piano-Meister Daniel Zeitler
www.pianomeister.de

EGMONTMEDIEN■

STÄDTISCHE MUSEEN ZITTAU

Š: SCHKOLA
www.schkola.de

gwz
graphische werkstätten zittau gmbh
www.gwz.io

IMPRESSUM

Die Deutsche Nationalbibliothek verzeichnet diese Publikation in der deutschen Nationalbibliografie; detaillierte bibliografische Daten sind im Internet über http://dnb.d-nb.de abrufbar.

Die Verwertung der Texte und Bilder, auch auszugsweise, ist ohne die Zustimmung der Rechteinhaber urheberrechtswidrig und strafbar. Dies gilt auch für Vervielfältigungen, Übersetzungen, Mikroverfilmungen und für die Verarbeitung mit elektronischen Systemen.

Gedruckt auf alterungsbeständigem Papier mit chlorfrei gebleichtem Zellstoff.

1. Auflage 2015

Verlag:
Cybela Verlag GmbH
Oybin Lückendorf, Niederaue 14, 02797 Lückendorf
Telefon 035844 76768
www.cybelaverlag.eu

Autor:
Dr. Thorsten Pietschmann, geboren 1969, stammt aus Neugersdorf in der Oberlausitz. 1992–1998 Studium der Alten Geschichte und Ägyptologie an der Humboldt-Universität zu Berlin, 2009 Promotion in der Fachrichtung Alte Geschichte. Lebt in Lückendorf im Zittauer Gebirge. Freiberufliche Tätigkeit, u. a. Publikationen zur Kunstgeschichte und zur Antikenrezeption in der Oberlausitz. Im Cybela Verlag erschien von Thorsten Pietschmann bereits das Cybela-Bildhandbuch Architektur und Kunst Band 2 (Dresden).

Lektorat: Michael Krah M. A., Leipzig

Grafische Gestaltung: René E. Pech, Daubitz

Druck: Graphische Werkstätten Zittau GmbH

ISBN 978-3-944470-01-6
19,80 €